2020 台灣的危機與挑戰 彭明輝

序言

　　我們三、四年級的這一代已經可以含飴弄孫了，但是許多人的子女卻不肯結婚，不肯生孩子——因為年輕的一代看不到未來！我們這些戰後嬰兒潮的一代，跟著上一代茹苦含辛大半輩子，怎麼卻落得下一代反而看不到未來？？這是我們自己造孽，還是政府無能？有沒有救藥？

　　表面上看起來台灣的失業率只有 5.2％，雖然高於新加坡的 2.1％ 和韓國的 3.7％，接近日本的 5.1％ 和澳洲的 5.2％，卻還低於歐美的 8％～10％。● 不過，台灣的社會保險和社會福利薄弱到簡直似有若無，遠遠不能跟日本、澳洲或歐美相比，這就使 5.2％ 的失業率看起來很嚴重。不僅如此，物價一直漲而薪水不曾漲，非典型就業與無薪假愈來愈普遍，受薪階級的實質薪水與勞動條件一直在迅速縮水，甚至連街友都開始年輕化。這樣的現況，難怪年輕人看不到未來！

　　景氣不好，但 GDP 還是有成長，問題是政府的政策劫貧濟富，又縱容財團壓榨受薪階層，所以日子愈來愈苦。

劫貧濟富、有權無責的政府

　　1999 年到 2009 年間，台灣人的實質 GDP 成長了 17.5％，但薪資卻是 4.3％ 的負成長。經濟成長的果實被誰偷走了？ 2008 年的 GDP 中 47％ 給了受雇者當薪資，5％ 繳稅，都遠較日、美、法、英、德等主要國家低；而企業盈餘卻吃掉了 GDP 的 48％，遠較上述國家高。●

　　企業盈餘一部份來自於租稅減免，而且偏厚對於促進就業貢獻很小的高科技產業。2004 年，高科技產業實質有效稅率為 5.8％，遠低於經營艱困的傳統產業的 14.8％；而某家晶圓代工龍頭廠商在 2005 年盈餘 934 億元，繳稅金額卻僅有 2 億元（盈餘的 0.2％）！❸2007 年時，當過股王的聯發科稅率僅 4.2％，最愛台的奇美僅 5％，台積電也僅 9.6％，而其他產業的營業稅則高達 25％。❹賺錢較困難的傳統企業反而要繳較高的稅賦，這不是在逼迫（或暗示、縱容）他們剝削員工的工時和薪水嗎？

　　劫貧濟富導致稅基流失，而政府也樂得以沒有財政能力為藉口，推卸政府在社會福利和社會保險方面該承擔的責任。2012 年台灣的稅率僅占 GDP 的 8.4％，遠低於新加坡的 13.4％、香港的 13.9％和韓國的 25.6％，更遠遠低於北歐國家的 43 ～ 49％、歐洲的 40％～ 50％左右，以及美國的 42％。稅率低，得到好處的不是該被扶助的人，而是富人──由於免徵證券交易所得稅並壓低各種資本利得稅，全國排名前 40 位的富豪中有 15 位全年所繳稅額不及總所得 1％，甚至有 8 位免繳稅。❺

　　財源不足使得政府開始推卸該承擔的政府責任與服務，並帶頭將編制內員工改為退休福利薄弱的約聘僱人員，甚至再改為工作更加沒保障的非典型就業。2012 年政府支出所占 GDP 的比例為 16％，低於新加坡的 17％和香港的 17.3％，更遠低於韓國的 33％和日本的 42％，更遠遠低於丹麥的 58.4％、法國的 56.2％，以及英國的 51.2％和美國的 42.2％。❻表面上以節省支出為藉口，實際上卻在規避政府應負起的責任，包括財富重分配、社會福利與社會保險等。

政府劫貧濟富，把錢挪給了企業主；繼而規避責任，任由勞工被迫休無薪假、失業而無社會保險，低薪而無社會福利，因此受薪階級為了溫飽只好冒著過勞死的風險去加班，日子過不下去就燒炭自殺。

過去 10 年來所得最低的 20％持續處於負儲蓄，用光儲蓄就借貸、當卡奴，或者自殺、過勞死。問題是，如果這種不公不義的制度再持續 10-20 年，願意過勞死或燒炭自殺的人都死光了，其他人會不會出來抗爭、流血衝突？

過去這個不公不義的制度之所以勉強可以維持，是因為光復以來的經濟高成長使得許多人有儲蓄，而且傳統社會的親族關係與宗教團體的救濟體系還能發揮社會救助的功能。但是，少子化將使台灣的人均所得持續下降，隨時可能降臨的能源危機，更有可能將台灣經濟捲進長達 30-40 年的 GDP 負成長。那時候，失業的人口將會飆升，社會的衝突將會激化，一系列的危機將會相繼發生，而其對社會的衝擊效應卻彼此疊加。如果我們不能預先在 2020 年之前準備好充分的對策，2020 年起台灣將會有長達 20-30 年激烈的社會動盪，乃至於流血衝突！

Peak Oil 與少子化的危機

英文用一個術語 "peal oil" 來描述全球原油跨過最高產能的現象——peak oil 一發生，供給就開始下降，而需求卻還是會持續上升，從此以後供需落差愈來愈大，而將油價持續往上推高，使得全球經濟開始 20-30 年的衰退。根據學術界的各種預測，peak oil 很可能會在 2015 年之前發生，2025 年之前石油價格可能會高達每桶 500 美元，並在 2035 年左右達到每桶 800 美元，帶動所有民生物資價格的狂飆。而能源自給率僅 0.61％的台灣，GDP 很可能會以每年 2％～ 3％的幅度持續下降 20-30 年，2035 年時，台灣的實質所得有可能降低到只剩今天的 10％～ 20％！

飆漲的油價會使得糧食出口國停止出口，而把剩餘的穀物拿去製作生質燃料，以換取更大的利潤。那時候，糧食自給率僅 80％左右的亞洲將同時遭遇到進口糧食斷絕，占消費總量 50％的進口肥料也因付不起運費而停止進口，甚至連亞洲生產的 50％肥料都因欠缺原料而使氨肥產量減少 70％。整個亞洲都會有糧食危機！

如果連煤炭跨海運輸的成本都太貴時，台灣要靠什麼發電？風能與太陽能的能量密度太低，需要廣闊的空間當基地。國外的太陽能發電廠都設在沙漠，風力發電廠則設在大草原上，台灣的沙漠或大草原在哪裡？在連年有颱風的地方，太陽能面板或風力發電機會不會一吹就垮？台灣有發展太陽能或風能的本錢嗎？其實，根據台電的計畫，台灣人很可能會被迫擴大核電的發電規模。不但核一、核二、核三要延役，核四要商轉，而且都還要擴大機組，增加出力。但是，核電安全嗎？

當油價高到大家都買不起時，台灣的交通會怎樣？如果改用電動汽車，我們將會需要幾座核電廠？三哩島事件、車諾比事件和福島事件一再告訴我們：核電廠的設計不管有多安全，操作上就是太複雜，很容易因為人為操作的錯誤而把小問題變成大災難。我們真的要提心吊膽地抱著八座核電廠過活？

1999 年以前油價每桶都在 20 美元以內，2003 年之後才超過 30 美元。今天的全球貿易、投資與產業、經濟政策的決策模式都是在這廉價石油的基礎上建立起來的——包括台灣的加工出口區、代工業，以及外

銷導向的經濟成長模式。如果 2025 年時原油一桶高達 200 ～ 500 美元，這一切的發展模式都將不適用，區域貿易將取代全球貿易，台灣的主要貿易夥伴將是人口過剩、資源匱乏而人力成本低廉的亞洲。我們要如何建立台灣的新經濟與新的社會發展目標？

於此同時，我們還有少子化的危機在火上加油：2025 年起每兩個上班的人要扶養一個老人或小孩（扶養比約 50％），2055 年時，每一個上班的人要撫養 0.9 個老人和小孩，經濟負擔將愈來愈吃重；2060 年時老年人口將是幼年人口的 4 倍，幼教機構將大幅消失，老人照護產業需求遽增，國內產業需要在 50 年內天翻地覆大風吹，來不及調整的企業將倒閉或經營困難。

這麼多問題，要怎麼解決？

化解危機之道

peak oil 的問題對美國與英國的衝擊遠小於對台灣的衝擊，因為他們的能源自給率較高，發展綠能的條件較好。不同的國家有不同的發展條件，需要解決不同的問題，沒有一個國家可以用他國的策略解決本國的問題。但是，台灣的學者和決策者卻一直搞不清楚台灣和美國的差別，一直想用美國的政策來治理台灣，以至於台灣被愈治理愈錯亂！

過去，我們一直追隨美國的經濟與社會發展政策，完全沒有警覺到台灣跟美國天壤之別的先天條件差異：美國地大物博、人煙稀少，因此可以用浪費天然資源（尤其是石油）的方式追求個人財富累積，以及忍受較大的貧富差距；台灣地狹人稠，資源貧乏，必須有效利用自然資源，並且重視財富的公平分配。

　　因此，台灣應該發展公共運輸系統並抑制私人車輛，產業政策上應該優先補貼有助於緩和貧富差距的中小企業，和創造就業機會的各種產業（包括傳統產業），並且以合理的稅收來進行財富重分配、支持較完整的社會福利和社會保險制度。也就是說，台灣應該要促進傳統產業升級，發展低耗能的中小企業，並且學習北歐和德國的混合經濟和社會民主制度（social democracy）。

　　其實包括英國與美國在內，所有國家都是混合私有資本和國有資本，以及政府部門的計畫導向經濟與市場部門的自由貿易機制，譬如英國政府支出占 GDP 的 51.2％，而美國則為 42.2％。過去經濟學界一直主張私有資本和市場經濟較有效率，但是 2001 年諾貝爾經濟學獎得主約瑟夫‧史迪格里茲（Joseph E. Stiglitz）已經證明政府有機會表現得比自由市場更有效率。更重要的是：當代經濟的主要問題不在於社會總財富不足，而在於分配不均；生產效率的持續提高不但解決不了問題，反而是在製造愈來愈嚴重的失業問題！

　　如果能夠解決失業與分配的問題，即使未來實質所得降為今天的十分之一，我們所生產的物資其實還是遠遠超出我們所需要的。但是，政府部門遠比市場部門更能夠發揮促進就業與財富重分配的角色，而政府職能的發揮則有待有效的公民監督。因此，許多關於經濟負成長的研究都指出，要在經濟負成長過程中維持一個社會的穩定，必須要加強政府職能以及公民監督機制，並且在必要時減少工時以促進就業。

　　偏偏我們過去的發展方向剛好與此背道而馳：我們賤賣國產、降低稅賦與政府職能、聽任貧富差距擴大與實質所得的降低，受薪階級為了自保而拚命加班，因而更加沒有時間去瞭解、關心國事，也因而使得政

府劫貧濟富的各種政策益加猖獗。

如果我們要有效防範 peak oil 與少子化所引起的各種危機和社會衝突，我們必須要在 peak oil 發生之前盡速改變台灣的交通結構、能源結構、產業結構、農業生產模式、稅賦制度。最遲，我們也必須在 2020年之前完成所有變革，以便將衝擊減到最低。但是，要在 10 年內完成所有的變革，絕對是極為艱難的挑戰！何況，在開始進行結構性調整之前，學術界還必須要先有能力精確地釐清我們的資源與問題，才有辦法清楚瞭解總體資源的最佳利用模式，從而擬出因應危機的最有效策略。

10 年，其實根本就不夠用，更別說是沒有拖延、因循、苟且的時間了！

結語

為了要完成前述的一系列變革，我們從今天起就必須積極研究台灣的問題與對策，並且突破大眾媒體遮掩事實、愚弄視聽大眾的習慣，以網路和各種小眾媒體呼籲國人關心國事，督促政府扛起應負的職責。

這個急迫而龐大的社會改造工作，需要全台灣所有學術工作者大量動員，也需要所有願意關心社會、改革社會的朋友以各種方式義助。

這本書所能做的，只是拋磚引玉，彙整既有文獻來勾勒出問題的梗概，以及初步估測問題的嚴重程度與應變的可能策略。期待能藉此引起學術界廣泛的迴響，與更深入、翔實的研究，以吸引更多的心力投入這個攸關台灣永續發展的研究。同時，也期待更多公民力量的投入，鞭策政府走出多年的盲從與積弊，積極邁向一個更適合台灣天然條件，也更符合公平、正義的社會。

　　那麼，我們總還是可以從美國學到解決危機的辦法？絕對不是這一次！美國資源豐富而台灣資源貧乏，美國可以用的措施台灣幾乎都不能用。事實上，人口過剩而資源貧乏的台灣將是全世界衝擊最大，也最早會面臨考驗的。我們必須比全世界更早想出對策，否則就只能當作全世界的負面教材。

　　我們需要動員全台灣所有的學者去思考這一場危機可能的全貌，以便預先想出可能的對策或最佳的對策。但是，危機當前，藍綠兩黨的政府卻不約而同地用五年五百億、國科會傑出研究獎和正教授分級制逼迫全台灣所有教授不可以研究台灣的問題。

　　我用退休來抗議學術界被無知的政客與官僚綁架，辜負台灣憲法與社會對學術社群的期待。但是我更想以積極的行動跨越學術科系藩籬的界線，彙整國內外能源、糧食、產業與經濟的相關文獻，嘗試勾勒出這一場危機的整體架構與概略的全貌，期待能以此拋磚引玉，吸引更多專業學者跨領域地組成研究團隊，進一步謀思台灣的對策與出路。

　　茉莉革命告訴我們：有錢人要安居樂業，必須先讓窮人活得下去。我們是否能夠在災難發生之前即時改變政治與社會結構，避免茉莉革命或倫敦暴動在台灣發生？此外，我們是否有機會利用兩代人的努力，將台灣的政治、經濟與社會結構引導進入一個可永續的穩態，以免我們累世的經濟發展最後卻成為下一代或數代人難以脫困的浩劫？

　　要精確而負責地回答這些問題並不容易，它需要匯集許多人的集體智慧，而且我們沒有等待、苟且的時間！

第 一 部

後石油時代的地球與亞洲

許多跡象顯示：全球石油很可能會在 2015 年之前跨越最高產能（peak oil），之後以每年 2％～ 4％的速率持續減產，而液態瓦斯、非傳統油礦、生質燃料與氫燃料電池等的產能總和，很可能要在 2100 年之後才能有效填補這個產能下降所造成的供需落差。

假如這個能源學術界廣泛接受的預測成為事實，全球各石油輸入國的 GDP 將會以每年平均 2％～ 4％的速率持續衰減至少 20-30 年，越洋的糧食貿易以及跨國的實體貨物貿易的規模也將因而萎縮。

亞洲 50％的肥料與 69％的石油都仰賴進口，糧食自給率都低於 95％，經濟發展高度仰賴出口導向的產業，而且嚴重欠缺社會救濟體系。因此，peak oil 對亞洲的衝擊將遠高於歐美，很可能會同時發生持續 20 年的貨幣貶值、原物料與糧食價格上漲、經濟規模萎縮、失業率上升、實質所得下降，以及自殺率上升。

為了要盡可能確實地釐清 peak oil 可能會降臨的時間，以及它對全球與亞洲的影響，這一部將仔細檢視各種有關原油未來產能的估測，各種替代性燃料的未來發展速度，以及各種節能技術的未來發展，以便盡可能確實地估測未來 20 年（2011-2030）內全球液體燃料的供需變化,以及這個變化趨勢對於全球經濟與貿易秩序的可能影響。

最後一章將聚焦亞洲,仔細審視 peak oil 之後亞洲在糧食、能源、經濟發展與社會安定上可能會遭遇到的嚴厲挑戰,以及回應這些挑戰時所能仰賴的資源。

探討未來 20 年內亞洲與全球可能要遭遇到的挑戰與劇變之後,我們將在第二部審視台灣未來 20 年的糧食、能源與經濟處境,以及因應這場危機的可能策略,從而探索永續台灣的可能與不可能。

2020 台灣的嚴峻挑戰

　　台灣將會在 2020 年遭遇到極為嚴峻的挑戰，如果我們的現行政策或思維模式不變，將會在糧食上無以自足，經濟上經歷數十年的持續衰退與大蕭條，不但實質所得有可能會在 2035 年降低到僅剩今天的五分之一或十分之一，而且會有飆漲的失業率和貧窮人口數，以至於經濟、社會與政治都瀕於崩解的邊緣。

　　把台灣推往這絕境的力量主要有：

　　（1）少子化的危機將會使得人均所得持續下降，並埋下失業潮的危機——2025 年起每兩個上班的人要扶養一個老人或小孩（扶養比約 50％），2055 年時每一個上班的人要撫養 0.9 個老人和小孩，經濟負擔將愈來愈吃重；2060 年時老年人口將是幼年人口的 4 倍，幼教機構將大幅消失，老人照護產業需求遽增，國內產業需要在 50 年內天翻地覆地大風吹，來不及調整的企業將倒閉或經營困難。

　　（2）全球石油產能很可能會在 2015 年之前跨越最高點而開始下降，這現象被英語世界稱為 "peak oil"；而牛津大學預測 2023 年時全球石油供給量將僅及需求的一半，使油價上看每桶 200 ～ 500 美元，導致越洋貿易萎縮而全球 GDP 持續下降數十年，也使得大陸和亞洲成為台灣主要貿易夥伴。

　　（3）油價高漲，使得穀物提煉生質燃料有利可圖，歐美出口的糧食將銳減，而亞洲在肥料與糧食生產上都無法自給自足，使得糧食自給率僅 32％的台灣面臨缺糧的危機。

（4）既有產業政策仰賴「高污染、高耗能、高耗水、高工時與低毛利」的「血汗工廠」競爭模式，未來在油、電、糧與工資四漲且代工產業萎縮的情況下，許多企業將倒閉，而引起失業潮。

（5）加入 WTO 後被迫金融自由化，加上兩岸競爭，使得財團有本錢恐嚇政府，要求政府降低稅收，進行各種補助，而導致政府負債急遽擴大，而沒有能力在失業潮中對難以為生的人伸出援手。

如果我們想要擺脫上述窘境，就必須在未來十年內完成以下變革：

（1）改變糧食生產方式，逐漸擺脫對石油、化肥與農藥的倚賴，發展出適合亞熱帶模式的高產能農、漁、牧整合的生產系統；

（2）發展綠能產業與公共運輸，減少私人車輛，以降低對能源的需求；

（3）徹底改變台灣的產業結構，減少對代工產業的倚賴，協助中小企業技術升級，往「低污染、低耗能、低耗水、高毛利與合理工時」的方向發展；

（4）以亞洲為市場，強化金融、商業資訊服務、軟體、文化創意產業與品牌等產業賺取外匯的能力，同時減少經濟與貿易上對大陸的過度倚賴；

（5）停止劫貧濟富的稅制與產業補貼，提高資本利得稅與富人稅，以便降低國債與隱藏性債務，並且讓政府有足夠的稅收強化社會保險與社會福利的職能，以便在 GDP 下降與失業率上升的過程中扶助弱勢，避免造成嚴重的社會失序與流血衝突。

由於沒有看到未來潛在的危機，政府施政一向只顧富人的需要而任由窮苦的人流浪街頭，甚至過勞死、燒炭自殺。但是，茉莉革命告訴我們一個教訓：如果一個社會不能讓最弱勢的 20％人口活下去，他們將會被迫以極端的手段爭取生存權，那時候富人不但無法安居樂業，經濟也會在動盪不安中無法持續運轉。

這一切並非杞人憂天，也非恫嚇之言。少子化的危機已經變成無法逆轉的事實，而全球能源供不應求的日子也即將來臨！

從無稽之談到無法逃避的事實

很多人誤以為要到石油枯竭才會有石油危機，其實只要石油產能開始下跌，供不應求的危機就已經開始並逐漸惡化，使得油價與失業率持續飆漲。很多人早就知道，遲早有一天地球上的石油會供不應求；但是很少人會想到：它有可能會在 4 年內發生。

經濟學家一直主張：不需要擔心能源與礦產耗竭的問題，那些都是無稽之談——在能源與礦產耗竭之前，市場機制會使得逐漸稀有的能源與物資價格上漲，因而帶動資金進入可以產出科技革命的相關產業，從而引發破壞性的創造，產出節能的商品、替代性能源、替代性材料，以及商品的回收再利用。因此，一切問題都會在市場機制和科技創新的力量下自動地被解決，無須杞人憂天。

經濟學家的樂觀態度隱藏著兩個他們沒有自覺到的假設：市場萬能以及科學萬能。但這兩個假設並非永遠會實現！

有人問過我：綠色革命曾經化解了人類的糧食危機，為什麼我沒想到科學將會化解能源與糧食的危機？問題不是「會不會」，而是「來不來得及」。綠色革命「及時」挽救了人類的危機，這是歷史上罕見的例外，而非常態。科學的進展速度無法預測，也不一定正比於資金的投入——我們等待氫融合的乾淨電能已經 60 年了，歐陸最權威的專家卻說我們至少還需要再等 40 年；中國歷代的皇帝投入無數的資源想要研發長生不老的藥，結果卻往往短命而死。

許多石油專家都預測 peak oil（石油跨越最高產能）很可能會在 2020 年之前發生，而且大部分的預測都落在 2010 到 2014 年之間。❶❷接著，天然氣會在 10 年後跟著跨越產能極限，使得運輸工具的燃料開始供不應求。❸ 假如 2023 年全球原油供給量只剩需求量的一半，今天的石油用戶之中，將有一半的人會因為負擔不起高油價而退出消費市場，其中很可能包括糧食與肥料的越洋貿易，以及利潤低微的越洋產業代工。

儘管經濟學家一再保證新興能源最後會取代石化能源，很不幸地，這些替代能源的發展速度卻太慢，很可能來不及填補 peak oil 所造成的能源缺口。

纖維素酒精將是石油的最佳替代品，但是成本太高而發展速度太慢，使得美國政府不得不將 2011 年纖維酒精的法定產量削減為原來的 1%～3%。❹❺ 太陽能與風力發電第一優先用途是替代石化燃料的火力發電，發電量有餘時才可以用來製造氫氣，作為替代性燃料；然而風力發電能量規模有限，太陽能發電成本則太高。審慎的估計認為 2050 年時，太陽能將只占全美發電總量的 69％與總能量的 35％，並且在 2100 年才達到全美總能量需求的 92％。❻ 因此，從成本因素考量，在 2100 年之前，很難期待用風能與太陽能生產氫氣來填補 peak oil 之後的燃料

缺口。

經濟學家一向期待市場機制會自動調節供需，在油價上漲的過程吸引大量資金投入新能源的開發，促成技術的突破，最後解決能源危機。懷著這種期待的人應該要認真想一想凱因斯（John Keynes, 1883-1946）的名言：「在長遠的未來，我們都死了。」❼——問題不是科技發展與市場機制「會不會」自行解決問題，而是「來不來得及」。

石油被稱為當代社會的血液，不僅維繫著各種農業與工業的生產，也維繫著全球的運輸與貿易，以及冷暖氣與家庭用電所建構起來的舒適環境——高價的石油與石油的減產意味著許多人將必須減少生活上的舒適或者放棄它。此外，油價每上漲 10％，全球平均 GDP 將下降0.55％，而 GDP 的持續下降則會造成失業率和貧窮人口數的飆升，以及政府稅收的短缺，而亞洲等仰賴高耗能產業的發展中國家的社會和經濟問題更可能會因而失控。❽❾❿

不幸的是，本書所蒐集到的文獻與證據顯示：市場將無法在危機發生前搶救地球，而必須要靠所有人和政府從制度、生活習慣與觀念上進行徹底的改變，來因應這個變局——而且動作要快，我們已經沒有足夠的時間準備應變了。

不是遲來的警告，而是持續 40 年的警告

羅馬俱樂部在 1972 年就已經委由麻省理工學院所組成的專家團隊發表了《成長的極限》（*The Limits to Growth*），他們用電腦模擬做出一個預測：如果全球經濟發展模式不變，全球經濟將會因為有限能源與物資的耗竭而遭遇到經濟持續衰退，全球人均工業產值與糧食產量將

會在 21 世紀中葉之前跨越最高峰，並迅速地歷經大蕭條而衰退到 1950 年代左右的水準。⓫

　　在目前以私有經濟為主的市場機制中，經濟負成長無可避免地意味著經濟與社會的大災難。在這個經濟體系中，充分就業是靠 GDP 的持續成長來維持，而 GDP 的成長則來自於消費的擴充。一旦可用的能源或物資減少而使消費無法擴充，GDP 的成長就會趨緩；即便只是生產效率的提升速度超過 GDP 的成長速度，失業率都會開始上升。一旦 GDP 進入持續的負成長，失業率、貧窮人口數和政府債務就會失控地飆漲，以致於整個經濟系統崩潰。

　　為了避免這個悲劇發生，《成長的極限》建議控制出生率與人口數，保護農地並控制環境污染，同時將經濟成長從工業部門轉向服務部門，以便在發生失控的經濟負成長之前，將全球經濟引導進入一個較少消耗而可永續的穩定狀態（sustainable steady state）。

　　然而，羅馬俱樂部與麻省理工學院團隊的建議，很快地被管理學界和經濟學者斥為謬誤而置之不理。1987 年諾貝爾經濟學獎的得主羅伯特・索洛（Robert M. Solow, 1942-）批評《成長的極限》引用的原始數據錯誤，並把他在 1972 年度的伊利（Richard T. Ely）講座用來駁斥這本書的預測。許多經濟學者也相繼加入批評的行列。⓬ 然而 2008 年和 2009 年的兩份研究報告卻發現：儘管《成長的極限》引用的數據有些錯誤，但是過去 30 年來，全球的實際發展過程卻與該書的預測高度吻合。⓭⓮ 此外，《成長的極限》的原作者在 2005 年將所有數據更新後，再度檢驗他們的模擬結果，發現人類的生態足跡（ecological footprint）已經比地球所能承載的極限超出 20%；如果人類繼續目前的

發展模式，全球每人可分配到的糧食將在 2030 年左右開始急速下降，全球海洋魚類的繁殖系統將在 2048 年崩潰，2050 年之前將有 70 億以上的人口水資源匱乏，而人均工業產值也將在 2040 年左右開始下降。⑮

　　由於氣候暖化的效應已經一一浮現，包括全球各地冰河退縮，南北極冰層變薄，冰山融化，地球確實已經不堪負荷，而極端化氣候更造成歐美各國天怒民怨的各種天災，未曾有一年中斷。因此，國際減碳公約的協商雖然困難重重，但是通過新一波減碳公約的壓力卻也愈來愈大。

　　美國的經濟學家一再保證市場機制和技術革新會解決一切問題，而且只有通過全球財富的不斷擴張才有機會解決貧窮的問題，而放任的市場機制則是財富累積速度最快的管道。⑯⑰⑱⑲⑳ 但是新的經濟學研究卻顯示：市場與科技的創新不會自動解決有限資源的問題——技術革新的結果雖然可以使能源與物資的利用更經濟，但是也會使各種產品的價格變得更低廉而刺激更多的消費，最後的總結果是「科技愈進步，所消耗的總資源也愈多」。㉑ 此外，愈來愈多的證據顯示，放任的市場機制不但無法解決貧窮的問題，還使貧富差距劇烈擴張，失業率上升，而溫室效應所引起的災難一天比一天嚴重。由於經濟發展的果實集中於少數人，災難卻降臨於絕大多數人，許多已開發國家的人已經覺悟：經濟愈發展，生活品質愈差。因此，愈來愈多學者主張要另闢蹊徑，以便達成可永續的發展（sustainable development）。通往可永續發展的手段包括：將企業的環境成本內部化；把對能源的補貼改為對就業與環境的補貼；減少營利導向的市場經濟並擴張政府部門的教育與醫療服務，以提供非營利導向的就業機會；減少工時以促進普遍就業，以及對跨國公司、世界銀行與國際貨幣基金進行管控，使它們的經營目標符合社會與環境正義。[22][23][24][25][26][27][28][29] 甚至有愈來愈多的著名的經濟學家加入一個新的經濟學分支「生態經濟學」（ecological economics），主張經濟發展必須被控制在生態系統可以支持的規模之內，而經濟規模超過國內生態系統負擔極限的國家則應該要通過逆成長（degrowth）來降低經濟規模，以便進入一個可永續的「穩態經濟」（steady-state economy）。[30][31]

不管是訴求較溫和的可永續發展（sustainable development），或是訴求較激烈的逆成長（degrowth），都要求政府在財富重分配上扮演更重要的角色，包括擴大政府的服務範圍，把更多的資本交給政府，以便讓資本利得可以更公平地分配給所有的人，甚至是以經濟弱勢為先地進行分配；此外，政府必須更有效地監管市場經濟的運作，以避免不公平的競爭與壟斷；而媒體的效能也必須更加發達，以便讓政府的作為徹底透明化，藉此強化政府效能、避免官商勾結與貪污、舞弊。這些都不是一朝一夕可以達成的政治、社會與經濟結構的巨大改革。

然而，過去十數年來，整個台灣社會的發展方向卻剛好跟這些大方向背道而馳：因為厭惡國民黨長期的貪腐政權，2000 年綠營政府在國人的期待中上任，卻利用八年時間賤賣國產，在產業政策上與稅賦政策上承繼前朝的劫貧濟富，使得 GDP 的成長歸於富人，而受薪階級的實質所得卻持續下降。2008 年政權更易，但是劫貧濟富的政策不變，媒體甘願繼續作當權者的佞臣，以八卦、虛假、扭曲的報導與評論煽動視聽、製造對立、湮滅事實。

除非我們能夠在 peak oil 降臨之前徹底改變這一切的惡習，台灣將危如累卵。即使 peak oil 不發生，一旦少子化的問題一天天嚴重下去，導致台灣人均所得逐年下降，台灣還是有機會發生社會的動亂，乃至於

像「茉莉革命」那樣的流血事件。

結語

政府偏厚園區產業而罔顧中小企業，「劫貧濟富」的政策不僅表現在租稅減免，大學與工研院的研究成果主要受惠者也是園區產業。因此，肥者愈肥而瘦者愈瘦。園區產業早就自立有餘還可以回饋社會，卻繼續享受政府的重複補貼；中小企業亟需政府挹注資源來升級，卻被政府漠視而無力升級、轉型。然後，為了怕這些中小企業倒閉而引起高失業率，政府就縱容他們壓低工作條件（超時上班不加薪、無薪假、沒有福利制度的派遣員工）。在連鎖效應下，給了其他企業一起壓低工資與工作條件的機會；最後政府還被企業主勒索，降低稅賦，然後反過來要生活艱困的受薪階級負擔73％的所得稅。

歷經長期劫貧濟富的產業與賦稅制度，過去十年來台灣所得最低的20％一直處於負儲蓄。如果政府繼續既往的劫貧濟富政策，等願意燒炭自殺或過勞死的人都死光了之後，剩下的人不會暴動嗎？

很多人誤以為「茉莉革命」是為了反抗獨裁，而台灣已經是民主社會，所以不會有「茉莉革命」。這是典型的胡亂歸因，跟「腐肉生蛆」一樣地不明究裡。

只要日子過得好，誰在乎是民主或獨裁？蔣經國也是獨裁，但當時有多少人巴望他長命百歲？阿根廷前總統裴隆（Juan Domingo Peron，1895-1974）在近乎獨裁的9年執政期間，徹底搞垮了阿根廷的經濟，但是他任內胡亂調漲工資來討好選民，所以被迫流亡海外期間照樣深得民心，繼任的總統都是他的人。

獨裁不是問題，民不聊生才是問題。「茉莉革命」的地區都是長期以來糧價飆漲而工資不漲，以至於最低所得的廣大群眾無以維生，才會導致革命。但是，當經濟、社會與政治結構都已充滿貪腐、無能與劫貧濟富的作為，而媒體卻又慣於傳播不公不義的論述時，即使革命也解決不了積累數十年的陳疾。

2011 年初，埃及的茉莉革命推翻了獨裁的穆巴拉克，死傷無數；但糧食生產與產業、經濟結構的崩廢已經無人能治，官商勾結與貧富懸殊的社會機制也已經病入膏肓。革命群眾與接掌政權的軍方政府歷經十數次的抗爭、衝突與鎮壓，死傷無數，終於在 2011 年底再度爆發「二度革命」，造成數千人的死傷。[2]

埃及歷經兩次革命也解決不了問題，如果不是我們可以接受的未來，今天起我們就必須開始全面性地進行變革！而且，這些轉變必須在 2020 年以前完成，才能將未來的衝擊與傷亡降到最低。這是極為嚴峻的挑戰——不是 2020 年才開始的挑戰，而是現在開始都已經太晚的挑戰。譬如，如果在 peak oil 之後維持一個有效的交通系統，就要建立一套以電力驅動的公共運輸系統來取代 80％的私人運輸；為了要建立這一套運輸系統，將必須徵收土地來搭建軌道，從擬計畫、編預算、立法院通過相關法令與預算，到土地整備、招標、施工等，至少要花 10～20 年才能完成。

如果 2012 年上任的總統沒有能力在 2016 年以前完成二分之一以上的政治、經濟、交通、能源與產業結構變革，2016 年上任的總統將更加沒有機會完成這個挑戰。這本書後繼所有的篇幅將會進一步提供所有的證據，讓讀者相信以上論述證據確鑿，絕非空穴來風。

危言聳聽的「石油危機」？

關於未來 20 年的原油價格，主要有三個常被引用的預測：國際貨幣基金 IMF 的《2011 年世界經濟展望》（*World Economic Outlook 2011*）、美國政府能源情報署（U.S. Energy Information Administration，簡稱 EIA）的《2011 年世界能源展望》（*International Energy Outlook 2011*），以及國際能源總署（International Energy Agency，簡稱 IEA），的《2010 年國際能源展望》（*World Energy Outlook 2010*），它們的預測分別列於表 2.1。

表2.1：未來20年油價與原油產能預測

	10年後原油價格累積漲幅	20年後原油價格累積漲幅	20年後原油產能累積變化
國際貨幣基金IMF	126%（500%）	200%（800%）	-17%（-65%）
美國能源情報署EIA	42%（118%）	64%（161%）	+14%
國際能源總署IEA	37%	51%	+14%

註：括號內、外分別是最壞（worst case）與基準情境（baseline）下預測的漲幅

讓我們先看表 2.1 中基準情境（baseline）下預測的油價漲幅。美國能源情報署 EIA 和國際能源總署 IEA 都預期，未來 20 年內原油產能會持續上升，所以油價上升的壓力小；但是國際貨幣基金 IMF 預期未來原油產能會萎縮，導致供需落差而大幅推升油價。其次比較國際貨幣

基金 IMF 的基準情境和美國能源情報署 EIA 對最壞情況的油價預測，兩者預測的漲幅相近，暗示著美國能源情報署 EIA 不排除未來全球原油產能有可能供不應求。而國際貨幣基金 IMF 對最壞情況的預測則暗示供需失調的幅度有可能非常大，以至於 2020 年的油價是 2011 年的 6 倍，而 2030 年時則是 2011 年的 9 倍，這都是不可思議的天價。

從以上比較可以清楚看出來，要瞭解未來國際原油價格可能的漲幅，關鍵在於回答：未來 20 年內原油會不會跨過產能顛峰（peak oil），並開始下降？

狼來了？——原油產能與 Peak Oil 的爭議

關於 "peak oil" 的爭議都來自於對問題定義的含混與理解上的歧異。有些人誤把 "peak oil" 當作是「石油枯竭」（depletion of oil），其實 "peak oil" 可以翻譯成「石油產能顛峰」，更好的翻譯應該是「石油跨越產能顛峰」。傳統上它指的是一系列的現象：當原油產能歷經數個局部高峰之後，終於跨越產能最高峰，從此供給量將無可回復地下降，而需求卻仍將持續上升，因而供需落差愈來愈大，急劇地推高油價，對全球經濟與社會安定造成一系列的強烈衝擊，如圖 2.1 所示。❶

peak oil 截然不同於「石油枯竭」。當 peak oil 發生時，全球已發現的石油蘊藏量可能還很大，也還有機會在未來發現新的油礦，只不過產能持續下降。問題是：石油產能一旦下降，就會造成油價持續飆漲、全球石油淨進口國 GDP 持續下滑，以及貨幣貶值、失業、通貨膨脹等一系列問題同時發生。

有些人誤以為在市場自我調節供需的機制下，石油不可能跨越

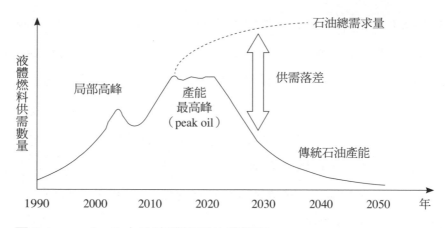

圖 2.1：peak oil 之後液體燃料的供需圖

peak oil。其實，即使考慮到市場自我調節供需的機能，以及各種非傳統石油的替補作用，peak oil 還是有可能發生。事實上，從過去各國歷經國內 peak oil 的經驗看起來，一旦全球可被開採的石油蘊藏量被消耗超過 60％以後，peak oil 一定會出現。❷ 理論上，石油在跨越產能高峰（或 peak oil）前後，就會開始有供不應求的壓力，使得油價開始飆漲，而在市場機制的調節下，高油價會促使新興能源的產能加速擴大，並加速節能科技的改良與市場占有率，最後達成液體燃料（包含傳統石油、非傳統石油、生質燃料，以及其他替代性燃料）的供需達成新的平衡。

　　但是，爭議的焦點並不在於市場機制會不會去調節供需，而是在於達成新的平衡需要多少時間？從舊的供需平衡到建立新的平衡這過渡期間，供需落差會有多大？油價會因此漲到多高？全球經濟會受到多大的衝擊？

　　有些經濟學者認定 peak oil 不會發生，或者即使發生也不會對經濟構成問題，因為他們所看到的未來像圖 2.2 所示。❸❹❺❻ 他們的主要論述是：（1）當石油供需短缺時，油價上漲會引導產業往比較不倚賴石油的方向發展（歐、美、日1970年以後確實有相當成效）；（2）油價上漲會使消費者對節能產品的需求增加，也使得全球對石油的消費需求進一步下降；（3）油價上漲會使傳統上沒有經濟利用價值的加拿大油沙等非傳統石油變得有經濟價值，因而使得這些非傳統石油的產能上升；（4）油價上漲會使各種替代能源變成具有經濟上的競爭力，因而產能增加；（5）生質燃料等新興能源的加入市場，會使得液體燃料總供給量進一步上升。因此，市場調節機制會自動地調節供需落差，使得供需落差很小，而石油的價格漲幅也很有限。

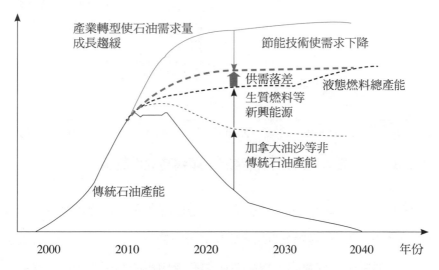

圖2.2：資金快速投入而科技發展順暢時的供需圖

但是，要使供需的落差一直保持在可忍受的微小幅度內，需要有一個假設的前提條件：當供需落差促使油價上漲時，提高產能與發展節能技術所需要的資金可以即時投入，而且科技的發展也很順暢而沒有遭遇

到任何瓶頸。

可惜的是，這兩個假設條件不一定永遠皆會成立。如果資金投入遲緩或科技發展不順暢時，根據完全一樣的邏輯與市場調節機制，最後的供需曲線圖會變成像圖 2.3，有一段長期而可觀的供需落差。

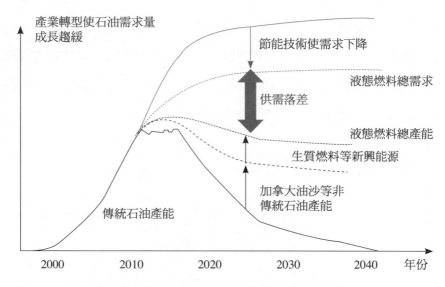

圖2.3：資金投入遲緩或科技發展不順暢時的供需圖

因此，關於 peak oil 的爭論不在於是否有考慮到市場機制，而是在於對資金的速度與科技發展的速度有了不同的評價：主張 peak oil 會發生的人，通常是一些實際上跟能源產業有密切接觸的學者，他們從第一線的接觸發現許多資訊，使他們認為資金投入有延滯現象，或科技發展的瓶頸，會使新興能源的發展速度趕不上傳統石油的產能下降速度。

因此，peak oil 的爭議焦點並非「市場機制與科技會不會解決石油危機」，而是「市場機制與科技來不來得及解決石油危機」。要確實回答這問題，不能只是停留在經濟學的理論辯論，而是要詳盡地去考察各油井的實際蘊藏量與產能限制、廠商的投資意願（和進度）與各種新技術的發展現況。❼

在長遠的未來，我們都死了——市場反應太慢

許多經濟學家都早已忘了凱因斯的名言：「在長遠的未來，我們都早已死了。」❽ 因為他們只是單純地相信市場機制有能力自動調節供需，而從來不去想市場機制來不來得及搶救危機。

較單純的想法以為當利潤誘因一出現，節能技術與替代能源相關產業的資金就會立即投入，並且立即有新的產品出現來降低液體燃料供需總量的落差。但是在真實的世界裡，政府、產業的決策者、新科技研發人員和消費者，都有機會造成市場自我調節速度的遲滯，以及供需落差的擴大，如圖 2.4。

首先，政府政策的不明朗有可能會增加業者的風險，而使資金的投

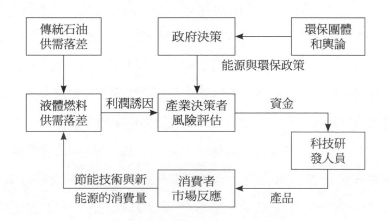

圖2.4：市場延滯反應而造成供需落差的關鍵機制（示意圖）

入與產能的擴大速度偏向保守。以加拿大油沙為例,它需要耗費大量的能源和水來產生蒸汽,以便灌入地下減少瀝青的黏滯性,然後才有辦法將瀝青汲取上來,進行更加耗能的加工程序,因而被批評為高成本、高耗能又耗水的污染產業。❾ 此外,它的提煉過程有可能會排出危害人體、生態與環境的物質,因而飽受環保團體和輿論的指責。❿⓫ 但是,四年一任的政府又往往不願意在事態未明時,就馬上表態支持加拿大油沙的開採,等政府報告出來時,也不見得能馬上取信於產地周邊的居民與環保團體,因而造成油沙業者的投資風險。

根據國際能源總署 IEA 在 2011 年 10 月的預測,2012 年時全球石油需求量約每天 905 億桶,而劍橋能源研究聯合顧問公司(Cambridge Energy Research Associates)則預測,2035 年時加拿大油沙的產能也僅止每天 630 萬桶,⓬ 這個產量小到簡直不值一提。

另一方面,即使業者願意投入資金,技術的發展進度也不見得能如人所願。2000 年時,美孚石油的專家宣稱:最新的探勘技術和鑽井技術已經可以在嚴寒的北極地區開採深海石油,最深可以達到 2,000 公尺。這些技術使得試掘井的成功機率從 1950 年代的 16%(大約每六個試掘井有一個成功)大幅提升到 2000 年的 35%(大約每三個有一個成功)。可惜的是這些油礦的蘊藏量太低而開採的成本愈來愈高,使得深海探鑽的技術改良速度,趕不上投資風險與成本的升高速度,以致資金的投入有明顯的遲滯現象。此外,1980 年代與 1990 年代油價相當平穩地保持在每桶 20 美元之下,而開採費用卻持續攀漲,使得這 20 年內新油井的開採資金為之卻步。2003 年到 2005 年之間,石油價格從每桶 28 美元漲到每桶 52 美元,但原油與天然氣的開採費用卻增加了兩倍,因此資金的投注雖略有改善，但仍嚴重不足。⑬

　　國際貨幣基金 IMF 在《2011 年世界經濟展望》指出：2005 年油價飆漲以來，雖然有較多資金投入開採深海石油，但是從投資計畫到量產需要 10 年以上的延遲時間。此外，有鑑於石油逐漸變成稀有而又不可或缺的能源，許多欠缺資金和技術的國家都不再允許外國參與開採油礦，這也進一步造成了國際投資的嚴重不足。因此，過去 20 多年來石油產業資金投入的嚴重不足，將會造成未來 20 年全球石油總產能的持續下滑。⑭

　　國際貨幣基金 IMF 的悲觀不是沒有道理的，因為經驗研究也顯示，石油業對長期供需平衡點的反應速度確實相當慢，至少需要花 10 年的時間才能將供需的落差縮小為一半；而前景的不確定性會延遲替代性燃料市場對供給不足的反應，因而來不及替補原油的供需短缺。⑮

　　此外，英國石油（BP）在美國墨西哥灣的深海探鑽平台，於 2010年 4 月爆炸，大火延燒 36 小時，原油從海底噴湧 87 天，英國石油至少花掉 177 億美元處理善後，但是 11 條人命和環境的重大傷害卻難以挽回。⑯針對這個美國歷史上最大的環境災難，美國法律界建議，必須盡速修法落實石油公司預防災難的責任，以便遏止石油公司「只發展探鑽技術而不發展災難防範技術、設施與規範」的惡習。⑰相關法令一旦通過，深海探鑽的風險與成本勢將升高。

　　綜觀以上事實，市場自我調節的能力顯然遠比我們所需要的更緩慢。

知易行難——節能成效 20 年後才看得見

緩解供需落差的另一個方案是提升引擎的效率、減輕車體重量和減少摩擦力等節能技術，以便減少石油的消耗量。這個解決方案所需要的技術大多是現成的，不需要投資鉅額資金去克服不可測的技術瓶頸，也沒有環保團體的阻力。但是即使這麼單純的方案，執行起來進度照樣遲緩，很難在 10-20 年內看見顯著的成效。原因很簡單：即使油價漲 3 倍到 5 倍，你也不會把剛買的車丟掉，去買較省油的車。

根據一份 2005 年的報告，要在美國汰換掉 50％的汽車，大約需要 10-15 年的時間，並花費 1.3 兆美元，輕型貨車需要 9-14 年與 1.0 兆美元的經費，重型貨車需要 15-20 年與 1.5 兆美元的經費，而飛機則需要 15-20 年與 0.25 兆美元的經費。[18] 因此新的產品要在市場上具有可觀的占有率，往往就需要 20 年。

以美國最積極推動的「車輛平均油耗標準」（Corporate Average Fuel Economy Standards, CAFÉ）法案為例，它在 1975 年通過時規定，1985 年出廠的家用轎車必須比 1978 的車款省油 50％（從每加侖跑 18 英里提升到 27.5 英里），後來並要求輕型貨車必須達到每加侖跑 20.7 英里。這個法案付諸實行後的 35 年，它使得美國的汽油節省了 14％（約每天 280 萬桶）。2007 年底國會更新了「車輛平均油耗標準」，要求 2020 年出廠的房車與輕型貨車必須再省油 40％。[19] 我們或許可以期待這個法案在 2045 年時再為美國節省 11.2％的石油消耗量，但是卻無法期待它在石油供需落差最大的 2020-2035 年之間發揮太大的作用。

表2.2：新能源或新的動力在汽車市場的占有率 [20]

		美國	西歐	日本	中國	巴西	韓國	印度
積極 推動	2020	49	78	40	10	90	16	8
	2050	84	84	88	92	98	80	51
不積極 推動	2020	43	39	31	10	90	12	5
	2050	77	69	72	82	95	60	36

因此，密西根大學的研究認為：在中等的積極政策推動下，會在2020年時改採新能源或新動力的運輸工具，在西歐大概只有78％，美國大約49％，日本大約40％，中國與巴西則可以分別達到10％和90％，但韓國大約只有16％，印度更低到只有8％左右；而2050年時西歐與美國大概只有84％，日本大約88％，中國與巴西則可以分別達到92％和98％，但韓國大約只有80％，印度更低到只有51％左右。但是，政府的態度如果不夠積極，轉換率還會明顯地更低。[21]

綜合以上的討論，我們可以很清楚地看到：即使沒有市場失能（market failure），也還是有機會發生長達數十年的供需落差，而造成油價飆漲與社會的動盪。那麼，是否有任何具體的證據顯示，我們可能即將要跨越局部的產能高峰？很不幸地，答案為：「是！」

狼真的來了——幾個跟 Peak Oil 有關的徵兆

過去有關 peak oil 何時會出現的預測結果差距相當大，因此這個概念比較沒有受到迫切的注意。[22] 但是近年來有愈來愈多的跡象顯示，我們已經非常接近全球原油產能的顛峰。[23][24]

過去所有國家跨越 peak oil 的模式都是：每年新發現的油礦蘊藏量

開始減少，但消耗量持續增加，終於使得消耗量大於新發現的蘊藏量，以致總蘊藏量開始下降；當總蘊藏量開始減少後，容易開採而成本較低的油礦會先枯竭，剩下的油礦開採與生產困難而產能逐漸下降，就會繼而發生 peak oil。

全球石油產能每年新發現的油礦蘊藏量，大約在 1970 年代就已經跨越過顛峰，之後全球石油蘊藏量就開始逐漸下降，2000 年代所發現的油礦蘊藏量大約只有顛峰期的五分之一左右，預示著 peak oil 可能要發生了。[25]

其次，2011 年的油價幾乎是 2004 年的 3 倍了，但是全球的石油產量卻連續 6 年維持在幾乎不變的狀態。這意味著全球原油的產能已經遭遇到生產的瓶頸，隨時有可能會開始下降。而且，晚近關於 peak oil 的年份預測也都相當一致地落在 2010 到 2015 之間。於是，peak oil 終於成為學術界與媒體矚目的焦點。[26]

此外，針對石油的遠程期貨交易價格所做的研究顯示：2006 年 11 月以前，市場對於油價的長期趨勢都是看跌，2008 年 1 月開始卻有愈來愈明顯的「長期看漲」的預期，而且對未來交易價格的預期是漲幅愈來愈大。[27] 這也意味著熟知石油產能的投資者不看好未來的石油產能。

因此，美國《科學人》（*Science*）雜誌已經提出警告：全球原油產能可能已達極限，隨時有可能會開始下降。[28] 而諾貝爾經濟獎得主克魯曼（Paul Krugman）也認為 2008 年油價飆漲的主因並非市場投機，而是基本面的問題：「我們已經進入一個新時代，石油將愈來愈稀少且愈來愈昂貴。」[29] 這等於是用委婉的方式間接承認：我們很可能正在接近或跨過原油的產能顛峰（peak oil）。

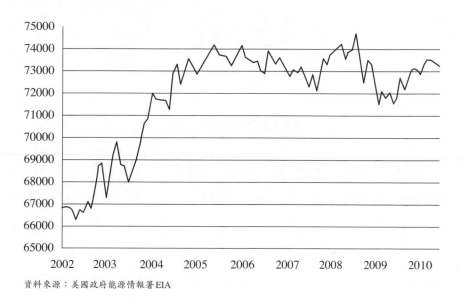

資料來源：美國政府能源情報署EIA

圖2.5：2002-2010全球原油供應量（單位：千桶／每天）

　　下一章我們將交叉比對數種具體的數據，以便更仔細地研判 peak oil 何時會發生，以及在各種非傳統石油的替補下，液體燃料可能的總產能下降速率。最後，我們將探討需求的概況，以及可能的供需落差。至於生質燃料的問題，因為牽涉到糧食的供給與競爭，我們將另闢第 5 章專門討論。

當石油跨越峰頂

　　國際貨幣基金會 IMF 在《2011 年世界經濟展望》裡對未來的石油產能有兩種預測：（1）未來 20 年每年產能減少 2％，（2）未來 20 年每年產能減少 4％。前者大致上對應於全球將在 10-20 年內跨越 peak oil，或者至少跨越局部的產能高峰，但是其他替代性燃料可以有效地大幅填補供需的缺口；後者則相當於石油產能隨時會跨越 peak oil，其他替代性燃料只能勉強填補局部的供需缺口。

　　事實上除了極少數經濟學家之外，絕大部分的學者和能源研究機構都確信石油總有一天會跨越顛峰產能（peak oil），爭議焦點在於「何時」會發生，而不是「會不會」發生。❶ 即使對石油產能相當樂觀的美國能源署 EIA，也曾預測 peak oil 會在 2021-2067 年之間發生。❷

　　預測未來不容易，精確地預測未來更加困難。過去有關 peak oil 的爭論主要分為兩大陣營：（1）許多經濟學家相信技術與市場萬能，他們往往強調全球還有 65％ 左右的石油蘊藏量（主要藏在深海、格陵蘭與北極冰洋下），只要油價夠高，市場就會調度足夠的資金與技術去開採它們，因此我們離 peak oil 還很遙遠。❸❹❺❻（2）以地質學家和能源專家為主的學者則採取比較務實的態度，他們根據各種實際的資訊，交叉比對推測未來的產能，因此支持這個主張的，絕大多數是熟知原油探勘的環境與資源管理學者、企管學者以及投資理財專家。❼❽❾❿⓫⓬⓭⓮

這兩個陣營的爭議主要來自於採用的估測方法不同，因此要瞭解他們的爭議，必須先扼要瞭解他們所採取的估測方法。

預測 Peak Oil 的主要困難與突破的關鍵

務實派所採用的方法主要是受到美國地質學家胡柏（Marion K. Hubbert，1903-1989）的啟發，他曾在 1965 年正確地預測美國石油產能將在 1965-1970 年之間跨越 peak oil，美國果然在 1970 年跨越 peak oil。

胡柏的方法雖然歷經發展與修改，但核心理論不變：他們用過去每年新發現的石油蘊藏量來預測未來新油礦的蘊藏量，同時從過去的石油消耗速度來預測未來的石油消耗速度，然後算出全球可供開採的全部蘊藏量被消耗掉一半時的那一年，把它當作 peak oil 的發生時間。學界對這方法的主要批評是：它沒有考慮到高油價會使原油消耗速度減慢，並且使各種替代燃料的發展速度加快，從而延後 peak oil 的發生。[15][16]美國政府能源情報署 EIA 的預測也屬於這一類型的預測方法，但是他們假設全球可供開採的全部蘊藏量被消耗掉 70％～ 80％時才發生 peak oil，這個估算遠遠高於過去各國跨越 peak oil 時的實際數據（約 50 ～ 60％），因而其預測應該是過份樂觀。

另一系列的預測是經濟學家所採用的方法，這一派相信產能是由價格所決定，而完全忽視資金對風險的規避、各種油井開採過程可能會遭遇到的技術瓶頸，以及油井實際上最大產能的極限等現實條件，因而其預測模型中許多參數值的選擇往往流於過份主觀，欠缺經驗的依據且偏樂觀，而經常高估未來的產能。經驗事實指出，1970 年代的石油危機

曾經造成歐美油價高漲，但是遲至 1980 年代油價站穩高價位後，石油公司才開始積極投入大量資金，探勘與開採原本沒有經濟效益的油井，而其結果的產出卻不如投入資金更少的 1960 與 1970 年代。❼❽ 這個經驗顯示，在接近 peak oil 以及跨越 peak oil 之後，每單位石油產能的增加所需要投入的額外資金會加速成長，而使得資金投入的效益遠比經濟學家所預測的差。

一組英、美學者在 2004 年嘗試融合經濟學家與地質學家的意見，提出一個綜合的預測模型，其中使用四個影響原油產能預測的關鍵參數：（1）全球可汲取的原油總量（extractable ultimate resource，簡稱 EUR），（2）需求成長速度（用以反應價格因素如何抑制石油的消耗速度），（3）未來產能的成長速度極限（用以反應油井特性與技術瓶頸的實際限制），（4）跨越 peak oil 時全球石油累積消耗量與可汲取的原油總量之比值（通常在 50％～ 60％）。由於前三個參數的數值都很難精確估算，因此他們對各參數分別給予樂觀與悲觀的估測值，然後組合成各種可能情境，個別估算 peak oil 的可能時間。結果幾乎所有情境都預測，peak oil 會在 2004 年至 2035 年之間出現，而主要落點在 2020 年左右。❾

上述預測的結果，足以顯示我們確實必須開始積極考慮如何因應 peak oil，但是卻無法回答這問題有多急迫。

其實，在預測原油產能時過份強調價格因素與市場機制，不見得是釐清問題的好方法，因為價格因素與市場機制的不可預測性，遠遠高於具體地質探勘所獲得的龐大資訊。因此，以地質學家為主的「務實派」才會假定「未來需求趨勢一如既往」，來排除經濟與市場機制的不確定性，以便單純地就原油的蘊藏量、實際上的產能限制等因素，去評估「未來需求趨勢一如既往」下 peak oil 的時間。這樣的估測所得不是用來預測（predict）peak oil 的準確時間，而是用來顯示問題的急迫程度與問題的嚴重程度（供需落差）。近年來也有愈來愈多經濟學者改成先估測石油產能的可能變化，進而去分析這個產能變化對價格與經濟結構的影響，國際貨幣基金 IMF 就是採取這個策略。

因此，想要正確解讀國際貨幣基金 IMF 的《2011 年世界經濟展望》，就必須先釐清兩個問題：（1）peak oil 什麼時候會發生？（2）未來 20 年內傳統石油的產能變化。

但是要估測全球原油蘊藏量與未來「需求趨勢一如既往」下的產能變化，最關鍵的因素是全球可汲取的原油總量到底有多少。要估測這個數值，最簡單的方法是去彙整石油生產國或能源專業機構的資訊。麻煩的是，全球普遍信賴的能源專業機構因體制因素而傾向於高估原油的蘊藏量，這使得過去對原油蘊藏量的估測都有機會偏於樂觀。㉑㉒

以第一手資料為例，石油輸出國組織（OPEC）以會員國油礦的蘊藏量來限制其最高產能（兩者大致上成正比），因此許多國家蓄意高估國內油礦蘊藏量，以便獲得較高的最大產能許可。

譬如，英國的《衛報》（*Guardian*）就在 2011 年 2 月 8 日報導一份維基解密釋出的文件，其中提到沙烏地阿拉伯對外公布的原油蘊藏量被誇大了將近 40％。㉓ 此外，在過去油價相對穩定的時代，誇報蘊藏量可以增加油礦公司的資產，因此 OPEC 以外的產區也有虛報蘊藏量的誘因。但是石油輸出國組織（OPEC）秘書處、OECD 設立的國際能源總署 IEA 和《石油與天然氣期刊》（*Oil & Gas Journal*）等專業雜誌

都不方便質疑各會員國或油礦公司所提供的資訊，以免引起外交或公共關係的緊張。基於類似的理由，美國能源情報署 EIA 也從來不去查核資訊來源的正確性。[24]

近年來由於許多學者的努力，終於在眾說紛紜中發展出一系列排除不合理假設的方法，而逐步建立起一致性愈來愈高的預測。

他們的辦法是：彙整各種立場歧異的研究報告，針對每一項預測時所需要的參數（假設條件），逐項交互比較各種報告的參數值，之後把離群太遠的剔除，用其他報告的參數來求出平均值，就有機會獲得較合理的油價模型參數，與較準確的估測。由於採用這項技巧，以及可供比較的各種研究與資訊愈來愈豐富，所以近年關於 peak oil 的年份預測落點愈來愈集中在 2010 年至 2015 年之間。

近在咫尺的危機

4 位英國學者用這技巧比較了 15 份關於傳統原油產量的預測，2 份來自國際組織 IEA 與 OPEC，美國 EIA 與英國 BGR 官方報告各 1 份，4 個石油公司、4 個能源顧問公司和 3 份大學的研究報告，其中只有 IEA、OPEC、EIA 和艾克森美孚石油公司（Exxon Mobil）說 2030 年之前全球原油產能不會跨越最高峰，其他 9 份報告都說會在 2030 年之前跨越最高峰。研究人員進一步仔細分析這 15 份預測的假設條件，並在交叉比對後發現 4 份較樂觀的預測都至少含有一個很離譜的假設。[25] 在剔除了不合理的假設之後，重新進行了模擬的預測，結論是全球原油產能很可能會在 2020 年之前就跨越最高峰。[26] 這個預測獲得牛津大學研究團隊的支持。

牛津大學的研究團隊在 2010 年時發表了很嚴謹的論文，他們針對輕油、中油（medium oil）、重油和冷凝油（condensates）等密度低於水的「傳統原油」進行研究，先仔細考察預測原油產量的各種可能誤差來源，以及各種非傳統石油的產能，然後再使用三種較可靠的資訊和手法交互比對，評估全球傳統油礦蘊藏量與進行產能估測時所需要的各種參數。最後他們發表了幾個令人憂心的結論：（1）全球主要油井有 507 座，產能占全球產量的 60％，且平均每年的產量減少 4.5％～6.7％。（2）占全球產能 85％的主要油井將從 2010 年開始每年減產約 4.07％。（3）1960 年以後所發現的新油礦蘊藏總量逐年迅速地下降，從每年 500 億桶左右掉到 2008 年的 100 億桶左右。（4）全球傳統原油的蘊藏量大約只剩 8,500 ～ 9,000 億桶。（5）如果全球原油的需求量維持目前的趨勢，全球原油產能將在 2010 到 2014 年之間跨越最高峰，而

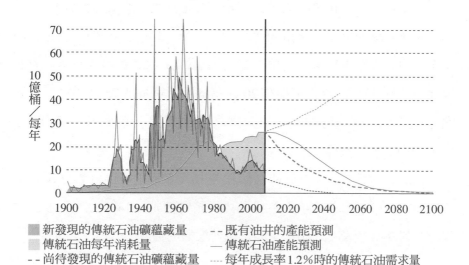

圖3.1：全球原油產能與新發現油礦（牛津大學的預測）[21]

2023 年時全球傳統原油的供應量將僅及需求量的 50％（約每年 180 億桶，或每天 49.3 百萬桶）。㉘

另一方面，交易市場上有關原油未來價格的預測，間接反映著預測者對於未來供需的判斷，因而有學者以此為基礎去預測全球原油產能跨越最高峰的可能時間。其研究結果也支持絕大多數近期學術研究的結論：peak oil 很可能會在 2015 年或更早的時間發生。㉙

不僅學術界有此憂慮，能源相關業界的執行長也有此憂慮。一般而言，能源產業對 peak oil 的預測會偏向樂觀，以免政府和資本市場加速把資金轉投到替代能源的市場。但是 2008 年的一項電話訪談卻顯示：美國石油與天然氣行業 100 位總裁中，有 48 位認為全球原油產能已經跨越或即將跨越最高峰。㉚

至於全球原油的最高產能會有多少桶？科威特大學和科威特石油公司的研究人員在 2010 年發表的研究預測：全球原油產量將在 2014 年達到最高峰的每天 79 百萬桶後開始減產。㉛ 另一個跨國學術團隊在 2010 年發表的研究結果也與前兩項研究的結論相似：2030 年原油與其他液態油的產量分別為 55 百萬桶和 20 百萬桶，而總量為 75 百萬桶，比國際能源總署 IEA 所發表的《2008 年國際能源展望》分別低了 20 百萬桶、6 百萬桶和 26 百萬桶。㉜

在這樣的背景下，美國能源情報署 EIA 和國際能源總署 IEA 卻樂觀地期待全球原油產量可以在 20 年內持續持續成長 14％，並且在 2035 年上升到 99.1 百萬桶，這很可能是過份樂觀的估計。

科學不是萬能——非傳統石油的發展瓶頸

很多人期待新興的液體燃料可以即時補足化石燃料全部的供需缺口，可惜的是科學的進展速度往往趕不上人類的期待。我們期待氫融合反應的乾淨能源已經有 60 年了，但是曾任英國皇家學院副院長的英國氫融合權威學者卻在一份 2004 年的簡報裡說：歐陸最重要的氫融合計畫最早也要在 2050 年才有機會開始商轉。[33]

根據史丹佛與柏克萊學者的研究，在基準情境（baseline scenario）的預測下，2035 年加拿大油沙會達到每天 19.3 百萬桶的產能，而液化天然氣合成燃料加液化碳的產能共有 3.6 百桶。[34] 這個數據幾乎是其他單位估算值的 2 倍，很可能過度高估。

全球重油和油沙的蘊藏量雖然高達 6 兆桶，但是因為底部的油礦黏性太高而汲取困難，因此可以汲取的部分僅達蘊藏量的 40％～ 85％。而且，即使是使用蒸汽來降低黏滯性，其黏滯性還是遠高於傳統石油，以致於每個油井每天的最大產能受到很大限制。[35] 此外，加拿大油沙所含瀝青需要經過耗能、耗水且可能對環境有害的過程，加以提煉成可用的原油。因此符合經濟效益且環境污染管制條件容許下的可開採總量，爭議極大。[36] 一份 2008 年的研究預測，加拿大油沙的產能會在 2030 年左右達到極限，每天產出在 1.28 至 5.1 百萬桶原油（1.5 百萬至 6 百萬桶瀝青）之間，最可能的是 3.8 百萬桶左右。[37] 此外，加拿大近年發表的兩份研究報告都確認，油沙提煉產業確實對人類、動物與環境有不可忽視的危害，因而呼籲決策者不可以輕易擴大油沙的提煉規模。[38][39] 至於提煉重油（heavy oil）和油頁岩中的油（shale oil），成本與困難度

都更高，因而產量更加低微。❹❹

　　根據美國能源情報署 EIA《2011 年世界能源展望》的預測，石油與其他替代性液態燃料（包含生質燃料、液化炭、液化天然氣、液態氫）總消耗量在 2035 年時達到每天 112.2 百萬桶，而替代性液態燃料則在 2035 年達到每天 13.1 百萬桶的產量——其中 4.8 百萬桶來自加拿大的油沙礦，美國和巴西的生質燃料產量為每天 2.2 百萬桶和 1.7 百萬桶，委內瑞拉的特重油（extra-heavy oil）產能則必須達到每天 1.4 百萬桶，而不足的 3 百萬桶則來自於液化炭、液化天然氣、液態氫等液態燃料。❹

　　國際能源總署 IEA 所發表的《2010 年世界能源展望》中預估，2020 年傳統原油達到一個穩定的最高產能：每天 68 ～ 69 百萬桶，但是他們期待，非傳統油礦在 2035 年的產能會增加到每天 9.5 百萬桶，再加上液態瓦斯的產能激增，使得 2035 年，各種液態燃料的總產量可以達到每天 96 百萬桶。❹ 除了瓦斯產能的估算似乎太樂觀之外，他們

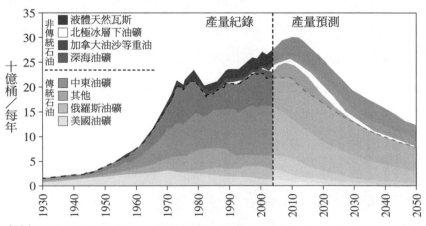

資料來源：C. A. S. Hall, R. Powers and W. Schoenberg (2008)

圖 3.2：原油與各種液體燃料的 peak oil

對於其他非傳統石油的估算，很接近美國能源情報署 EIA 的估測。

　　根據澳洲學者最有信心的估測（best guess），油沙、超重油和頁岩油三者合起來，2030 年的產量每天約 11 百萬桶，略高於前兩者的估算。此外，傳統原油加上非傳統石油的總產能，會在 2010 年左右達到最高產能（每天 87 百萬桶），之後一路下滑，在 2020 年剩下每天 83 百萬桶，2030 年僅剩 65 百萬桶。㊹另一項務實的評估顯示：傳統原油會在 2010 年左右跨越 peak oil；如果將非傳統油源的補充效應考慮進去，全部液體燃料總產能的最高峰會增加到每天約 82 百萬桶，但全部液體燃料跨越最高總產能的時間，只會比傳統原油的 peak oil 延後一年左右而已。㊺

　　綜合以上數據，如果經濟景氣維持不變，全部液體燃料總產能很可能會在 2015 年之前達到最高產能（每天 83 ～ 87 百萬桶），然後開始下降，到 2030 年時僅剩 70 百萬桶左右，其中非傳統燃料（含油沙、超重油、頁岩油）的產能很可能在每天 9 ～ 11 百萬桶左右（約每年 36.5 億桶），而美國和巴西的生質燃料產能共約每天 4 百萬桶。

　　在這種情況下，要讓 peak oil 比 2015 年還更晚發生，只能倚靠巨幅的油價上漲，同時伴隨經濟成長趨緩或下降。這種前景對全球經濟的打擊猶如 peak oil，同樣地有可能是台灣與亞洲很難承受的——除非我們來得及做好充分的應變準備。

雪上加霜——需求量的低估

　　美國能源情報署 EIA 和國際能源總署 IEA 不僅高估了未來原油的供應量，他們也很可能都低估了 2035 年時的原油需求量。

他們都假定油價的持續上漲，會使得每人平均消耗的液體燃料因而明顯減少。但是紐約大學在 2010 年發表的研究卻發現：1973-1984 年的石油危機期間，全球油價上漲了約 5 倍，全球每人的平均原油消耗量因而下降了 13％；但是，在 1998-2008 的 10 年間，原油價格也上漲了 5 倍左右，全球的原油消耗量卻反而增加了 4％。他們推測這是因為過去油價上漲的過程，已經逼迫高度耗油的國家盡量減少可以節約的家用能源，而運輸與工業的需求卻不會因為油價的上漲而明顯下降，此外人口龐大的新興經濟體也不可能放棄對當代工業文明的渴望。因此，未來全球每人平均消耗的液體燃料成長速度減緩有限，使得 2030 年時，全球原油的需求量會比美國能源情報署等國際組織的預估多出約 26％，而達到每天 134.2 百萬桶。㊻

天價的石油：一個務實的評估

綜合以上資訊，實際上，全球在 2030 年時各種液態燃料（石油、非傳統石油與液化天然氣）的需求量，有機會高達每天 90 ～ 134 百萬桶，而總產量則僅 60 ～ 65 百萬桶，中間供需落差 30 ～ 70 百萬桶。在最壞的情況下，傳統原油有可能接近牛津大學的預測，在 2023 年時全球供給量約每天 49 百萬桶，僅達到需求量的一半。巨大的供需落差將會驅使油價持續攀高，因此全球原油價格確實很有機會達到（或超過）國際貨幣基金 IMF 基準情境所預測的：2020 年時每桶 249 美元，而 2030 年時則高達每桶 330 美元。在最壞情況下，2020 年和 2030 年的原油價格也有機會一如國際貨幣基金 IMF 所預期的，高達每桶 600 美元和 900 美元——接近瘋狂而難以想像的天價。

　　有愈來愈多的嚴謹證據顯示，全球原油產能很可能會在 2015 年以前開始下降，而替代性燃料的產能不足以扭轉這個趨勢，只能略有小補。因此，2004 年以後，已經很難在嚴謹的學術期刊上找到論文反對 peak oil 在近期內出現的可能性，倒是十之八九都在討論如何因應短期內可能會出現的 peak oil 危機。

　　面對這樣的危機，很多人會期待氫燃料和和纖維素酒精等新興燃料，能夠填補跨越 peak oil 後的供需落差而緩和整個局勢。下一章我們就來看看各種新興燃料的發展近況與未來。

Unit 4

黑金與綠金之爭——火上加油的災難

　　石油被稱為黑金，生質燃料（蔗糖酒精、玉米酒精、大豆柴油等）被稱為綠金。以目前的技術成熟度與成本而言，綠金都是黑金的最佳替代燃料。但是，目前全世界的農地與灌溉用水已經達到極限，使得糧食隨時可能會進入長期的供不應求，生質燃料只不過是在窮人的糧食和富人的大型汽車油箱之間製造對立，為一場隨時可能降臨的災難火上加油。為了緩和能源的需求導致糧食供應的緊張，許多人期待新興電能、氫能源和纖維素酒精可以同時解決能源和糧食的危機。

　　目前全球直接消耗的能源只有兩種：電能和化學能（汽油等燃料），核能是以電能的形式提供給使用者。當 peak oil 發生之後，理論上有三種可能的替代辦法：（1）增加核能或再生能源（renewable energy）的發電量，用以完全取代石油發電，從而減少石油的消耗量；（2）想辦法生產出多餘的電能，然後將電能轉為化學能儲存起來，當作替代石油的燃料（譬如電解水來產生氫氣，準備當燃料電池的能量源）；（3）直接尋找可以替代石油的燃料，譬如生質酒精或生質柴油。

　　想要用減少燃油發電的方式來因應 peak oil，其成效是很微小的。全世界的能源總消耗量，預期將從 2008 年的 505 千兆 Btu（quadrillion Btu），在 2035 年達到 770 千兆 Btu，而液態燃料所占全球能源比例將從 36% 降為 29%，電能所占的比例則從 12% 上升到 21%。❶ 但是目前

全球電能只有 5％ 是來自於石油，因此，電能的增加對減少石油的耗損
幫助非常小。

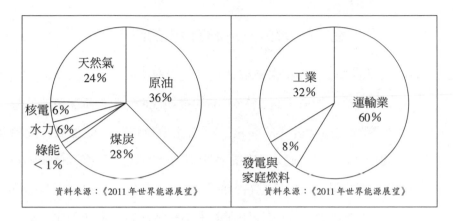

圖4.1：全球能源類別與比例　　圖4.2：全球原油用途與比例

　　原油的主要消費者是運輸業，大約占 60％，工業大約用掉 32％，
家庭燃料與發電用掉不到 10％。❷ 因此，要因應 peak oil 的衝擊，首要
任務是為運輸業找到石油的替代燃料。

　　傳統上核能、水力發電與其他綠能（renewable energy）主要是用
來發電，提供固定設施（家庭、商業與部分工業）所需電能，以及一部
份有軌運輸（火車與捷運）所需要的電能。至於空運、海運與公路運輸
等無軌運輸，所需要的是可攜帶的能源，譬如液態天然氣、生質燃料等
化學能（英文通常以 "alternative fuel" 稱呼它們，以有別於替代電能的
"renewable energy"）。

　　要打破這個傳統上的隔牆，主要有兩種現成的技術：（1）把多餘
的電能用來製造氫，然後用氫當作燃料電池的能源來推動汽車；（2）
把多餘的電能用電池儲存起來，用來推動電動車（electric vehicle，簡

稱 EV）。但是，在未來 20-30 年內很難期待這種技術可以大規模取代內燃機推動的汽車。

遙遠的夢想——沒有污染的汽車

有些人可能會期待，在未來電動汽車全面取代燃燒汽油與柴油的引擎，很可惜的是：1 加侖（24 公升）汽油重約 3.6 公斤，所蘊藏的能量卻等於 1 公噸電池所能儲存的能量，兩者每單位重量所能儲存的能量密度相差約 280 倍。❸ 電動汽車的最高時速和加速度都已接近傳統跑車了，但是充一次電要 30 分鐘左右，而只能跑 320 公里。即使充電速度可以快到 5 分鐘內，電動車在長途運輸上還是無法取代傳統引擎。❹

鋰電池（Lithium-air cells）理論上可以達到每公斤 10 千瓦小時的能量儲存密度，是石油的 83％；而馬達的能源效率是 80 ～ 90％，遠高於內燃機（只有 20％），因此在長遠的將來，電動車或許有機會全面取代內燃機引擎。問題是現實遠比理論更令人失望：目前鋰電池的能量儲存密度只有每公斤 0.7 千瓦小時，僅及石油的 5.8％而已。❺ 因此，像「美國電動車聯盟」（Electrification Coalition）這種積極推動「全電化交通」的美國組織，也只敢期待在 2020 年達成全美 700 萬輛電動汽車的目標。❻ 與美國高速公路上總數 24.5 億輛的車流比起來，這樣的規模簡直可以加以忽略。

務實的估算很可能是：在 2050 年以前，電動汽車頂多只能用於一小部分的家用小汽車，很難用於較耗能量的貨卡、輪船以及飛機。即使是美國農場的大型農耕機，也很難用電動馬達驅動。

其次，理論上有機會利用電能分解水來產生氫氣，然後用氫氣當作燃料電池的能量來源，推動汽車。但是美國能源部在 2004 年的一份評估指出，燃料電池要與內燃機競爭，必須先達成三個目標：（1）將成本減少為十分之一到二十分之一，（2）使用壽命延長 5 倍，（3）能源效率提高 2 倍。❼ 因此 2005 年，美國能源部與赫許（R. L. Hirsch）都不認為氫能源與燃料電池來得及在 2030 年以前取代石油與內燃機。❽在 2011 年出版的最新評估裡，美國能源部的態度較樂觀，認為有機會在 2015 年達到每千瓦小時（kW）35 美元的量產成本，接近 2002 年的十分之一。此外，氫氣的成本也比 2005 年時減少約 30％。日本和德國的幾個汽車廠都計劃在 2015 年推出以燃料電池為動力的汽車，但每輛價格約在 5 萬美元，目標競爭對手是高級跑車。以這些數據為基準，美國能源部只敢期望在 2025 年看到 200 萬輛的規模，約是美國汽車總量的 0.08％。❾

　　另一方面，許多現成的技術有機會用來減少石油的使用量，包括壓縮天然氣、液化瓦斯、以生質酒精添加到汽油之中、汽電混合的雙動力引擎，或者以汽油當柴油引擎的燃料（gasoline-diesel engine）❿ 等。但是因為價格、安全性等因素，近年美國市場上使用壓縮天然氣、液化瓦斯、酒精燃料等的汽車數，都已跨過最高產量而在減少當中，2009 年時只剩 E85（85％酒精加 15％汽油）有持續成長到 50 萬輛，少得可以忽略；而電動車（5.7 萬輛）和使用氫能源（燃料電池）的汽車（357 輛）則更是少得可憐。⓫

　　市場的反應之所以總是慢半拍，有其難以避免的原因：廠商要設立生產線的話需要時間籌募資金、施工與培訓員工，而無法瞬間擴大生產規模；此外，消費者也不可能因為油價太高，就放棄原本開得好好的

舊車。根據一份 2005 年的報告，要在美國汰換掉 50％的汽車，大約需要 10-15 年的時間並花費 1.3 兆美元，輕型貨車需要 9-14 年與 1.0 兆美元的經費，重型貨車需要 15-20 年與 1.5 兆美元的經費，而飛機則需要 15-20 年與 0.25 兆美元的經費。⑫ 因此，新產品的市場占有率需要時間去慢慢擴大，而非一蹴可幾。據估計，全新的產品要在市場上具有可觀的占有率，往往就需要 20 年。

因此，電動車和燃料電池也許有機會在 2050 年以後，緩解或徹底解救地球的能源危機，但是它一點都不像是可以在 2030 年以前，大規模改善日益惡化的石油短缺問題。

樂觀的人一直期待著市場和科技總會在危機發生之前搶救人類和地球，但是搶救人類和地球不僅需要科學的發明，更需要量產的技術。可惜的是，在資本主義社會裡，量產技術的開發需要廠商的資金，而廠商為了規避風險以及牟取最大利潤，往往寧可等事態已經太嚴重才開始投入生產，以便從開始即獲得可觀的利潤。

電動車和燃料電池的開發速度這麼遲緩，見證了一件事：追逐利潤的市場機制總是落後市場的需要，而量產技術所需要的資金卻又被市場機制控制住。

科學與市場機制來不及挽救危機，這比較像是必然，而非偶然。

摘完低處所有的水果之後——高價的替代燃料

在資金的觀望與量產技術和市場的同步延遲下，很難期待革命性的科技會及時拯救地球。想要挽救即將來臨的 peak oil，只能期待馬上可以上市的石油替代燃料。譬如委內瑞拉的重油、加拿大的油沙，或者用甘蔗、玉米製成的生質酒精,以及大豆、油菜籽或藍藻提煉出來的生質柴油。可惜的是:它們都是石油的高價替代品,只有當油價飆到天價時才有機會開始量產。

在討論未來的能源價格趨勢時,會因為政府的補貼、市場的炒作與短期波動,以及經濟景氣變化等因素,使得價格的預測與解讀變得極為複雜。有些學者因而用「開發過程所產出的能量/開發過程所投入的能量」來作為衡量未來能源價格的參考基準,並且把它稱為「能量開發效益比」(energy return on investment,簡稱 EROI)。這個比值等於 1 時,代表整個開發過程所獲得的淨能量為零,所投入的資金、人力與時間全部浪費;而這個比值愈大,代表投資報酬率愈高,愈有開發的價值。❸

「能量開發效益比」遠比浮動的石油價格更能清楚顯示當前的能源窘境:美國國內原油開採的能量開發效益比在 1930 年代是大於 100,到 1970 年代時掉到 30,今天只剩 11 到 18;此外,全球原油開採的能量開發效益比在 1992 年時約 26,1999 年時增加到 35 左右,之後一路下滑到 2006 年時只剩 18。❹

「能量開發效益比」也可以用來評估石油的替代能源是否具有開發價值。天然氣的 EROI 約莫是 10,油沙中提煉出來的瀝青約莫是 2～4,頁岩油(shale oil)約莫是 5,核能約莫 5～15,風能約 18,太陽能板發電約 6.8,集熱式太陽能發電約 1.6,蔗糖酒精約 0.8～10,生質柴油約 1.3,玉米酒精約 0.8～1.6。❺

這樣的數字讓人很難對各種替代燃料的未來存有太樂觀的想像──如果我們再把運輸成本、人事成本、設備成本、土地成本等因素加進去考慮,除了蔗糖酒精有機會在最高生產效率下,勉強替代高價石油之

表4.1：各種能源的能量開發效益比（EROI）

全球原油		天然氣	非傳統原油		生質燃料			替代電能			
1999年	2006年		油沙	頁岩油	蔗糖酒精	玉米酒精	生質柴油	核能	風能	太陽能板	集熱式太陽能
35	18	10	2～4	5	0.8～10	0.8～1.6	1.3	5～15	18	6.8	1.6

外，油沙和頁岩油只能替代天價的石油，玉米酒精在最高生產效率下也只能替代天價的石油，而生質柴油則簡直很難有機會在沒有政府補貼的情況下生存。

以 2007 年的價格為例，EROI 值約 40 的沙烏地阿拉伯石油每桶成本約 20 美元，EROI 值 7 左右的深海油井每桶成本約 68 美元，而 EROI 值平均約 3 的加拿大油沙開發成本大約每桶 85 美元。[16]

為了避免使用蔗糖、玉米、大豆生產生質燃料而擠壓糧食生產，纖維素酒精（cellulosic ethanol）和富含油脂的藻類都被寄予厚望。纖維素酒精可以利用稻桿、稻殼和其他纖維當原料，不會排擠糧食生產。[17]美國國會為了確保能源自主性與安全性，曾在 2007 年通過一個能源法案，規定生質燃料每年的最低產量。根據這個規定，美國將在 2015 年達到玉米酒精的最高產能每年 150 億加侖，之後增加的生質燃料主要將來自於纖維酒精，預期在 2022 年生產 160 億加侖纖維酒精。[18]但是纖維酒精比玉米酒精多了一道酵素分解過程，因而設備成本與營運成本都比玉米酒精高。[19]因為成本問題一直無法克服，使得產商投入意願低，美國政府不得不在 2011 年 6 月建議國會大幅削減纖維酒精的法定產量，從 5 億加侖降到 345～1290 萬加侖，只低於原來的 1%～3%。[20]

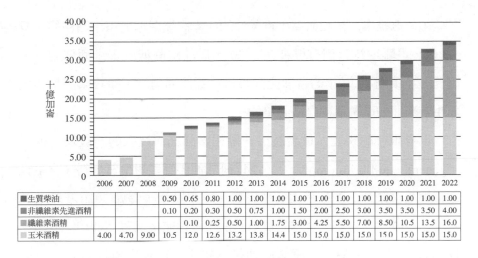

	2006	2007	2008	2009	2010	2011	2012	2013	2014	2015	2016	2017	2018	2019	2020	2021	2022
■生質柴油				0.50	0.65	0.80	1.00	1.00	1.00	1.00	1.00	1.00	1.00	1.00	1.00	1.00	1.00
■非纖維素先進酒精				0.10	0.20	0.30	0.50	0.75	1.00	1.50	2.00	2.50	3.00	3.50	3.50	3.50	4.00
■纖維素酒精					0.10	0.25	0.50	1.00	1.75	3.00	4.25	5.50	7.00	8.50	10.5	13.5	16.0
■玉米酒精	4.00	4.70	9.00	10.5	12.0	12.6	13.2	13.8	14.4	15.0	15.0	15.0	15.0	15.0	15.0	15.0	15.0

圖4.3：美國國會2007年能源自主與安全法案規定生質燃料產量表

　　富含油脂的藻類有機會取代大豆，成為生質柴油的主要來源。它可以使用廢水生產，不需使用可耕地，不會擠壓糧食生產。理論上，用藻類生產油脂的話，單位農地面積的油脂產量是大豆田的13倍左右，如果用立體網架生產，單位農地面積產量甚至可高達大豆田的220倍。可惜的是從藻類的含油密度遠低於大豆，因此採收與提煉的成本遠高於大豆生質柴油。它必須在最佳品種與最高產能下，才有機會跟大豆的生質柴油競爭。問題是，要達到這麼高的產能，還需要漫長的研發工作。㉑

　　大量生產纖維素酒精和微藻生質柴油時需要投入可觀的能量，因此它們的EROI值應該是高於或接近其他生質燃料，使得它們在價格上很難有競爭力。根據2008年的一篇論文估算，2006年巴西蔗糖酒精的生產成本每桶約40美元時，美國的玉米酒精成本每桶約60美元，微藻（Microalgae）量產時每桶成本則約126至209美元，但是纖維素酒精的成本卻高達每桶222美元。㉒

由於纖維素酒精和微藻生質柴油的成本高達蔗糖與玉米酒精的 2 至 5.5 倍，很難期待它們有機會在 2030 年以前跟蔗糖或玉米酒精競爭。因此，在預測 2030 年的各種能源報告或經濟局勢時，纖維素酒精和微藻生質柴油的產量通常是被忽略的。

世界銀行的研究人員發展出一個相當詳細而複雜的一般均衡模型（general equilibrium model），用以研究油價高漲對生質燃料（含生質酒精與生質柴油）的市場占有率影響。結果顯示，假如 2020 年時油價漲到 2009 年的 3.3 倍，全球生質燃料的市場占有率將從 2009 年的 2.4% 提高到 5.4%。即使在這麼高的油價漲幅下，想用生質燃料填補 peak oil 所造成供需缺口，還是杯水車薪，無濟於事，但全球糧食的供應量卻會減少 2.8%，而中國大陸、印度與東亞的食品供應量則有可能會減少 3.5 ～ 6.1%。[23]

對於既缺能源又缺糧的亞洲而言，生質燃料可能是噩耗而非福音──它對緩和石油的供需落差幫助甚微，卻可能足以造成亞洲嚴重的糧食短缺！

窮人與富人的戰爭──飽受爭議的生質燃料

根據聯合國糧農組織的預測，2050 年投入生質燃料的穀物總量約 2.62 億噸，外加植物油約 0.62 億噸，因而消耗掉的糧食總量將占 2050 年糧食目標產量的 10%。[24] 由於過去全球可供貿易的糧食僅約占總產量的 10%，上述資訊意味著生質燃料的生產目標將會嚴重排擠農地與農糧，甚至使得全球糧食貿易近乎終止。

此外，針對 2008 年到 2010 年的研究顯示：油價飆漲會循三個管道推高糧食價格：（1）石油是機械化耕作與糧食貿易的重要投入要素，因此會影響其成本；（2）肥料的製造需要耗能，且氮肥的製造需要石化業的產品當原料，因而油價會影響肥料價格；（3）油價高漲會吸引生質燃料製造者增產，因而排擠全球的糧食供給量。㉕

2007 年，美國用 6,360 萬英畝的大豆田產出約 30 億加侖左右的沙拉油，如果把它們全部拿去做生質柴油，約可取代 4.5％的美國柴油消耗量。㉖ 另一方面，即使在最高的生產效率下，如果想要用巴西的蔗糖酒精去取代 2025 年全球燃料使用量的 5％，所需要的土地面積約占巴西農地總面積的 5％，接近目前巴西全部大豆的總種植面積。㉗

全球糧食供給的問題已經極其嚴峻，擴大生質燃料的產量將無可避免地使局勢雪上加霜。

聯合國預期在未來 40 年內全球必須再增加 70％的糧食供應量，以便因應增加的人口與每人平均消耗熱量的增加。㉘㉙ 但是地球上的可耕地與灌溉用水已經瀕於使用的極限，過去許多生產過剩的國家都已經面臨生產的極限，因而使得這個增產計畫面臨極高的挑戰。尤其加上氣候的極端化和石油可能減產的陰影，使問題更顯得嚴峻，有如一場即將來臨的風暴。㉚

以 2010 年 10 月到 2011 年 9 月為例，全球糧食庫存量一再徘徊於安全存量的邊緣。2010-2011 年全球穀物消耗量約為 22.3 億噸，70 天的安全存糧約為 4.28 億噸，但是 2010 年 11 月、2011 年 2 月、6 月與 7 月全球糧食庫存量都略低於安全標準。㉛ 事實上，過去 11 年來已經有 7 個年份全球糧食的消耗量超過生產量（見表 4.2）。㉜

儘管近年來巴西蔗糖的生產成本，隨著自動化程度升高與能源價格

表4.2：全球糧食儲存量（億噸）

月份	2010年			2011年								
	10月	11月	12月	1月	2月	3月	4月	5月	6月	7月	8月	9月
存量	4.32	4.27	4.33	4.31	4.26	4.36	4.36	4.39	4.24	4.27	4.34	4.43

資料來源：美國農業部 *World Agricultural Supply and Demand Estimates*

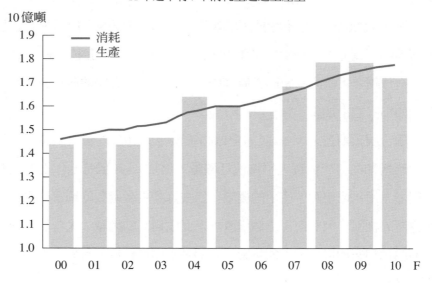

圖4.4：全球穀物產量與消耗量

高漲而持續攀漲，[33] 但是巴西甘蔗行業協會仍預測：2011-2012年度巴西甘蔗加工量將達到 5.685 億噸，其中 54.7％ 將用於生產乙醇。偏偏 2010 年以來巴西南部甘蔗主產區持續乾旱，造成甘蔗嚴重歉收。在蔗糖和乙醇同時爭奪甘蔗當原料的局勢下，兩者的價格同時攀升。[34] 此外，巴西最大甘蔗產地聖保羅州的種植面積已達法定極限，如果朝中西部去

擴大耕作面積，將有可能破壞森林或進一步爭奪其他糧食生產基地。㉟

美國的生質燃料也已經擠壓到原有農作物的生產面積。普渡大學的三位農業經濟學家在 2011 年 7 月發表了研究報告，指出美國 2011 年糧食價格再度飆漲，其中玉米價格已經超過 2008 年全球糧食危機時的高峰，大豆與小麥價格接近 2008 年的價位，只有白米的價格持平。而導致糧價飆漲的主要因素有五個：（1）生質燃料對玉米的需求持續上升，達到美國玉米總產量的 27%，推動糧價上漲；（2）中國大陸積極在建立主要穀物的自給自足，但是對大豆卻大幅仰賴進口，其中 40% 用做庫存，以便因應所得增加對肉食需求的急遽變化；（3）土地與水資源的利用已達極限，而前兩項額外需求，已經大規模排擠棉花等經濟作物的耕作面積，因而糧食市場更嚴重欠缺調節供需彈性所需要的生產資源；（4）氣候極端化導致糧食歉收，使得糧食庫存降低到安全邊緣；（5）美元走軟與全球經濟局勢導致通貨膨脹。㊱

這份報告的結尾建議美國政府要把過去因應「生產過剩」的政策改為因應「生產不足」的政策。有鑑於經濟前景黯淡，而美國的失業率又居高不下，美國政府很可能會取消糧食出口補貼，而使得全球糧食貿易的供需關係更加緊張。

結語

雖然歐美許多科學家期待生質燃料可以降低溫室氣體排放量，並且取代逐漸枯竭的石油，然而對於糧食與肥料都高度仰賴進口的亞洲國家而言，這卻是噩耗而非福音。

東亞與南亞有 69% 的石油仰賴進口，糧食自給率普遍低於 95%，

而且經濟發展普遍仰賴對歐美的出口；peak oil 將使東亞與南亞同時面對石油危機、糧食危機與經濟負成長的危機。對於糧食自給率僅30.6%～32%，而能源自給率僅2%的台灣，這更是一個極端嚴峻的挑戰！

面對這很難樂觀的未來，我們必須要積極瞭解 peak oil 對全球經濟、貿易與糧食問題的可能衝擊，以便提前謀思對策，這是下一章的主題。

崩裂的世界——Peak Oil 對既有經貿秩序的衝擊

假如石油跨越產能顛峰確實即將發生，而替代燃料與能源效率的改善，都無法在 20 年內發揮足夠的影響，高漲的油價將會從根本上改變這個世界的貿易、生產與所得分配等經濟與社會模式，來消除因為實質 GDP 巨幅下降所可能引起的巨大社會衝突。

汽車工業可能因為無法即時生產出新款車來因應高油價產生的市場萎縮，而使相關產業發生失業風潮。❶ 當 peak oil 發生之後，全球可供貿易的原油下降速度會是總產量下降幅度的 2 倍左右，❷ 靠輸入原油來發展石化工業的中國大陸和亞洲國家可能會發生失業風潮。此外，經濟衰退會使政府稅收減少，但物價上漲與實質薪資減少的過程使得貧窮人口增加，需要政府擴大支出來提供社會救助與刺激景氣。但是目前歐美、日本與許多政府國債都偏高，即使在經濟衰退的過程，還是很難以擴大債務來解決以上問題。許多國家可能因為生活必需品上升的速度超過工資的上漲幅度而發生抗爭、暴動乃至於革命，並且有大量人口實質生活倒退到貧窮線附近或下面。❸

油價高漲之後，過去數十年來基於低油價建立起來的經濟、貿易與產業決策模式，可能需要革命性的轉變。如果 2023 年時牛津大學的預測成真，全球原油供應量僅及需求的一半，那麼高漲的油價將會迫使生產與消費體系減少各種貨物的運輸里程，而未來越洋貿易將會以載運

「體積小、重量輕、單價高、利潤高」的貨品為主，並且可能會降低航速以減少耗油量。這樣的未來將會使全球供應鏈與相關的生產、管理模式都被徹底改變，目前近乎零庫存的及時生產（just- in-time）模式會顯得很脆弱，而在低油價的基礎上建立起來的全球化將經歷巨大的轉變。❹一向高度仰賴出口導向的亞洲，將必須靠內需市場的擴張來因應外銷規模的萎縮。

如果 peak oil 真的在 2015 年之前發生，我們今天所熟知的一切決策模式都將被劇烈地翻轉——今天對的事，10 年後很可能都會是錯的；而今天錯的事，在 10 年後卻很可能都會是對的。我們很可能正處在劇變的轉角上（at the corner of dramatic changes）。

全球化的終結——當區域貿易取代全球貿易

馬克思曾在 1848 年的《共產黨宣言》中預言：「資產階級的首要產物是它自己的掘墓工人。」❺很多人說這個預言已經失效了，但是全球化卻很可能會產出它自己的掘墓工人——以低價石油為基礎建立起來的全球化，最鮮明的效應是加速石油的耗竭，因而導致 peak oil 的提前到來，從而終結全球化。❻❼

世界貿易組織 WTO 在歷次談判中，一再大幅削減關稅與各國的保護措施，使今天的全球貿易幾乎毫無任何障礙。在 1990 年到 2006 年之間，全球經濟產出從 226.8 兆美元成長 102.6％，但國與國的貿易增長了 247.4％，而跨國的海上貿易則從 22.53 億噸增長為 47.42 億噸（增長 110.5％）。2008 年時海上貿易每年消耗 20 億桶石油，製造 12 億噸二氧化碳。❽

全球貿易規模的擴張，也和運輸成本的下降以及所得的成長密切相關。❾但是，未來高漲的油價將會促使消費者減少沒必要的旅行，以及減少非必要的輸送距離。以美國為例，2003年的統計顯示，只有33％的汽車行程以及50％的飛機旅程屬於必要。❿但是，被迫減少休閒旅遊等「非屬必要」的行程，意味著景氣可能會跟著衰退；而縮短運輸距離則意味著全球的生產、貿易模式將有重大的變化，亞洲的代工地位有一大部分將會被美洲新興國家（譬如墨西哥與巴西等）所取代。

輕軌運輸與內陸水運需要的花費和建設時間都明顯較小，但是所能取代的運輸量卻很小。用廉價的綠能來支撐鐵路運輸，可以減少陸上運輸的耗油量；但是大規模鋪設鐵路網需要漫長的時間來編列預算與執行，而截至目前為止，卻沒有任何國家開始討論這些方案。⓫因此大部分的國家將只能靠縮短供應鏈的運輸距離來因應peak oil的到來，這也意味著全球經貿秩序天翻地覆的大轉變。

因此，peak oil將很可能會同時推高運輸成本與減少全球平均的實質所得，因而使全球的貿易規模萎縮。

油價飆漲首先會衝擊到航空業。飛機所載客貨的重量‧哩程雖僅占全球航程的0.3％，但其價值卻占全球運輸業的35％。飛機是一種極端耗油的運輸工具，當原油價格從2003年的每桶27.69美元漲到2008年的91.48美元時，飛機的燃料成本從總成本的15％上升到35％，2008年上半年有20家航空公司宣布破產，許多航空公司減慢飛航速度以降低燃料量。⓬

遠洋貨櫃輪使用的燃料是廉價的重油（bunker fuel oil），2005年時船運費僅占全球進口貨物總價值的6％。但是近年油價飆漲，2007-

2008 年時燃料價格幾乎占貨櫃輪成本的 30 ～ 63％：貨櫃輪體積愈小，燃料所占成本比例愈高，且航速愈低燃料成本愈低。因此，當價格漲幅較大時，輪船公司還是會吃不消，利潤低的貨物將更加吃不消。以 40 英尺的標準貨櫃為例，2000 年原油每桶 27.39 美元時，從上海到美國東岸的運費只要 3,000 美元；到了 2008 年，原油每桶 91.48 美元時，運費變成 8,000 美元。輪船公司可以降低航速來減少油料耗損──當船速從 24 節（knot）減為 20 節時，燃料成本約減少 50％；當船速從 26 節減為 18 節時，燃料成本約減少 70％。⑬⑭ 但是它的代價是運輸時間加長，使得及時生產體系不易維繫，也使得越洋貿易的風險增高，因而使得貿易的量減少。

以美加或美墨貿易的運輸成本為例，2000 年時它等於 3％的貨物稅，到了 2008 年時已經等於 9％的貨物稅。如果原油價格一桶漲到 150 美元，跨國運輸成本將等於 11％的貨物稅。⑮ 這徹底抵銷了美洲貿易協定的一切努力，甚至使跨國的陸上貿易規模大幅縮小。

2008 年的高價原油衝擊到許多反應較快的產業。美國的鋼鐵業發現自己生產比從中國大陸進口有利，艾默生（Emerson）將外包基地從亞洲調回到墨西哥，許多產業都在尋找新的代工基地以便因應高油價的到來。⑯ 中國大陸從外銷導向經濟轉向以內需為導向的經濟，表面上是為了因應 2008 的金融風暴，以及可能會降臨的二次衰退，但也有可能是因為中南海深知高油價的時代已經降臨，全球貿易將會區域化，因而必須以內需市場的擴張來彌補外銷市場的萎縮。

面對這樣的事實，假如 peak oil 確實會在 2015 年之前出現，一個關鍵的問題是：peak oil 對全球經濟的衝擊到底會有多大？真的會是以

持續的通貨膨脹開始，歷經一系列的不景氣，終而導致全球性的蕭條（depression）嗎？⑰

「運轉如常」的瘋狂世界

有些人主張：對於美國等已開發國家而言，油價對 GDP 的影響力已經不像 1970 年代那麼明顯，⑱但事實顯然並非如此。圖 5.1 顯示從 1981 年以來，全球 GDP 的變化率幾乎跟石油供需量的變化一致。赫許博士因此歸納出「全球原油產量每下降1%就會使全球GDP下降0.6%～0.7%」的概估。⑲

圖 5.1 的吻合並非偶然，許多經濟學家也都認為油價的持續上漲可以用六種方式對全球經濟造成負面影響：（1）油價上漲會使可投入的資源減少，因而降低產出；（2）油價上漲會使石油進口國失去國際貿

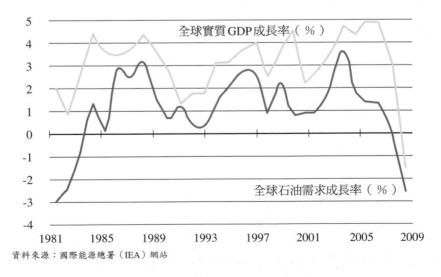

資料來源：國際能源總署（IEA）網站

圖5.1：全球實質GDP成長率與石油需求量成長率比較圖

易的競爭優勢，使其貨幣貶值而購買力下降；（3）油價上升會導致利息上升而減緩經濟成長；（4）油價上升會導致通貨膨脹；（5）油價上升對消費、投資與股市都有負面的影響；（6）持續性的油價上漲逼迫產業進行結構性調整，而導致失業率上升。[20]

國際貨幣基金在《2011 年世界經濟展望》中採用三個模型來預測未來的全球經濟形勢。[21] 基準模型（benchmark）裡假設全球原油供給量平均每年減少 1%，而且原油的生產成本每年平均上升 2%。根據這個模型，假如 2015 年發生 peak oil，2025 年時全世界的實質 GDP 將會因為 peak oil 而減少 1.2%，並在 2035 年累積出 -3.5% 的影響。

但是，這個假設很可能太樂觀。經驗研究顯示：大部分主要油井跨過 peak oil 之後，每年至少減產 6%，[22] 而國際貨幣基金的觀察則是，近年全球原油總產量正以 4%～ 4.5% 的速度在減產。因此，除非油沙等非傳統原油與生質燃料每年可以超過 2% 的速度成長，否則液體燃料的產能下降速度很可能會接近每年 4%。

此外，目前全球原油每桶平均成本約 40 美元，而沙烏地阿拉伯的成本則只要 20 美元，2005 年之後所發現的新油源都是深海井，其成本在 60 ～ 85 美元之間（愈深成本愈高），而加拿大油沙的開採成本則是每桶 85 美元左右，大約是傳統原油的 4.25 倍。[23] 由於跨越 peak oil 之後，有愈來愈高比例的液態燃料必須來自這些油礦，因此實在很難期待全球各種原油的綜合生產成本，最後每年平均只上升 2%。[24]

因此該報告提出另一個號稱「較悲觀」卻可能較接近事實的預測模型：假設全球原油供給量平均每年減少 3.8%，而且原油的生產成本每年平均上升 4%。在這情況下，全球原油價格將在 2025 年上漲 500%，

而在 2035 年累積出 800％的漲幅；此外，全球實質 GDP 將會在 2025 年因為 peak oil 的影響而減少 4％，且在 2030 年累積出 -10％的影響幅度，平均大約每年減少 0.5％左右的 GDP 成長率。㉕

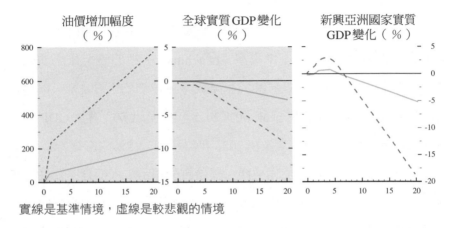

實線是基準情境，虛線是較悲觀的情境

圖 5.2：IMF 預測 peak oil 發生後 20 年內全球油價與 GDP 降幅㉖

但是，德國經濟結構研究院（Gesellschaft für Wirtschaftliche Strukturforschung mbH，簡稱 GWS）的預測就悲觀多了。他們將 peak oil 的情境（scenario）分成兩種：（1）如果 2015 年出現 peak oil，並努力貫徹 IEA 的 450ppm 節能減碳計畫；（2）如果 2015 年出現 peak oil，但是政府沒有積極採取對策。在第一種情境下，他們預測 2025 年時，原油每桶還是高達 300 美元，日本的實質 GDP 將減少 14％，中國大陸減少 7％，美國減少 2.5％，英國減少約 4.5％，衝擊的程度反映著該國對進口石油的倚賴程度。在第二種情境下，他們預測 2025 年時原油每桶將高達 600 美元，日本的實質 GDP 將減少 26％（每年平均減少 2.6％左右），中國大陸減少 23％（每年平均減少 2.3％左右），美國減少 8％，英國減少約 6％。⑦ 第二個情境對油價的預測與 IMF 的「悲觀情境」相近，但是所導出來的 GDP 預測卻明顯比《2011 年世界經濟展望》的「悲觀情境」（worst case）還更悲觀。有好幾個因素造成兩個預測間的差異。

首先，他們使用的預測模型特性不同：德國經濟結構研究院 GWS 的預測模型是專為石油與能源問題而發展，但國際貨幣基金 IMF 的預測模型本來是專為國際金融和貿易問題而發展的，因此 IMF 的預測模型在掌握 peak oil 的效應上，可能不如德國 GWS 的模型精準。其次，IMF 假定資訊完全透明，使得全球資源獲得最佳利用，假定石油輸出國從油價上漲所獲得的額外收入會充分用來擴大進口；但是德國的 GWS 則指出，真實世界裡資訊不可能完全透明，因此從過去各國家間實際的貿易數據，來實證評估各國不同產業的受惠與受損程度。從這些因素看來，國際貨幣基金 IMF 的預測模型很可能太過樂觀。㉘㉙㉚

以 IMF 和德國 GWS 這兩個機構對日本的預測為例，IMF 的預測非常樂觀，認為日本在 2030 年時，GDP 只會比 2010 年降低 3％，表現比亞洲新興國家好（GDP 在 2030 年降 5％）；但是德國 GWS 則認為，日本對石油進口的倚賴度幾乎是 100％，遠高於中國大陸的 45％，因此 GDP 的下降幅度會遠超過中國大陸。此外，在比較 peak oil 對日本和德國的影響時，德國 GWS 認為石油輸出國會將額外的收入用來投資德國所擅長製造的資本財，使德國因此受惠而抵銷掉油價上漲的負面效應；而日本和亞洲新興國家則彼此經濟倚賴太深，欠缺脫困所需要的動能，日本又比中國大陸更倚賴進口石油，因此受創會更深。IMF 對日本的樂觀預測似乎是因為忽略了這些因素。

台灣的危機與挑戰

072

　　芬蘭學者很仔細地考慮過跨國間的貿易與投資關係之後，他們的預測也接近德國 GWS 的預測：當俄國的油價上漲 50％時，原油淨進口國的實質 GDP 將會下降，日本約達 3.5％，美國與芬蘭約達 2％，中國大陸約 1％，德國約 0.75％，英國約 0.5％。₃₁如果以這個研究為基準，假定在 2015 年發生《2011 年世界經濟展望》的「悲觀情境」，2025 年時，日本 GDP 有機會因為 peak oil 的作用而減少 35％（每年減少 3.5％），美國與芬蘭的 GDP 有機會因而減少 20％，而中國大陸則有可能將近 10％；2035 年時，日本、美國與中國大陸的降幅將分別是56％（平均每年減少 2.8％）、32％和 16％。這個結果比較接近德國經濟結構研究院的估算。

　　不過在石油跨過 peak oil 之後，全球經貿體系和產業結構將會歷經極為複雜的結構性調整，來適應高油價與供需的落差。石油有 60％用於運輸，如果減少遠距的國際貿易，並且提升能源使用效率（每公升汽油所能產出的 GDP），將有機會抵銷一部分 peak oil 的負面影響。此外，如果能用一部分新興的內需產業來取代外銷產業，也有機會進一步緩和peak oil 的衝擊。但是，這些未來的變化很難從過去的經濟發展模式推測出來，因此以上所有預測都只能當做概估的參考。但是有鑑於 IMF預測模型的假設條件太樂觀，peak oil 的實際效應很有機會比 IMF 的「悲觀情境」還更悲觀，至於會不會比德國 GWS 的預測更樂觀，則看各國因應措施是否得當而定。

　　綜合上述資訊，假如 peak oil 在 2015 年發生，2025 年與 2035 年時的油價與各國 GDP 有可能如表 5.1 所示。值得注意的是，因為日本石油完全仰賴進口，因此 peak oil 對 GDP 成長率的貢獻可能會是每年

-2％～ -3％。台灣的能源自給率僅 2％，peak oil 對台灣的衝擊將遠大於美國和中國大陸，而跟日本相近，使得台灣的 GDP 每年下降的幅度在 -2％～ -3％之間。

表5.1：2025 年與2035 年油價與GDP降幅粗略概算

年份	油價 （美元／每桶）	相對於2015 年的GDP降幅（％）				
		年份	全球	美國	日本	中國大陸
2025	300 ～ 600	2020	7 ～ 14	7 ～ 20	20 ～ 30	10 ～ 23
2035	600 ～ 900	2030	10 ～ 28	13 ～ 32	40 ～ 56	16 ～ 30

註：假定液體燃料每年總產能降3.8％，成本漲4％。

亞洲貿易時代的來臨

經濟學的分析與預測經常假定「除了本研究所關注的特定變因之外，其他因素運轉如昔（business as usual）」。但是，當原油價格從每桶20 ～ 30 美元漲到200 ～ 300 美元時，過去有效的一切經濟預測模式，都將失效——世界在未來 20 年內根本無法繼續「運轉如昔」。

今天 WTO 與跨國企業所主導的全球化貿易與全球供應鏈的生產模式都是在原油每桶 20 ～ 30 美元時建立起來的，甚至今天的廉價糧食和自動化生產也是在廉價能源的基礎上建立起來的。一旦原油每桶漲到 200 ～ 300 美元時，這些經貿秩序、生產模式與糧食供給都將無以為繼——何況國際貨幣基金會並不排除 2020 年時油價有可能高達每桶600 美元。

油價高漲將會促使陸上貿易逐漸取代越洋貿易，而實體貨物的全球貿易將會區域化。實際上這個趨勢早已成形：1999 年應該要完成的「杜

哈回合談判」（Doha round）遲至 2011 年還無法簽訂，但大量的區域貿易協定 FTA（Free Trade Agreement）已經逐漸地取代 WTO 的「關稅暨貿易總協定」（GATT, General Agreement on Tariffs and Trade）。此外，「東協共同體」則從原本 10 國的東南亞國協，先加入中國大陸，繼而加入日本和韓國，變成以大陸為南北貿易主軸的「東協加三」，以便取得俄羅斯和烏克蘭的礦產與農糧。在這趨勢下，對大陸經濟倚賴已經超過 55％的台灣該如何拿捏兩岸經濟與政治關係，將考驗著全民和國家領導人的智慧。

即使沒有石油，仍將會有跨國的海上貿易。風帆船時代的貿易內容主要是珠寶、絲綢、茶葉、香料，它們的共同特性是：體積小、質量輕、單價高、利潤高。因此，在油價逐漸攀漲的過程中，最先被擠出海上貿易的商品應該是「體積大、質量高、單價低、利潤低」的貨品。

未來全球的貿易有可能會朝三個方向發展：（1）「體積大、重量重、單價低、利潤低」的貨品會受制於運費而以區域貿易為主，而且生產規模有可能會縮小；（2）「體積小、重量輕、單價高、利潤高」的貨品比較不會因為運輸成本的增加而影響其運輸距離，但是要在全球 GDP 下滑的趨勢下保持既有貿易規模可能會有困難；（3）軟體、虛擬經濟與金融服務業的全球貿易較不受油價的直接影響，但是卻有可能因為全球經濟衰退而出現萎縮的現象。

尤其值得注意的是，過去數十年來亞洲的成長高度仰賴進口的石油、化肥與糧食，以及靠出口導向的經濟成長模式，輸出廉價的勞力與代工品，換得土地的嚴重污染與工業化所需要的資本累積。在 peak oil 之後，這樣的生產與發展模式將難以為繼，其中尤其危險的是亞洲的糧食供應體系。

聯合國糧農組織（Food and Agriculture Organization of the United Nations，簡稱 FAO）的統計顯示：亞洲是世界上重要的糧食淨進口國。小麥方面，日本、印尼和菲律賓的進口量分別是全球第 4、第 8 和第 18 名。玉米方面，日本、韓國、中國大陸和馬來西亞的進口量分別是全球第 1、第 3、第 5 和第 12 名。而大豆方面，中國大陸、日本、泰國、南韓、印尼和馬來西亞的進口量分別是全球第 1、第 3、第 8、第 10、第 14 和第 19。此外，大豆餅方面，印尼、泰國、越南、南韓、日本和菲律賓的進口量分別是全球第 6、第 8、第 9、第 10、第 12 和第 15。偏偏世界上主要的糧食出口國七成在美洲，三成在歐洲。⑫ 因此在 peak oil 之後，亞洲的糧食安全（food security）將會受到很大的威脅——除非亞洲找到自給自足的糧食政策。

面對著 peak oil 隨時可能降臨的威脅，美式資本主義的無限成長遲早會成為不可能；亞洲必須重新思考它的糧食政策、能源政策、交通政策、經濟發展與貿易政策，以及它的社會發展目標——尤其是糧食自給率不到 32%，而能源自給率又僅 2% 的台灣！

Unit 6

亞細亞的孤兒——後石油時代的台灣

亞洲幾乎都是文明的古國,而歷經五千年以上的發展,它最大的挑戰是:人口經常徘徊於土地所能供養的極限。在西方物質文明與現代的經濟體系還沒有取代它的主流價值之前,它的價值觀、社會發展目標與生產方式勉強可以維繫數百年的安定,直到人口過多或連續荒年時,才以內戰和革命來減少人口,使得資源足以供養戰後的人口。

但是歷經殖民地的慘痛經驗之後,西方的物質文明與現代的經濟體系變成亞洲的主流價值與社會發展目標,而 WTO 與全球化代工則使得亞洲國家普遍地累積可觀的外匯,也發展出西方的生產與消費模式。

亞洲某些礦產資源豐富,譬如全球每年生產的 62 億公噸無煙煤中,有 38.7 億公噸產於大陸、印尼和印度。❶❷ 此外,根據美國地質調查局(United States Geological Survey,簡稱 USGS)的資料,2010 年時全球鐵礦產量共 24 億公噸,其中大陸和印度的產量共 11.6 億公噸,而蘇俄、烏克蘭與澳洲的產量共 5.9 億公噸,這五國的產量合起來占全球產量的 65.5%。❸

但是,要在亞洲支持全面西化的經濟發展模式,所需要投入的農業與工業物資卻還是遠超過這個地區所能自給的,以至於 50% 的肥料與 69% 的石油都仰賴進口,而糧食自給率都低於 95%,且高度仰賴進口肥料在維持單位面積的生產量。這樣的生產模式危如累卵,一旦發生

peak oil，使得肥料、石油與糧食的進口量銳減，亞洲將同時發生糧食危機、能源危機與經濟危機，社會的動盪乃至於悲劇都是可能的。尤其許多亞洲國家都在引入西方經濟體系的同時，引入貧富差距的擴大，以及外資自由炒作股市、匯率與房地產的管道，使得亞洲未來的局勢更加讓人憂心。

假如 peak oil 真的在 2014 年以前發生，我們必須要先大致盤點亞洲的資源供需概況，才有辦法更具體理解台灣可能要遭遇到的挑戰。否則，我們可能會懷著不切實際的空幻想像，誤以為可以從亞洲進口肥料、糧食、石油，以彌補台灣的不足。

亞洲的石油倚賴

根據美國中情局的資訊，2010 年亞洲國家的實質 GDP 成長率分別是：新加坡 14.5％、台灣 10.8％、印度 10.4％、中國大陸 10.3％、泰國 7.8％、菲律賓 7.3％、馬來西亞 7.2％、印尼 6.1％、韓國 6.1％、孟加拉 6.0％，都是高成長，只有日本是 3.9％。❹ 在虛擬經濟不發達且產品附加價值低的亞洲，經濟的高成長意味著能源與各種實體物資的消耗速度也跟著急遽膨脹，愈來愈仰賴進口的肥料、石油和糧食。

1990 年，中國大陸和印度的石油消耗總量僅占全球消耗量的 5％，到 2003 年已增漲為全球總消耗量的 10％。❺ 根據英國石油（BP）的統計，2010 年中國大陸、印度和日本三國合起來的石油淨進口量達到每天 1,120 萬桶，占全球貿易總額的 30％，超過美國的 913 萬桶和歐洲的 895 萬桶；如果再計入其他亞太地區的國家，則淨進口總量為每天 1,569 萬桶，占全球貿易總額的 42％（見表 6.1）。此外，亞太地區消

耗的石油占全球總消耗量的33.2%，其中69%仰賴進口（見表6.2）。值得注意的是，連印尼都早已經變成是石油的淨進口國了。

表6.1：2010年原油進出口貿易 *（單位：千桶／每天）*

地區	全球	美國	歐洲	中東	西非	中國大陸	印度	日本	新加坡	亞太其他地區
進口量	37,670	9159	9341	226	1	4710	3254	3711	800	4528
出口量	37,670	28	387	16642	4443	41	≒0	6.4	42	796

資料來源：英國石油（BP），*Statistical Review of World Energy*, June 2011

表6.2：2010年原油生產與消費 *（單位：千桶／每天）*

地區	全球	亞太地區	澳洲	中國大陸	印度	印尼	日本	南韓	台灣	新加坡
產量	82,095	8,350	562	4,071	826	986	0	0	0	0
消費	82,095	27,237	941	9,057	3,319	1,304	4,451	2,384	1,026	1,185

資料來源：英國石油（BP），*Statistical Review of World Energy*, June 2011

在一個如此高度仰賴進口能源的地區裡，peak oil 會對它的經濟發展產生多大的衝擊？1996年的一篇經典論文指出，歷史上每次石油供給量的下降都會帶來一波經濟的衰退，因此石油產能的銳減很可能會引發全球經濟衰退。[6] 對於高度仰賴出口來帶動經濟成長的亞洲而言，它很可能要同時面對外貿需求衰減、進口物資價格攀漲，以及能源供應不足的窘境，而導致經濟發展衰退。

近年來有些經濟學家開始主張，油價對經濟表現的影響已經大幅降低，[7][8] 因而重啟油價與經濟表現論戰。[9][10][11][12][13] 這些論戰絕大多數集中在研究短期油價波動的效應，但是 peak oil 的衝擊是長期的油價上漲，而新的研究證據則顯示：對經濟表現影響較大的是油價的長期趨勢，而非油價的短期衝擊效應。⑭ 因此，就算可以用利率調整等財政措施來緩和油價短期波動的衝擊效應，我們也絕對不可以因而輕忽 peak oil 對全球與亞洲經濟的巨大衝擊。⑮⑯⑰⑱⑲

　　表 6.3 彙整了一位澳洲研究者關於 peak oil 的報告，日本的石油雖然是 100％進口，經濟發展對石油的倚賴程度在亞洲是最低的，因此衝擊最小；不過影響日本近年經濟表現的因素相當複雜，因此有關 peak oil 對日本經濟的影響，往往導致落差相當大的評估：⑳ 中國大陸則因為石油的自給率最高（45％），所以衝擊也較小；但是石油產能對印度和亞洲四小龍的負面影響，幾乎是跟產能的降幅成正比。如果石油產量在 2014 年跨越 peak oil，之後產能每年以 3.5％的速度下降，亞洲四小龍的 GDP 都可能會以每年 1.5％的速度下降，而印度的降幅更可能高達每年 2.28％。此外，台灣的經濟對大陸倚賴愈來愈深，而大陸的 GDP 卻可能會以每年 0.65％左右的速度下降。㉑

表6.3：石油產能下降對各石油輸入國GDP的影響（單位：％）

國家（地區）	美國	歐洲	日本	四小龍	東協五國	中國大陸	印度
石油產能減 3.73％	0.09	0.01	0.13	1.56	0.24	0.69	2.28
石油產能減 8.26％	0.39	0.25	0.62	4.83	0.74	2.34	6.80

　　GDP 下降會直接影響家戶所得。如表 6.4 與表 6.5 所顯示的，如果全球原油供給量每年下降 4.8％左右，亞洲四小龍的家戶所得可能會以每年 1.7％左右的速度下降，但是農產品與紡織品的價格卻可能會以每年 0.5％左右的速度上升，而交通費用可能漲幅達 1.8％，尤其是石油的零售價漲幅更可能高達每年 34.8％。對於可支配所得較低的家庭而

言，這將意味著實質生活品質的嚴重縮水。

表6.4：石油產能下降對各石油輸入國家庭所得的影響（單位：%）

國家（地區）	美國	歐洲	日本	四小龍	東協五國	中國大陸	印度
石油產能減3.73%	0.15	0.04	0.20	1.74	0.41	0.81	2.43
石油產能減8.26%	0.55	0.36	0.85	5.36	1.26	2.70	7.25

資料來源：Yahaba（2010）

表6.5：石油產能下降對各行業售價的影響（單位：%）

產業別	農業與食品	石油	紡織與服飾	石化工業	化學工業	金屬與礦產	運輸工業	電子設備	機械工業	貿易與運輸
石油減產3.73%	0.55	34.8	0.48	26.9	2.06	1.06	0.48	0.32	0.36	1.50

　　根據行政院主計處 2010 年發布的統計，台灣五等份所得中所得最低的一組，過去 10 年來有 7 年處於負儲蓄，而且 2009 年與 2010 分別為 3 萬餘元和 2 萬餘元，分別占其家戶所得的 10.9％和 7.1％。如果 peak oil 發生，而台灣貧富差距的結構沒有重大改變，這些早已難以為生的 20％人口，將會很快地變成無以為生。

表6.6：近10年家庭所得戶數五等份位組之儲蓄（元）

年份	2001	2002	2003	2004	2005	2006	2007	2008	2009	2010
儲蓄	-4,516	-10,302	1,652	1,829	-1,948	183	-1,164	-5,902	-30,697	-20,525

資料來源：行政院主計處網站「PC-AXIS總體統計資料庫」

此外，根據一項跨國研究，在95％的信心度之內，台灣的失業率每上升1％，每10萬個男性之中就會多出3個自殺的人。㉒人命關天，政府與學術界不能不審慎預先謀思對策，以便盡量降低peak oil對台灣社會的衝擊。

亞洲的糧食與肥料倚賴

亞洲的糧食供應體系高度仰賴進口的糧食、肥料以及石油，一旦peak oil發生，亞洲將面臨高糧價乃至於缺糧的危機。

2008年春天為我們提供了一個具體的案例。當原油價格漲到每桶120美元時，進口玉米在美國上船時每公斤5元，到台灣登陸時每公斤11元，運費每公斤高達6元。台灣的飼料商因為無法負擔如此高的成本，所以改由大陸進口。此外，亞洲肥料價格的漲幅甚至超過糧食價格的漲幅，在2006年到2008年之間，鉀肥價格上漲200％，磷酸二銨上漲180％，而尿素則上漲90％。㉓

令人憂慮的是，亞洲在工業化發展的過程中過度輕忽農業，以致使得它的農業供需結構隱藏著極大的風險。

亞洲的糧食消耗量占全球的58％，其中光是中國大陸就消耗掉全球23％的糧食，印度消耗掉15％。然而在亞洲工業化的過程中，農業所得的漲幅遠小於工業部門，世界貨幣基金會與WTO的規範又逼迫政府減少對農業與農村的補貼，使得農業部門的人均所得僅達亞洲人均所得的20％左右，因此農業部門的資源與人力逐漸流失，鄉村人口大幅往都市遷移。雪上加霜的是，綠色革命造成表土流失，而工業化與灌溉用水的需求總量已經鄰近亞洲水資源的使用上限，使得灌溉用水取得

困難，以致農地增加困難，而單位面積產能卻開始下降。在以上因素的共同作用下，亞洲糧食自給率（food self- sufficiency ratio）全部低於95％，高於90％的只有四個國家，依序是中國大陸、越南、泰國、印度，高於80％的有巴基斯坦和印尼；然而菲律賓的糧食自給率不到80％，馬來西亞是50％，[24] 韓國僅45％，日本40％，而台灣則只有30.6-32％。[25] 想要倚賴進口糧食來養活亞洲人是風險極高的策略——全球可供貿易的糧食僅占全球產量的10％左右，即使把這些糧食全部給亞洲，也只能替代其糧食總消耗量的17.2％。因此瑞士信貸銀行的研究認為，亞洲必須大幅提高其糧食自給率。

亞洲的糧食供應體系不僅有自給率偏低的風險，它的整個生產結構也都隱藏著高度的風險。綠色革命的結果，使得亞洲的糧食生產高度仰賴肥料，單位面積的產量幾乎正比於單位面積的肥料使用量，因此只要肥料供應不足，亞洲的糧食產量就有可能會下跌。目前光是東亞與南亞（不含日本）就用掉全球68％的尿素、51％的氨肥、40％的磷酸一銨（其中磷與氮的含量比例約5.5:1），63％的磷酸二銨（其中磷與氮的含量比例約3:1）、以及全球41％的磷礦石和39％的磷酸鹽。然而這些肥料約莫有50％仰賴進口，而自製的氮肥則仰賴69％的進口石油當原料。[26] 一旦高油價將使廉價穀物、進口石油和肥料的越洋貿易規模一起縮小，亞洲可能會同時面臨嚴重的糧食不足與肥料供應短缺。

此外，全球磷礦也有機會在2030年達到最高產能後下跌，而蘊藏量最大的中國大陸則對出口課以135％的稅，控制第二大礦場的摩洛哥因為人道理由而被聯合國譴責，偏偏最大生產國美國已有25年左右不曾出口磷礦石或磷肥，以至於許多國家都不顧聯合國的譴責而從摩洛哥進口磷礦。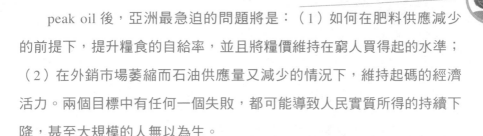 而且溫室效應加速喜馬拉雅山脈冰河的溶解，使得許多地區的灌溉水源可能會在 2035 年左右枯竭；溫室效應同時造成亞洲極端化的水旱災，並且因為高溫效應而導致許多地區的水稻和麥子歉收；海平面的上升則使得亞洲許多沿海三角洲的地下水層鹽化。⑳ 這些因素使得亞洲未來的糧食生產與供應體系，必須面對益加嚴峻的挑戰。

永續亞洲的挑戰

peak oil 後，亞洲最急迫的問題將是：（1）如何在肥料供應減少的前提下，提升糧食的自給率，並且將糧價維持在窮人買得起的水準；（2）在外銷市場萎縮而石油供應量又減少的情況下，維持起碼的經濟活力。兩個目標中有任何一個失敗，都可能導致人民實質所得的持續下降，甚至大規模的人無以為生。

目前全球的糧食生產體系是建立在低價原油的基礎上，從耕作、肥料與行銷、保鮮都高度仰賴石油。一旦石油產能開始下降，很難期待全球糧食產量不遭受嚴重衝擊。而目前全球主要糧食出口國過度集中在美洲，一部分在歐洲，一旦發生 peak oil，有三個因素可能會使歐美糧食出口國銳減出口量：（1）農糧產能遽減使出口能力銳減，（2）剩餘的糧食被拿去當作酒精原料或火力發電燃料，（3）越洋運輸成本太高以致跨洋貿易無利可圖。

根據德國波茨坦氣候影響研究所（Potsdam Institute for Climate Impact Research）的研究，農產品的從價運輸成本約為 10.89％，如果原油價格在 2010 年到 2030 年之間溫和地加速成長 158％，則全球農產品貿易將會因而減少約 30％。㉛ 另一份研究指出：如果油價在 2020 年

和 2030 年時分別是 2010 年的 1.79 倍和 3.11 倍，則 2020 年與 2030 年時全球的農產品貿易量將分別減少 27％和 40％。❸ 因此，假如原油價格在 2010 年到 2030 年之間成長 500％～ 800％，全球農產品貿易規模的萎縮幅度將會更大。此外，就運輸成本所占農產品售價的百分比而言，糧食作物又高於經濟作物，因而受到 peak oil 的影響，幅度將會高於經濟作物以及全部農產品的平均規模，這使得我們對 peak oil 之後的糧食貿易更加無法抱持樂觀的態度。

即便亞洲國家基於政治與社會安定的考量，願意不惜血本從美洲與歐洲進口糧食與肥料，其價格之高也可能是亞洲各國的窮人所買不起的。

有些農業經濟學家與官員想要等待進口糧食價格的漲勢，來改善國內自行生產糧食的比較優勢，從而提高糧食自給率，然而這種倚賴高糧價的策略很可能會玩火自焚。

美國的糧食價格僅占消費者物價指數的 15％，然而亞洲各國的消費者物價指數中糧食都占據極高的比例（見表 6.7），一旦物價上漲，必導致整體物價順勢上漲，而使得窮人難以為生。因此，一旦 peak oil 發生，亞洲必須在肥料與農業供應可能銳減的情況下，努力維持充足而低價的糧食，否則高糧價將會引起社會的不安，並因而阻礙經濟體系的運作。

第二個嚴酷的考驗，是亞洲如何在 peak oil 後處理經濟發展與所得分配的問題。由於亞洲與鄰近的俄國、烏克蘭和澳洲有豐富的礦產，而農產之外的原物料也可以通過降低貨輪航速來降低運費，因此影響亞洲經濟發展的瓶頸主要在於能源、土地與水資源的不足，以及歐美經濟發

表6.7：亞洲各國消費者物價指數（CPI）中糧食價格所占比例
（單位：%）

國家	菲律賓	印度	越南	印尼	泰國	中國大陸	馬來西亞	香港	台灣	新加坡	韓國
比值	46.6	46.2	42.9	42.3	36.1	34	30.0	26.7	26.1	23.4	13.3

資料來源：N. Jasani and A. Sen,（2008）

展的遲緩或衰退所造成的外銷需求銳減。

　　事實上，2008-2009年的經濟危機確實顯示，亞洲目前外銷導向的經濟發展結構是很脆弱的，尤其在工業化發展過程中，傳統社會組織崩解，而政府的社會安全措施又極端薄弱，使得大量外銷產業的勞工在景氣衰退過程中遭遇到失業、減薪與物價上漲的多重壓力，卻得不到任何家族或政府的協助。㉝而前經建會主委陳添枝則在2008年春天憂心忡忡的表示：高油價使得運輸成本大增，當國際油價達到每桶130美元時，海上運輸成本會增加3倍，對貿易的障礙等同於關稅提高11%，這是對於代工產業的警訊。此外，由於預期台灣的貿易成長速度將減緩，毛利低的產業可能會出走，因此他建議要加速發展內需產業，並且加強與亞洲鄰近國家的貿易。㉞

　　不過，最近的研究顯示，由於中國大陸在製造業與消費能力的強勁發展，以及日本在精密機械、光學、電子產業上的重心逐漸移往投資與貿易網絡的角色，使得美國在亞太地區的經濟龍頭地位逐漸讓位呈三足鼎立的新趨勢。㉟而2009年以來，亞洲景氣復甦力道的強勁程度更是遠遠超過歐美，㊱因此日本經濟產業研究所（Research Institute of

Economy, Trade & Industry, 簡稱 RIETI）的一份報告指出：假如亞洲國家可以加強教育、環保、醫療、研發等服務業的發展來取代一部分製造業的發展，不但將有機會以內需產業的發展取代外銷產業，甚至因而擴大進口來帶動全球景氣的發展。[37]

如果亞洲可以善用以上資源，在 peak oil 到來之前，加速產業轉型以及發展社會安全制度，以保護弱勢就業人口，將有機會較和緩地因應危機。

結語

台灣的能源、糧食與原物料一向都高度仰賴進口，而經濟發展更是嚴重仰賴外銷。peak oil 或高油價對台灣的衝擊，將遠遠超過資源豐富而人口相對稀少的美、加、澳與歐洲。要因應這個變局，台灣將需要在糧食政策、能源政策、交通政策與產業政策上進行極大幅度的調整，而這個調整過程所需要的時間可能是 10 年到 20 年。

有愈來愈多的學者認為：2008 年以來歐美經濟的式微，乃是全球即將跨越 peak oil 的前兆，或正在跨越 peak oil 的徵兆。我們必須從今天起，立即進行全面性的潛在問題分析與因應對策草擬，甚至立即著手馬上可以執行的調整方案。因為，愈早採取因應措施，未來的衝擊將愈小。即使 peak oil 真的如樂觀學者的估計，2030 年以後才降臨，提前採取因應高油價的各種策略對台灣也是有利而無害。

第二部我們將從糧食、能源、交通與產業面，逐一審視 peak oil 可能會對台灣產生的衝擊，以及可能有助於緩和衝擊的各種對策。

永續台灣的可能與不可能

peak ^{oil} 發生之後,台灣很可能要以亞洲作為主要的貿易夥伴,並且同時面臨石油、糧食與肥料進口量銳減,以及全球經濟持續衰退的多重外部衝擊。此外,台灣的人口老化問題將愈來愈惡化,2027 年起每兩個工作人口要扶養一個老人或小孩(扶養比 50%),到 2056 年時甚至達到每個工作人口要扶養一個老人或小孩(扶養比 91.2%)。在這種內外交逼的局勢下,每人平均實質所得可能會減少到只剩今天的 10%～ 20%。

如果們沒有適當的因應措施,無以為生的人可能只好鋌而走險,使得社會動盪不安,乃至於流血衝突。

要想避免這些慘劇,首先我們必須在 peak oil 降臨之前盡速發展綠能,發展公共運輸來降低交通部門的能源消耗,減少高耗能產業,同時發展中小企業來提供就業機會,並促進產業升級,以便強化中小企業在高價能源時代的競爭力與存活能力。但是目前政府的產業與能源發展政策卻是任意引入高耗水、高耗能、高污染產業,並且將大量資源挹注給對於促進就業貢獻極微的「高科技」產業,而任憑中小企業弱化與自生自滅。

此外,自由市場追求的是利潤,在 GDP 負成長的時候,自由市場不但無法提供整個社會亟需的就業機會、社會保險和扶貧濟弱的財富重分配，反而會落井下石，製造失業，使消費能力與信心同時減弱，而加深經濟衰退的負度與速度。因此，既有的經濟學研究都指出：必須要靠健全而強大的政府部門，才能提供就業機會，強化社會保險與社會福利體制，以便讓弱勢的人可以較安穩的度過 GDP 下降的過程。可惜的是，過去數十年來，台灣政府在賦稅與產業政策上都是劫貧濟富，使得社會保險與社會福利制度幾乎蕩然無存，而政府提供就業機會的職能也逐年弱化、惡化，甚至支持財團逐年惡化勞工的勞動條件。

因此，要完成上述各種變革，政府必須在 peak oil 到來之前就開始編列預算，強化政府體質，引導交通、能源與產業的轉型，並積極建構完善的社會保險與社會福利制度。這麼大規模的經濟、社會與產業結構的轉型，不僅費時而必須提前因應，更需要全民的覺醒以及所有政黨共同的決心，強力監督政府開始積極進行改造。

台灣的無聲海嘯

　　台灣是個資源嚴重不足而人口過剩的島嶼，天然礦產貧乏，每人可分得的水資源處於「水資源嚴重匱乏區」，糧食自給率32％，而能源自給率更只有0.6％。由於國內市場太小而光復初期工業稀少，只能靠出口導向的經濟進行自我剝削，輸出血汗，輸入污染，來累積工業化所需要的資本。

　　根據國際貨幣基金會與美國中情局的資訊，2010年台灣人均實質購買力約82,000美元，位居全球第18、19名之間，甚至高於荷蘭的68,000美元、瑞典的35,500美元。❶❷ 但是我們比荷蘭人、瑞典人不快樂，也比他們有更多的隱憂。因為，我們的經濟成果分配不公，經濟的基礎猶如浮沙建塔，所消耗的資源遠遠超過台灣的自然資源所能供養的程度；此外，我們的經濟發展高度仰賴出口，也因而隨時面臨著許多或隱或顯的外部威脅；而近年的高房價與青年失業問題日益嚴重，讓年輕人看不到未來。

　　面對 peak oil 與少子化的可能威脅，我們必須在它降臨之前盡速準備好各種應變措施，至少包括：（1）積極開發自有能源，以便緩和 peak oil 對國內能源價格的衝擊。（2）發展公共運輸體系，以便減少私人動力車輛。（3）促進產業轉型並提升能源使用效率（每公升汽油所能產出的 GDP），以便局部抵銷 peak oil 的負面衝擊。（4）善用亞洲市場，以及我國過去通過農耕隊在中東石油輸出國所建立的友誼，以便強化台灣在 peak oil 之後的國際競爭力。（5）盡速研發出低投入（少石油、少化肥、少農業、少水）的農業生產模式，以便在 peak oil 到達之前盡量提高台灣的糧食生產成本與自給率，並藉此減緩 peak oil 對低薪勞工與弱勢者的衝擊。（6）改善賦稅結構，以便強化政府職能，提供較健全的社會保險、社會福利以及政府部門的就業機會。

但是，不管政府或民間，我們一直是根據過去的習慣在做各種政府決策與產業決策，很少去注意到未來我們可能會遭遇到的嚴厲挑戰，以至於經常是在問題已經嚴重到難以收拾的時候，才警覺到問題早已經在那裡了。

少子化就是一個典型的例子，它有可能會成為淹沒台灣社會的無聲海嘯，造成教育、經濟與財政上難解的問題。1991 年時我國大學院校僅 50 所，但是因為 1994 年起民間教改團體的壓力而開始廣設大學，至 2010 年時擴張為 148 所。此外，少子化對經濟與政府財政的衝擊：2025 年起每兩個上班的人要扶養一個老人或小孩（扶養比約 50％），2060 年時老年人口將是幼年人口的 4 倍，幼教機構將大幅消失，老人照護產業需求遽增，國內產業需要在 50 年內天翻地覆地大風吹，來不及調整的企業將倒閉或經營困難。然而經建會卻遲至 2006 年才發現少子化問題會導致高等教育的供給過剩與經濟、財政上的難題。❸❹❺

能源問題是另一個可能會衝垮台灣的無聲海嘯，但是政府至今只注意到減碳公約對台灣的可能影響，而根本沒有注意到 peak oil 可能會對台灣產生更強烈的毀滅性衝擊。❻❼❽ 然而減碳公約的談判過程充滿政治上的折衝與妥協，其過程將會是和緩的並遷就減碳技術的發展進度。

peak oil 則不會等待，一旦石油產能跨過峰頂，即使全球都還沒準備好，全球經濟景氣的蕭條還是會急劇衝擊台灣。

此外，政府在稅賦與產業政策上偏袒富人與高科技產業，而任由真正需要扶助的中小企業和弱勢的就業人口自生自滅，甚至在政策上落井下石。這樣的政策將會在 GDP 下降的過程加速失業率的上升與貧窮人口數的飆漲，而導致社會的動盪與流血事件。

這三波大海嘯的前緣都早已登陸台灣，而其毀滅性的衝擊有可能會持續長達數十年。面對這些未來的隱憂，我們必須積極調整能源政策、交通政策、經濟政策、教育政策與產業結構，而不能心存僥倖，更不能再一味地因循既往，而不去謀思未來。

孤島台灣的能源、交通與核電

台灣地狹人稠，土地與水資源不足，因此糧食、能源與原物料都嚴重仰賴進口。長期以來，台灣靠輸出勞力來換取能源、原物料以及進口的先進生產設備，成為先進國的代工基地，發展先進國家不想要的「高耗能、高耗水、高污染」產業，來換取工業化所需的資本，並且靠超時加班與省吃儉用來維持貿易順差與外匯的累積。

歷任政府都有警覺到確保台灣能源安全的重要，因此早在 1968 年就已成立「能源規劃發展小組」（比第一次全球性的石油危機早 5 年），2004 年起改制成「經濟部能源局」，負責能源發展、政策執行及管理等事務。

1997 年「聯合國氣候變化綱要公約」（United Nations Framework Convention on Climate Change，簡稱 UNFCCC）締約國在日本通過管

制溫室氣體排放之「京都議定書」，議定要將 6 種溫室氣體一併納入管制，政府才在 1998 年召開第一次全國能源會議，開始謀思因應「京都議定書」的策略。

　　減碳就是減少石化能源的使用量，其因應策略與 peak oil 所需要的相近，就是提升能源使用效率以減少減碳對交通、產業與經濟的衝擊。這包括：發展公共運輸來減少私人動力車輛的數量，調整產業結構來降低能源密集度（每單位 GDP 產值所需要使用的能量，等於是提升能源效率）與促進產業升級。因此這次的會議環繞著這兩大主軸達成許多決議，包括「暫以 2020 年二氧化碳排放量降到 2000 年水準（總量 2.23 億公噸或人均排放量 10 公噸）為參考值」、「在工業、運輸、住商、電力等各部門大力推動節約能源措施，以達到 2010 年累積降低能源密集度達 16％，2020 年累積達 28％之目標」、「鼓勵高附加價值、低耗能、高產業關聯效果之產業發展，對能源密集度高之產業以支持國內中下游產業發展、提高競爭力及供應國內必要需求為原則」等。❾

　　這些決議在後來第二次和第三次全國能源會議都再度被重申，⓫⓬但決議歸決議，執行上卻沒有決心去貫徹。因此我國的能源密集度雖一

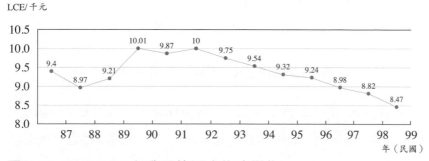

LCE/千元

圖 7.1：1998-2007 年我國能源密集度變化 ⓾

度從 1987-1988 年度的每千元台幣耗費 9.4 公升油當量（LOE），降至 1988-1989 年度的 8.97 公升油當量／千元，之後卻又因為 1998 年的金融風暴、1999 年的 921 大地震和 2000 年的六輕投產，而在 1990-2002 年爬升至 10 公升油當量／千元的水準。之後再度緩慢下滑，至 2010 年時為 8.47 公升油當量／千元，七年內每年平均調降 2％。

　　較具爭議的是，1998 年第一次全國能源會議時，無畏於 1979 年的三哩島事件和 1986 年的車諾比核災事故，而把核電當作節能減碳政策的重要支柱，決議：「2020 年電力裝置容量配比為燃煤 35 ～ 37％、燃油 4 ～ 5％、燃氣 27 ～ 29％、水力 9 ～ 11％、核能 19 ～ 20％、新能源 1 ～ 3％。」核能的配重高達 20％。[13]2000 年民進黨執政之後，於 2005 年第二次全國能源會議的結論中，將此項政策改為「2025 年核能占我國發電裝置容量結構配比 5％」。[14]但是藍綠對核能問題沒有共識，2008 年國民黨執政後，又在 2009 年的第三次全國能源會議結論中，把目標改為含糊籠統的「加強核能安全」，以便為核能留下模糊的發展空間，「作為減碳的過渡性選擇」。[15]

　　2011 年福島核災事件發生之後，全球對核電安全的疑慮再度高漲。台灣是否有可能在排除核電的前提下，達成節能減碳的經濟發展目標，並積極加強化大眾化運輸系統，將是一大考驗。

劫貧濟富的賦稅與產業結構調整

　　如果 peak oil 在 2015 年發生，台灣的 GDP 有可能會每年下降 2％～ 3％，而進口能源與物資的價格皆將飆漲，使得實質所得進入更嚴重的長期負成長。假如 peak oil 之後經濟負成長是難以避免的事，最重要的是要確保最窮的 20％～ 40％人口生活不至於受到威脅，以便維持政治與社會的安定。

　　然而政府政策過去偏厚資方而苛待受薪階級：2000 年至 2010 年的 10 年之間，台灣的 GDP 實質上成長了 17.5％，而薪水卻少了 4.3％。那麼經濟成長的果實被誰劫奪了？ 2008 年的 GDP 中 47％給了受雇者當薪資，5％繳稅，都遠較日、美、法、英、德等主要國家低，而企業盈餘卻吃掉了 GDP 的 48％，遠較上述國家高。政府劫貧濟富，把錢挪給了企業主。⑯ 在這種劫貧濟富的政策下，過去 10 年來全台所得最低的 20％人口持續處於負儲蓄狀態。假如我們不能在 peak oil 發生前改變既有制度的不合理處，peak oil 發生之後，無以為生的人恐怕將遠遠超過 20％。

　　此外，產業政策的失當，更是造成中高年失業與青年失業的元凶。政府一再強調自由貿易對台灣的重要性，但是在市場開放過程卻只顧著為高科技產業與大財團爭取有利的條件，而犧牲中小企業與傳統產業的生存空間，使得企業倒閉的數目超過新企業興起的速度，也使得失去的工作機會遠多於新興的工作機會。

　　台灣曾經不惜一切代價爭取加入世界貿易組織（WTO），但是近年來貿易自由化的後遺症逐漸浮現，WTO 也被質疑要對三大災難負責：（1）貿易自由化的果實進入少數人口袋，卻讓其他人變窮，而迅速擴大社會的不平等；（2）貿易自由化使許多國家增加的就業機會少於失去的就業機會，而提高了失業率，降低工資與勞動條件，降低工作的穩定性；（3）全球化也被指責要對 2008 年的金融海嘯與歐洲的金融危機負責。⑰⑱⑲⑳

　　以英國為例，每年大約有 15％～ 16％的人失去原來的工作，同時有 18％ 左右的新工作機會產生，而工作機會是從低技能的工作往高技能的工作流動。㉑這種工作機會的流動有助於增加全國的平均生產力，有研究者認為美國生產力的提升有一半來自於這種工作的流動。㉒ 但是，全球貿易自由化會造成工作的高度風險，如果政府沒有保護勞工的適當措施，確實會使廣大的受薪者受害。㉓㉔㉕ 例如，若政府無法有效協助低技能的工人培養出高技能工作職缺所需要的專長，失去工作的人不一定能因新工作機會的出現而再就業。

　　全球化雖然有機會提升一個國家的生產力，但也有可能造成日益惡化的結構性失業與貧富的兩極化發展，端看政策是否得宜。㉖㉗㉘ 此外，全球化使市場景氣變得不穩定與難以預料，也使得許多雇主寧可優先雇用有實際工作經驗的應徵者，而不願意聘僱需要在職訓練的年輕人，也因而使得年輕人不得不長期遷就短期、低薪、沒有未來性的非典型就業。㉙㉚㉛peak oil 會使亞洲對歐美的輸出減少而激化亞洲國家之間的競爭，假如我們沒有辦法即時改變產業結構，有可能會在跟亞洲國家競爭過程導致工資的持續下降，與貧窮問題的持續惡化，也使得在能源危機中早已覆頂的底層弱勢更加水深火熱。

　　高漲的油價將使得亞洲對歐美的出口銳減，而台灣將被迫以亞洲作為主要的貿易夥伴。台灣必須在 peak oil 降臨之前促進產業升級，強化失業者的轉業輔助機制，以便將工人從生產力較低的企業轉移到生產力較高的企業，藉此減少工人的受害與抗爭；其次，必須保持國內產品市場的充分競爭，以避免大企業靠壟斷獲利，或者政府與財團勾結而扭曲資源的分配。此外，過去的教育投資只重視知識的灌輸與空洞的「學術卓越」，而漫無目的地獎勵論文炒作，以後應該改為與國內需求密切相關的需求導向型教育，這也是政府與教育工作者該注意的重點。⊛

可惜的是，國內過去產業的發展結果是 M 型化：大企業興起而小企業林立，但卻看不到中型企業——根據經濟學的理論，這就是資源被扭曲的典型證據，意味著少數大企業壟斷國家資源，使得優秀的小型企業無法擴張為中型企業。⊛

為免悲劇發生，我們應盡速廢除科學園區與各種租稅獎勵、減免措施對特定產業的偏袒，拋棄對於明星產業、未來產業與旗艦產業的迷信，並正視較有助於促進就業與緩和貧富差距的中小企業，努力協助他們技術升級，以提高其國際競爭力與附加價值，這樣才有機會在少子化與 peak oil 的衝擊下將失業率的上升幅度減到最低。

人口老化與少子化的衝擊

根據行政院經建會的推估，台灣的人口扶養率（每一個工作者所需要扶養的老人或兒童人口數）將在 2016 年左右達到最低值的 0.364 個，之後便直線上升，在 2056 年時達到 0.912 個。但是政府卻警覺得太慢，至今不知道要如何因應。

原本任職於中央研究院的陳寬政博士，從 1980 年代就開始研究台灣的人口老化與退休制度問題，並且在 1995 年受行政院研考會之託，進行人口高齡化之對策研究。⊛ 兒童保護協會在 2000 年時邀請日本專家來台談少子化問題時，著重的是家庭內親子互動的問題。⊛2004 年，王湘瀚才開始討論高齡化與少子化現象對國中小教育的可能影響。⊛ 政府則遲至 2006 年才發現少子化問題會導致高等教育的供給過剩，勞動

力短缺、撫養率提高、消費減少、稅收短缺,以及對外競爭力減弱等問題,❸經建會則遲至 2009 年才完成第一份有關於少子化因應對策的委託報告。❸

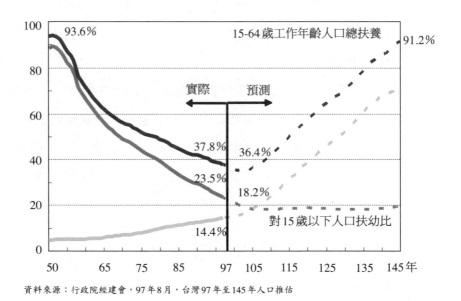

資料來源:行政院經建會,97 年 8 月,台灣 97 年至 145 年人口推估

圖 7.2:國內人口老化與少子化趨勢圖

　　第一波受到衝擊的是高等教育。我國高等教育機構在 1991 年原本只有 123 所,其中大學院校僅 50 所。然而在 1994 年起,因為教改團體的要求而開始推動「廣設大學」,使得我國大學院校在 2010 年增加為 163 所,其中大學院校高達 148 所;而高等教育師資人數也從 1991年的 2.9 萬人激增為 2010 年的 5.1 萬人。❸2009 年教育部長在立法院提出「建立大學退場機制」的報告,就有立法委員推估 12 年後國內將有60 所大專校院會因招收不到學生而退場。❹

　　台灣少子化的速度是先進國家的 2 倍，因此衝擊顯得更劇烈。為了要減輕工作者的扶養負擔，政府提出生育輔助。但是歐美的經驗顯示：鼓勵生育成本太大而成效微薄，因此歐美已經轉從調控勞動參與的模式等其他策略，尋求更佳解決方案，包括調整退休金制度來鼓勵延後退休、立法排除對老年就業人口的歧視等。其中一個很值得注意的作法是鼓勵老年人創業。④

　　用「人口依賴負擔」這個平均值來理解台灣的人口老化現象，可能會誤導我們對事實的理解，並且因此採取錯誤的對策。老人不一定是社會的「負擔」，他也有機會是社會的「資產」。台灣戰後這一波老人潮的特色是教育程度高、參與過創造台灣經濟奇蹟、許多人有高額儲蓄。假如可以善加利用這些資源，這些老人有機會以自己的智慧、經驗和財富來創造與老年人口有關的內需產業，用來部分彌補因為高油價或peak oil 而產生的的 GDP 下降、工作機會減少、台幣貶值和進出口貿易逆差等負面效應。

　　可惜的是，要解決少子化所帶來的龐大而複雜的衝擊，需要大規模的產業結構調整，也需要長時間的規劃與提前因應，但是政府作為迄今只停留在成效可疑的鼓勵生育，而沒有拿出完整、具體的對策。

結語

　　瞻望台灣前景，2020 年起，台灣很可能會愈來愈強烈感受到能源危機與人口結構調整的壓力，如果我們不能盡速改變稅賦、產業與經濟制度上劫貧濟富的政策，並及時建立起健全的社會福利與社會保險制度，將會使得底層社會難以為生。

　　由於能源與交通是產業發展與解決社會問題的關鍵樞紐，我們首先必須要有好的能源與交通政策規畫，以便降低 peak oil 與減碳公約的衝擊，並且作為經濟與社會結構調整的基礎。

　　對於完全沒有石化能源的台灣而言，這意味著必須加緊發展公共運輸體系，以及太陽能、風能與地熱能等綠能產業，以便提高能源自給率。問題是，台灣有多少發展綠能的潛力？我們來得及在 peak oil 與減碳公約上路之前發展出規模夠大的自主綠能產業嗎？面對這些問題，我們不能仰賴一廂情願的想像，而必須要有確實的數據以及審慎的評估。

Unit 8

0.61％的能源自給率

　　peak oil 不但將全面推高所有國際能源價格，同時也將導致台灣油價與電費的高漲，增加交通與產業的成本，而降低台灣的國際競爭力。然而從 2003 年起台灣的能源自給率就不到 1％，經濟部能源局對全球能源（原油、煤炭與天然氣）的蘊藏量與產量預估，卻都以英國石油（BP）的樂觀統計為準，完全沒有警覺到 peak oil 在 2015 年之前發生的可能性，也沒有為此準備任何嚴肅的對策。❶

　　根據經濟部能源局的報告，2010 年國內能源總供給量為 1.46 億公秉（相當於 347 萬桶石油），較民國 2009 年增加 5.36％；其中煤、石油、天然氣與核電所占比例分別為 29％、49％、10％、8.3％。這些能源中自產能源（主要為水力發電與天然氣）僅占 0.61％，而進口能源則占總消耗量的 99.39％，較 2009 年增加 5.38％。進口能源來自鄰近地區與遙遠的非洲，燃料煤主要進口國為澳洲（42.4％）、印尼（36.9％）、南非（8.0％）、俄羅斯（7.2％）和中國大陸（3.3％）；原油主要進口區域為中東（68.5％）與非洲（21.9％）。❷

　　就電力的供應而言，2010 年底台電電力系統裝置容量為 3,294 萬瓩，其中火力、核能、水力與其他綠能發電分別占 69.8％、15.6％、13.8％和 0.8％；此外民營電廠裝置容量為 794 萬瓩、汽電共生系統裝置容量 761 萬瓩，合計總裝置容量為 4,868 萬瓩。全國年度備用容量率

24.3％，高於 2005 年行政院第 2960 次院會決定的目標基準 16％；但是台電公司以夏季供電備用容量率約僅 5％為由，從 1995 年開始推動一系列電廠民營化方案。❸

能源價格攸關台灣經濟的對外競爭力，而台灣是否能夠在 peak oil 後仍舊維持相對低價的電力，關鍵在於能否發展出低價的綠能電力。如果台灣無法在 peak oil 發生之前，有效發展出廉價綠能並減少全國的耗能，納稅人很可能會在 peak oil 發生之後被政府和技術官僚綁架，必須在高電價與安全有疑慮的核能電廠之間做一抉擇。

綠能的成本與前景

台灣的技術仰賴國外進口，台灣未來的綠能發展前景也跟國外發展進度有密切的關係。

目前地球上所有的化石燃料和核能燃料，加起來約可以產生 2,000 兆瓦的能量，預期 2050 年時全球每年將消耗掉 30 兆瓦的能量，因而在大約 60-100 年之內都會被用罄。毫無疑問，未來全球都將會倚賴綠能作為驅動工業生產與運輸的工具。好消息是：地球的綠能資源非常豐富，尤其是太陽能與風能——太陽能每年總能量高達 23,000 兆瓦，而風能每年的能量約 25 ～ 70 兆瓦。❹ 可惜的是，它們目前的發電成本都太高。

太陽能、風能與地熱能的發電成本隨著地點而變，但是為了比較上的方便，往往還是以一個國家內、各地點的平均成本作為比較的單位。以美國政府的預測為例，如果計算固定設施、電力傳輸設備、燃料以及運轉與維修等總成本，2020 年時最能跟傳統發電廠競爭的是陸上風力

發電和地熱發電,如表 8.1 所示。如果油價漲幅超過 EIA 的預期(2020
年時每桶略高於 100 美元),或者開始徵收碳交易稅,綠能發電還有機
會比傳統火力發電廠成本更低。❺

表8.1:美國2020年各種發電成本估測(美元/百萬瓦‧小時)

發電方法	煤碳氣化		複循環天然氣		太陽能		風力		地熱發電
	普通	碳捕捉	先進	碳捕捉	集熱式	電池	陸上	海上	
容量係數	85%	85%	87%	87%	18%	21%	34%	34%	92%
成本	88	103	79	110	200	240	97	191	103

資料來源:美國國家研究委員會(National Research Council)❻

　　風能的蘊藏量遠低於太陽能,可惜兩種主要的太陽能發電模式(太
陽能電池板與集熱式太陽能發電)成本都太高。較樂觀的學者認為:
2020 年時兩種太陽能發電的成本會相近,而且在最有利的空曠地帶上,
其成本將開始有機會與傳統發電方式競爭。❼ 不過,一般的預測多半認
為,到 2020 年時太陽能的成本還是遠比陸上風力發電高,而接近海上
風力發電。

　　儘管如此,美國國家科學研究委員會(National Research Council)
還是認為:在積極推動下,2035 年時綠能發電還是只占全美發電量
的 20％左右。❽ 即使較積極發展綠能的歐盟,2020 年的目標也只是
讓綠能占總發電量的 20％。❾ 歐洲風能協會(European Wind Energy
Association)期望 2020 年時風能可以占歐盟 27 國總發電量的 11.6 ～
14.3％,而 2030 年達到 20.8％～ 28.2％。❿ 關鍵的瓶頸在於:綠能發
電雖然無需成本,但是發電設備卻遠較傳統火力發電更高。如果要將風

能發電的容量提高到全美發電量的 20％，據估計要花費 2,300 億美元的投資。這麼大的投資額風險極高，不可能一下子全部到位，需要相當長的等待時期。其次，產能的增加需要時間去擴充生產線。目前風力發電機組需求量已經超過全球供應量的產能極限，而太陽能電池的生產則受限於多矽晶的全球產能上限，使得太陽能電池的廠商必須跟其他半導體廠搶多矽晶，因而在 2007-2009 年期間價格不降反漲。⓫

此外，綠能發電是「看天吃飯」的行業，其發電能力隨著風速與陰晴的變化而大幅變化。發電能力變化愈快速，要維持電網供電穩定性的技術難度愈高。風力發電的電力變化速度較慢，因而較容易被整合進傳統輸配電網；太陽能發電的電力變化速度較快，因而較難被整合進傳統輸配電網。⓬太陽能與風力發電系統都可以配備合適的能量儲存系統，使它大幅擺脫看天吃飯的問題。不過要如何提高能量儲存效率，則是當前各國研究人員的一大挑戰。⓭⓮⓯⓰

樂觀來看，全球能源的緊張局勢，很有機會在 100 年內因為太陽能的發展徹底解決，並且在 40-60 年後就開始緩合。太陽能發電的成本可望隨著時間而繼續下降，目前的第一代模組每瓦約 3.5 美元，在第二代採用薄膜技術後，預期可以降為每瓦約 1.0 美元，並且在第三代的先進結構後，進一步降到每瓦 0.2 美元左右，成為未來最便宜的發電技術之一。⓱有學者從成本與經濟考量去分析，而預測在 2050 年時，太陽能將占全美發電總量的 69％與總能量（發電加燃料）的 35％，並且在 2100 年達到全美總能量需求的 92％。⓲因此美國政府仍積極靠補貼在發展各種主要的太陽能發電，希望可以藉此盡快將太陽能發電的成本壓低下來，並且在這過程中創造新的就業機會。⓳⓴

從技術成熟度與發電成本的考量來看，20-40 年內全球主要能源供給應該還是來自於化石能源與核能，30-60 年後風能發電將先逐步取代化石能源與核能，太陽能應該是在 60-80 年後才會成為全球主要的能量來源。

寶島的風能與太陽能

如果 peak oil 在 2015 年之前降臨，則其後 30-40 年內很可能是全球能源問題最嚴重的空窗期，之後的 30-40 年之間，問題也只是逐漸和緩，而不是馬上獲得解決。這意味著：除非我們積極謀求對策，否則將有兩代至三代的子孫因能源供應不足與經濟衰退而受苦。

能源自給率僅 0.61％的台灣，欠缺石化燃料礦藏，發展自主能源的僅有機會是風能、太陽能與地熱能等綠能。

根據經濟部能源局的規畫，2009 年至 2028 年電價每年均成長 2％，用電負載每年平均將增加 2.53％，在 2028 年達到 4,249 萬瓩，尖峰負載 5,820 萬瓩。為了因應需求的擴張，計劃在 2025 年將燃氣占發電系統比重提升為 25％以上，並且將再生綠能的電力裝置容量擴張到 806 萬瓩（總負載 4,028 萬瓩的 20％）。[21]

由於全球風能技術相對地成熟，而且在成本上跟傳統石化能源具有競爭性，因此是我們現階段應該發展的首要目標。根據工業技術研究院的粗估，台灣風力發電的潛在資源豐富，陸上發電的容量約 159 萬瓩，海上發電的容量約 320 萬瓩，共計 479 萬瓩。[22] 但是，如果考慮到經濟的可行性，台灣可開發的風力發電潛能可能只有 300 萬瓩。而行政院「挑戰 2008：國家重點發展計畫」當中，對於風力發電的規劃是在

2020 年達到 150 萬瓩的發電容量，其中 100 萬瓩是陸上風能，50 萬瓩是海上風能。㉓ 台電的長程計畫則是全台風力發電容量達到 300 萬瓩，其中 51.6 萬瓩由台電設置，其餘由民營電廠設置。㉔

假如風力發電可以在 2025 年達到 180 萬瓩的發電容量，經濟部必須設法在 2025 年，將太陽能發電與地熱發電的規模擴大到 626 萬瓩，才有辦法在 2025 年達成綠能電力裝置容量 806 萬瓩（總發電量的 20％）的目標。

根據建築學界的實測，台灣地區每平方公尺每日平均日照約等於 3.3 瓩小時，相當於每平方公尺 137.5 瓦，大約是日本與德國每日平均日照的 67％ 及 56％。㉕ 如果像呂錫民的樂觀建議，用全國 1％的公有地（約 360 平方公里）、全台老舊工業區總面積的 75％（約 280 平方公里），以及填海造地來取得 500 平方公里的可用土地，在太陽能電池轉換效率為 10％的假設下，總共可以產出大約 1,560 萬瓩的裝置容量，約當 2025 年底全台發電系統總裝置容量 4,028 萬瓩的 38.7％，相當可觀。㉖ 可惜的是，填海造地不但所費不貲，還可能破壞沿海生態；而且 2020 年時太陽能發電的成本還是燃煤、天然氣與陸上風力發電的 2 倍左右，因此強行推動這個計畫的代價將是高昂的電費。除非那時候我們的產業競爭力已經大幅提高，否則高昂的電價將意味著經濟的進一步衰退——在 peak oil 發生之後，這將是我們所無法忍受的。

另一方面，2020 年時家庭式太陽能發電的成本，將有可能只比商業化發電廠的成本高約 19 ～ 23％，㉗ 因此可以考慮將台灣 4,468 平方公里的都市計畫面積的可觀比例用來進行太陽能發電。㉘ 但是建築物屋頂的太陽能曝曬時間比空曠地上短，假定有 50％的都市計畫面積被用

來發電,而其發電效率為 5%,將只能額外增加 1,530 萬瓩的電量。而且,其發電成本將仍然遠高於其他發電方式。

為了盡量降低平均發電成本,經濟部能源局規劃的 2018 年發電結構是燃氣發電量占比為 25.5%,燃油為 2.9%,燃煤為 46.0%,核能為 19.0%,再生能源為 5.1%。❷想要在 7 年內把綠能發電從 2018 年的 5.1% 提升為 2025 年的 20%,困難度甚高,讓人不禁要懷疑經濟部能源局是否確實有發展綠能的決心。

更值得注意的是,經濟部能源局表示,2011-2012 年之間,裝置容量 270 萬瓩的核四將開始商轉,而且在該報告中,表 4-4「民國 98-107 年全國電源開發方案表」逐一清列出核一、核二和核三「提升出力」的時程表,顯示經濟部能源局不但無意提前停止任何核電廠的運轉,還要擴大核電的發電規模,使它達到總發電量的 19%(約 657.4 萬瓩)。❸ 但是,在福島事件之後,核能絕對不會是台灣人樂意的選擇。但是我們若找不到更好的替代方案,它卻有可能會變成台灣人萬不得已的選擇。

如果我們不想要擴大核電的規模,也不想要過度高漲的電費,另一個希望就是成本可以跟陸上風力競爭的地熱發電。

遠水救不了近火的地熱發電

面對全球溫室氣體管制的勢在必行,一個麻省理工學院(MIT)的專家群指出發展地熱發電的必要性:相對較乾淨的天然氣發電會成為大家的優先考量,因而推高天然氣價格;具有碳捕捉技術的燃煤發電會加速煤碳的消耗,使得未來液化碳作為替代性燃料的潛在容量減少;福島事件之後,公眾對核能的疑慮加深,而風能與太陽能必須搭配的能量儲

存設施,未來 25 年內價格仍舊十分高昂。因此,無須搭配能量儲存設施的地熱發電有其值得發展之處。㉛

　　雖然地熱發電有其潛在優勢,但是全球相關研究與發展卻遠較風能與太陽能的發展遲緩,也較少受政府重視。主要原因是,過去對地熱發電的關切,主要在於可以自然湧出大量高溫蒸汽的淺層地熱,而這樣的地熱資源並不豐富。但是,近年來深層地熱技術(enhanced geothermal systems,EGS)的發展改變了這個局勢。深層地熱技術又稱人工地熱井(engineered geothermal systems),它是把水注入地層中具有裂縫而滲水率低的高溫岩層裡,讓水被加熱後變成高溫蒸氣而湧出。因為水是人工加入的,所以蒸氣可源源不絕湧出,而不再需要有天然的豐富地下蒸氣儲藏,也因而大大擴展地熱資源的潛在可開發規模。㉜ 此外,最近的研究則概估深層地熱每百萬瓦‧小時的發電成本可能在 30 ～ 38 美元之間,遠低於淺層地熱的 103 美元、陸上風力發電的 97 美元,乃至於先進天然氣發電技術的每百萬瓦‧小時 79 美元,這使得深層地熱更具有吸引力。㉝

　　台灣位於歐亞大陸板塊和菲律賓海板塊交界處,除了地震頻仍之外,潛在的地熱資源也很豐富,全島共有百餘處溫泉地熱徵兆,分布廣泛。不過,台灣過去發展地熱的過程遭遇到跟日本類似的困難。首先,地熱發電初期投入成本較高,且風險亦高,必須靠政府鼓勵或投資抵減等措施來提升業者之意願與信心。其次,台灣跟日本地熱資源多分布於山區,土地取得及開發障礙多。最後,國內缺乏大型高效能的地熱田,不易形成火車頭的帶動產業效應,因此政府遲遲未能決心採取政策支持,對於確實可開發的地熱資源也欠缺完整而可靠的評估。㉞㉟

　　工研院 1994 年的老舊資料顯示，台灣淺層地熱資源將近 100 萬瓩，其中較具地熱開發潛能的約 60 萬瓩以上。此外，台灣的「地溫梯度」（從地表往下每公里上升的溫度）比國外高，因此發展深層地熱的成本會比國外便宜。[36][37]

　　但是要評估深層地熱的蘊藏量，至少要探鑽一個 1 公里深的地井。即使在美國，探鑽井也很少超過 2,800 公尺，因此美國到 2006 年，才由麻省理工學院的研究團隊進行全美蘊藏量評估。而他們的結論是令人鼓舞的：美國如果積極投入研究的資源，並獎勵商業化的深層地熱發電，將有機會在 10-15 年內驗證美國深層地熱的商業化價值，並且在 2050 年之前讓地熱發電達到全美發電量的 10％。[38]

　　台灣沒有深層地熱發電的自主技術，因此發展速度應該不會超越美國。一個較務實的期待或許是在 2025 年之前充分開發 60 萬瓩的淺層地熱，並且完成對台灣所有深層地熱資源的探勘與評估，以便在 2050 年讓地熱發電達到全台發電量的 10％。

結語

　　假定我們把 2050 年台灣的電力總需求控制在 4,500 萬瓩，只略高於 2025 年的 4,028 萬瓩，並且比照美國的綠能發展進度，假定 70％的電力（3,150 萬瓩）為太陽能，10％（450 萬瓩）為深層地熱與淺層地熱，再加上陸上與海上風力發電的全部潛在容量 500 萬瓩，我們將有機會達到 91％的電能自給率，然而仍有 50％左右的能源仰賴進口的石油。因此，除非我們即刻開始積極調整產業結構，降低對進口能源的倚賴，否則一旦 peak oil 在 2015-2025 年之間發生，台灣必定受到極大的衝擊。

　　再就中程目標來看，2025 年時台灣需要的總發電量在 4,028 萬瓩左右，假如經濟部能源局奮力達成其中 20％ 為綠能發電的目標，則較便宜的地熱發電與陸上風能，有機會分別達到 60 萬瓩與 120 萬瓩，較貴的海上發電有機會達到 60 萬瓩，而剩下的 576 萬瓩綠能就要完全仰賴成本高昂的太陽能發電了。

　　在夏威夷這種仰賴進口能源而日照充足的極少數地方，太陽能發電的成本已經在 2010 年時低於平均發電成本，不過到了 2020 年時仍僅有數個國家內太陽能發電可以跟傳統發電的成本競爭。㊲

　　由於表 8.1 顯示海上風力發電與太陽能發電，在 2020 年時仍舊是所有發電方式中最貴的，其成本甚至是低碳火力發電（具碳捕捉技術）的 2 倍，這意味著台灣的電力漲幅將是相當可觀的，除非我們有其他超低價電力的來源。

　　在經濟部能源局《2010 年能源產業技術白皮書》當中，未來核能的規畫是將它從目前占總發電量的 15.6％ 提升到 19.0％，而所使用的手段是將應於 2018-2025 年除役的核一、核二、核三延長服役，並擴大出力，再加上核四商轉。這個盤算的最主要理由，就是不需要再為四座核電廠付出蓋廠的成本，而只要付出燃料費等營運經費，因此成本遠較新投資火力發電廠或其他綠能發電廠更省錢。

　　但是，這個省錢的方案卻可能讓台灣人禍留子孫，在未來後悔莫及。

福島核災的教訓

我國現有運轉中的核電廠有核一廠、核二廠及核三廠，興建中的則有核四廠。

核一廠、核二廠及核三廠皆各安置兩個相同容量的機組（一號機與二號機），其總發電量分別為 127 萬瓩、197 萬瓩、190 萬瓩，三個廠合起來發電總容量 514 萬瓩，占 2010 年底台電電力系統裝置總容量的 15.6％。核一廠、核二廠及核三廠分別將於 2019、2023 和 2025 年屆滿 40 年而除役。核四廠的一號機與二號機總容量共 350 萬瓩，原本預定於 2006 年與 2007 年分別開始商轉，但是因為安全性有爭議而延滯至今無法商轉。

台灣處在板塊交界處而地震頻仍，核一、核二、核三和核四的防震設計要求分別為 0.3g、0.4g、0.4g，對應著芮氏規模 7.3、8.3 和 8.3 的地震。❶ 因為核一廠與福島電廠的來源、設計和結構都相同，服役的時間也相近，因而福島事件成為檢視核一安全性的重要參考案例。❷

東京電力公司曾經一再向日本人保證，福島核電廠可以承受得起任何規模的地震和大海嘯，並且具有「故障時保證安全」（fail safe）的設計。但是事故之後才發現一個設計時萬萬沒有想過的問題：他們很認真花心思去考慮核電廠主建築的安全性，卻忽略了隔壁供電系統的建築結構強度；結果海嘯輕易摧毀了供電設施，使得核電廠內的高溫氫氣無法被冷卻而引起氫爆。

　　雖然核能專家都希望能設計出「故障時保證安全」的核電廠，但有些東西天生就是不可能在故障時仍舊安全。電梯可以被設計成失去動力時自動煞車而不墜落，但飛機故障時必然墜落，船舶與潛艇結構故障時就是會沉入海底，沒有任何人類的發明可以使飛機和輪船在任何情境下都能克服地心引力。

　　核電廠不管如何設計，它就是有一個溫度超高的爐心，即使在事故時控制棒及時掉落而終止核子反應與功率的上升，一旦冷卻水循環故障，爐心內的液體和氣體就會因為餘熱的加溫而使壓力持續上升，甚至產生氫氣爆，而炸毀圍阻體，將大量輻射物質拋到天空，也使得灌注進來的海水被輻射污染。這就是號稱「故障時保證安全」的福島核電廠實際發生的故事。❸

　　由於「京都議定書」減碳公約上路以及全球暖化問題愈來愈嚴重，有一段時間擁護核能作為減碳能源的呼聲愈來愈高。但是福島事件之後，全球許多國家的核能政策都暫時煞車，重新檢討核能安全與綠能政策。❹❺ 我們也有必要從近鄰的災難省思我們自己的未來。

失效的承諾

　　座落於日本福島縣雙葉郡的福島第一核電廠於 1971 年開始運轉，是東京電力公司的第一座核能發電廠。共有 6 個機組，總發電量 4.7 兆千瓦，是全世界發電量最大的發電廠之一。2011 年 3 月 11 日福島外海發生黎克特制 8.9 級地震，引發 10 公尺高海嘯，並沖毀核電廠冷卻水系統的供電站。核電廠當天起停止運作，但因冷卻水系統無法運轉，

爐溫的熱量無法安全地帶走而發生多次爆炸,最後發展為與烏克蘭車諾比(Chernoby)事件同等級的災難,銫137(Cesium-137)的排放總量可能高達「車諾比事件」的40%。❻ 所幸3月14日起持續吹起西風,大量輻射塵被吹向太平洋,而使日本本土的輻射落塵銳減,也使日本免於跟「車諾比事件」同等級的災難規模。這一陣風,堪稱日本史的第二陣「神風」。

2011年3月11日「福島核災」發生後,麻省理工學院的風險管理專家歐門(Josef Oehmen)博士在第二天就發表〈為什麼我不擔心日本的核子反應爐〉,仔細解釋福島電廠的多重保護裝置,並且向讀者保證災難絕對會被及時控制住,而不會擴大到核電廠外圍,公眾所受到的輻射污染不會超過安全上限(第四級災難),大家都無須擔心。❼ 可惜的是他的預言徹底失效,日本政府於4月12日正式把福島核電站的事故級別提高到國際核能事件最高等級的第七級「放射性物質大量釋放:可能有嚴重的健康影響及環境後果」。❽

2011年7月底,麻省理工學院核子科學與工程系的一群專家發表一份研究報告,審視福島核災的後果與教訓。根據這份報告,日本政府企圖將核電廠方圓20公里內約48,000戶的居民遷移走,以便確保全國所有民眾在未來一年內所曝曬的輻射線劑量低於20毫西弗(mSv)──相當於2～3次電腦斷層掃瞄的量。❾ 這個劑量對人體的致癌機會大約是從平常的30%增加到30.08%。❿⓫ 關於食物和飲水方面,3月底曾經在12個縣偵測到134種農畜牧產品的污染,日本政府因而被迫暫時放寬對食物和飲水的輻射安全檢驗標準;4月中旬以後,沒有在農作物中偵測到輻射污染,但是到6月中旬,還是在餵食稻草的肉牛身上偵測到銫污染。因為東京電力公司曾把有污染的水排到海中,因此到 4 月 18 日時還在小魚身上偵測到超過正常值 29 倍的輻射污染。⑫⑬

　　看起來這次七級核災的後遺症沒有原先各界預期的那麼嚴重,但是我們絕不能因此心存僥倖。⑭ 這次核災後日本運氣極佳,西風持續地將輻射塵吹向日本外海,而海潮又剛好把放射線帶離日本沿海,否則其傷害將有機會直追車諾比事件──聯合國科學委員會在 2008 年推斷,有 6,000 名年輕人的甲狀腺癌可能跟車諾比事件有關,而其他類型的癌症原因則尚待進一步釐清。⑮ 根據德國對福島事件之後碘 -131 的擴散圖來看,如果氫爆之後風向持續偏向東北,高濃度的輻射塵將被帶往西南方向擴散數百公里,不僅東京會在高濃度輻射塵的範圍內,連遠在 1000 公里外的高知縣都有可能會籠罩在高濃度輻射塵的範圍內。⑯

　　這次核災之後,許多日本專家和民眾對政府和核電專家的話徹底失去信心。雖然核能專家一再向世人保證核電的安全性,這些保證一直是被質疑的。以美國核能管制委員會(U.S. Nuclear Regulatory Commission, NRC)所謂的「安全」為例,他們是根據電腦模擬與故障機率來推斷核電廠設計的安全性,但是電腦模擬無法模擬所有可能出狀況的情境,而且電腦模擬與真實的核電廠畢竟還是有差別;更嚴重的是,它無法模擬人類所有可能的錯誤操作動作和程序。「三哩島事件」和「車諾比事件」都是人為的錯誤,而把小故障變成大災難,操作人員的動作又無法完全預期,因此不管一個核電廠在工程設計上有多安全,都無法保證不會由於人為的錯誤操作,或是未曾預期到的情境,而造成第七級的大災難。⑰

　　兩位日本專家仔細研究過福島事件的起因後,引述耶魯大學一位專

門研究複雜組織的裴洛（Charles Perrow）教授的見解：核電廠是一個複雜的系統，每一個子系統設計時都假設其他子系統是正常運作，或者處於有限個特定的故障狀態；一旦實際運作出現的故障組合方式超出原設計者的設想，整個系統的實際運作就會超乎原設計者所有的想像。偏偏人能想像的意外情境是有限的，而核電廠實際上可以出現的意外情境有數十億種組合，遠遠超出設計者所能預想。因此，這兩位日本專家同意裴洛教授的見解：根本不可能有「故障時保障安全」的設計。⓲

廉價電力的代價

台灣的核能專家也一再向國人保證核能的安全，但核三廠曾在1996 年發生 2A 事故（無放射性物質外洩之緊急戒備事故），核二廠也在 2000 年總統大選前夕發生 2A 事故。⓳而原設計服役年限 40 年的核一、核二、核三卻在使用不到 20 年後就出現「蒸氣產生器熱交換管劣化」、「低壓汽機轉子及葉片出現裂縫」，以及「爐心側板龜裂」等老化現象。⓴台電其他各種管理不當的消息更是層出不窮。㉑㉒

核四問題更大，核安委員林宗堯在《核四論》中坦言，核四的安全性有三大問題：（1）儀控系統龐雜舉世首見，且由三個承包商各自分包，未來介面整合很容易隱藏未可預見之問題（bug）；且興建過程延宕十數年，電子設備已經老舊，未來維修可能找不到備用件；（2）台電結合經驗薄弱之石威顧問公司共同參與設計，並自行採購設備，獨立施工及試運轉，以致設計過程問題層出不窮，原設計公司不願意再支援；（3）主蒸氣管揚程達 20 公尺，結構脆弱；部分設備曾經泡水並已超過保固期，且施工過程問題層出不窮；（4）核四並非標準設計，試運轉程序無前例可循,而台電在毫無經驗的狀況下自行測試,以致系統燒毀兩次,導致控制室失電全黑。此外,國內外專家的監督機制很難落實,使得林宗堯直言「核四之安全度及穩定度,比較於核二／核三,相差遠甚」。㉓

面對這些事實,誰能對台灣的核電安全有足夠的信心?行政院原委會核能所的網頁有一系列「核能電廠安全管制」問答,其中一個問題是:「台灣會不會發生類似車諾比事故?」而回答是:「與車諾比反應器設計不同,台灣採用的是輕水式反應器,以冷卻水兼作中子減速劑,當功率異常上升時水會沸騰,核分裂就慢下來了,使得反應器較易於控制。此外,台灣的反應器外設置有堅厚之圍阻體(車諾比事故機組沒有)。萬一發生事故,可有效阻絕輻射物質外洩。因此,類似車諾比事件在我國絕不會發生。」㉔ 證諸福島事件,上述保證完全無效。在問到:「台灣會不會發生類似美國三哩島事故?」時,回答是:已經按美國核管會指示加強運轉人員對熱力學、流體力學、熱傳學等方面之智能訓練,並增設各種儀表與指示燈,改善人機操作介面,因此「今後我國要發生類似三哩島事故之機率應該是幾乎不可能的」。㉕

「幾乎不可能」,而不是「絕對不可能」!

事實上沒有人能保證三哩島事件「絕對不可能」重演。1987 年國際原子能總署(IAEA)企圖對核能「安全」(safety)一詞下定義,而其 1988 年的結論是:核電廠潛在的危害,包括放射線物質及其輻射污染、高溫反應爐以及功率異常地升高,而導致高溫、高壓以及化學反應,要排除掉這一切潛在的危害才能符合「本性上是安全的」(inherently safe),然而這樣的目標是不可能達成的。㉖

核電專家經常向民眾保證：核電廠故障的機率遠遠低於飛機失事與汽車失事的機率。這是事實，但卻同時也是不倫不類的比擬。汽車與飛機失事時災難規模有限，而且在事故後數分鐘內就不再擴延。核電廠一旦失事，可能有數千人到上萬人要罹患癌症；福島事件的放射性物質如果不幸被風與海流帶向日本本土與沿海，必須被重新安置的家戶將遠超出方圓 20 公里的範圍。

如果以最保守的 20 公里去估算，核一、核二和核四周圍 20 公里的覆蓋範圍已經包括基隆、頭城、三芝、淡水、士林，乃至於台北市中山區的邊緣。如果以 30 公里去估算，將會涵蓋整個台北市中心。

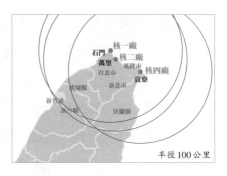

福島事件期間，日本許多商店和旅館拒絕福島縣民進去；事後福島縣的農牧產品也被全日本消費者拒絕。網友問：「台灣核一、核二廠若發生事故，台北市民會不會被拒入新竹市？」[27] 如果我們可以有別的選擇，誰願意去冒這個風險？

問題是：如果不要核電，我們還能有什麼樣的選擇？

以命搏錢的核能政策

非核家園的第一個挑戰是：沒有核電廠，台灣是否有足夠的發電容量來支持經濟與交通的需要？第二是在國際強制性減碳公約上路或 peak oil 發生後，沒有核電會不會使得台灣的發電成本遽增，而降低台灣的出口競爭力與經濟產值？

　　經濟部能源局的計畫裡，2025 年全國電力平均負載將從 2009 年的
2,509 萬瓩提高為 4,028 萬瓩，增幅共 2,170 萬瓩（60.5％）。這個數據
是根據經濟部委託台電的研究計畫報告《長期電力負載預測與電源開發
規劃》的推估，其中假定經濟成長率大致上在 2.57％～ 6.23％，如圖 9.1
所示。

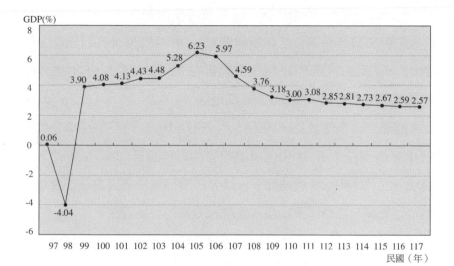

資料來源：經濟部能源局委託台電公司「長期電力負載預測及電源開發規劃」研究案，2009。

圖 9.1：台灣經濟成長率預測

　　為了達成上述目標，並替補 2025 年之前要退役的機組共有 651 萬
瓩（不含核一、核二、核三共 514 萬瓩），2025 年之前將新增發電容
量 1,798 萬瓩，其中燃煤 714 萬瓩、燃氣 489 萬瓩、燃油 7.9 萬瓩、核
四 270 萬瓩，及再生能源 318 萬瓩。目前已核准並施工的共為 2,176 萬
瓩，其中 1,557 萬瓩新增機組可以在 2018 年以前商轉。[28] 在這個發展
目標中，四座核電廠總計容量為 784 萬瓩容量，占全國總發電容量的

31.2％，嚴重違背 2005 年全國能源會議的結論「2025 年核能占我國發電裝置容量結構配比 5％」。[29] 原因是 2009 年的全國能源會議結論中，已經把結論改為「加強核能安全」。[30]

　　假如要在 2025 年達成非核家園，這一年全國總發電的平均容量將只有 3,250 萬瓩。要達成此目標，最簡單的作法就是貫徹 2009 年全國能源會議的結論「能源效率（每單位能源所創造之 GDP）每年提升 2％，使得 2025 年每單位能源所創造之 GDP 共成長 50％以上」，同時將 2025 年之前的全國 GDP 成長率設定在 3.66％左右，則 2025 年時全國總發電的平均容量只需要 3,250 萬瓩。

　　根據經濟部能源局的網頁資料，我國在 2003 年至 2007 年之間的能源密集度每年減少 2％，相當於能源效率每年提升 2％。[31] 因此，在不考慮少子化與 peak oil 的前提下，除非經濟部堅持要達成遠超過 3.66％的經濟成長率，否則看不出保留四座核電廠的必要理由。

　　此外，一旦 peak oil 發生，GDP 很難避免會有負成長，那時候即使核電廠全部停轉而且不興建新的電廠，台灣也還是會有多餘的電力。

　　另一個強力支持核電的考量是為了減碳。有研究者估算台灣綠能的最大發展潛力可能僅達總需求量的 15％左右，[32] 因而主張必須認真評估是否有必要延長核電廠服役年限並增建核電廠。[33]

　　問題是，除了核能與綠能之外，還有許多減碳的方法，包括天然氣發電、先進燃煤技術、先進天然氣發電，以及碳捕捉技術等。因此，真正的考量在於發電成本。尤其是在國際強制性減碳公約上路或 peak oil 發生後，核電相對低的發電成本就倍增其吸引力。

　　在考慮核電發電成本與其他低碳發電方式的成本時，有兩種比較的模式：（1）不計入建廠成本而只計算燃料費、人事與維修費，及廢物處理成本等營運成本：（2）含設廠成本、營運成本與廢物處理成本的總成本。

如果從總成本的觀點來看，有很多低碳的發電方式，在成本上是可以跟核電競爭的。譬如，美國能源資訊署 EIA 的資訊顯示，2020 年時先進核電技術的每百萬瓦‧小時發電成本為 66 美元，但粉煤（pulverized coal）發電的成本只要 60 美元；含有碳捕捉技術的先進燃煤發電雖然成本為 81 美元，但是捕捉來的二氧化碳可以用來賣給進行二氧化碳強化汲油（CO2-EOR）的石油公司，獲得 17 ～ 24 美元的收入，使得實際的發電成本降到 57 ～ 64 美元。㉞

但是，如果只計算營運成本而不計算設廠成本，則核電就有明顯的優勢，如表 9.1 所示，核電的營運成本是其他發電方式的一半到七分之一。不僅如此，當時石油價格上漲時，營運成本最不受影響的也是核電。㉟ 由於台電的核四電廠受到合約的強制性規範，一定要建成以免被罰款，因此台電在計算發電成本時只考慮到營運成本是顯而易見的。

表9.1：發電模式營運成本比較（美元／百萬瓦小時，不含設廠成本）

發電方式	核電	燃煤	天然氣	燃油
營運成本	11	21	31 ～ 42	68 ～ 72

資料來源：Palacios, et al., 2004 ㊱

此外，台電發購電成本約占總售電成本之 80％，而燃料占發購電成本 75％，因此燃料費漲一倍時售電成本漲 60％，很容易遭致立法院杯葛。㊲ 因此經濟部能源局之所以堅持要將核四商轉，並將核一、核二、

核三延役，目的應該只有一個：為了在國際上強制性的減碳公約生效，或油價持續高漲時後，以核電較低的運轉成本來緩和其他發電方式的高成本，以便拉低平均的電價，希望藉此討好財團、股民與選民。

然而，這樣的政策完全無視於核災的風險，無異於驅策納稅人去以命搏錢。假如我們可以有其他可行的選項，我不相信台灣人會願意讓三座核電廠蓋在台北市 30 公里的範圍內。

問題是：我們有機會在沒有核電的前提下持續經濟的競爭力，並且不造成弱勢的生活困境嗎？有，但需要政府與全民拿出足夠的決心去推動！

非核要怎麼非

　　福島核電廠事件之後，蔡英文提出「核一、核二、核三不延役，核四不商轉，2025 年起進入非核家園」的主張。她同時強調，2010 年台灣電力備用容量率 23.4％，高於一般國家安全標準的 15％，如果能提高天然氣與再生能源的發電比例，並改善現有火力發電效率，就能填補核電的空缺。❶ 而馬英九則在 2011 年 11 月表示核一、核二、核三不延役，並且在核四穩定商轉後將核一提前除役。❷

　　對於非核家園的主張，李登輝卻語帶玄機地反問：「非核要怎麼非？」❸ 就如同李登輝所暗示的，非核家園牽涉到產業政策、能源政策，乃至於交通政策的一體規劃，不是隨便說說就可以的。

　　假如 2011 年德班會議的減碳決議真的被落實，占我國發電總量 69.8％的火力發電規模將會受到限制，或者必須加裝減少碳排放量的裝置，而導致發電成本的上升。此外，如果我們要積極因應 peak oil 來臨之後的交通問題，以及節能減碳的需要，就必須要建構以電力驅動為主的公共運輸系統，但是這個措施將會加重電力系統發電容量的負擔。

　　因此，非核家園不能止於浪漫的理念，而必須務實算計它對產業、經濟與交通的衝擊，並準備好確實可行的腹案。務實地說，在發展綠能條件不充沛的台灣，非核家園是一項艱難的挑戰，甚至要有降低 GDP 成長率的決心。所以，要談非核家園，必須要有大家能接受的替代方案,甚至需要大家調整社會發展目標,對新的社會發展目標達成共識。但這是一個緩慢的社會動員與協商過程,必須盡早開始加速去做,而不能因循苟且地空廢時日。

為免流於空談、妄想,讓我們先看丹麥與愛爾蘭的案例,作為擬議的參考。

丹麥與愛爾蘭的 100％綠能發展計畫

丹麥國土面積約 4.3 萬平方公里,63％是可耕地,人口約 540 萬,平均每人可以分配到 0.5 公頃的可耕地,遠高於台灣的 0.037 公頃(約 13.5 倍)。但是除了石油和天然氣之外,其他天然礦產貧乏,企業以中小規模為主。

丹麥是歐洲第三大石油輸出國,盛產石油和天然氣,其實遠比台灣更不需要去擔心 peak oil 的問題。但是丹麥卻很清楚自己國內的能源只能再用數十年,必須利用僅剩的數十年去發展出一套可以永續的能源、產業、交通、經濟策略。從 1970 年代的能源危機開始,丹麥就積極發展風力發電與汽電共生,因此過去 35 年來能源消耗的總量不變,經濟卻還是能夠持續成長——除了 2009 年這種偶爾例外的年份之外,GDP 成長率大致上維持在 2％～ 4％之間,平均大約是 3％。❹❺❻

丹麥首相在 2006 年向國會承諾:在國內石油與瓦斯用罄之前,丹麥將會建立起非核的全綠能體系。緊接著,丹麥工程師學會便在 2007-2009 年之間提出一個在 2050 年之前達成這個目標的完整規畫案。這個計畫預定要同時達成四大目標:(1)減少 90％二氧化碳排放量,(2)維持丹麥能源 100％的自給自足,(3)擴張丹麥在全球碳交易與綠能

市場的占有率，（4）維持丹麥的經濟發展。❼❽

　　要完成這個看似不可能的任務，需要同時從改變能源結構、交通體系、家庭與產業用電，以及產業結構作整體的規劃。電能結構方面，2050 年時岸上風力發電將占 25％，海上風力發電將占 38％，潮汐發電占 5％，太陽能板發電占 9％，生質能（biomass energy，含木材、廢紙、纖維素、沼氣、工業有機廢水等）占 22％，合成燃料占 1％。不過這樣的發電總量將比目前少，因此必須搭配各種節能的手段：（1）加強家庭外牆隔熱功能以及其他節能手段，將家庭用電減少 50％；（2）工業用電減少 45％，並且節省 33％的燃料；（3）以道路稅與都市規劃等手段抑制旅行的哩數與需要，將需求的總成長率控制在 9％以內，並且全部導向鐵路運輸；（4）將鐵路運輸所占旅行的總哩數，從目前的 15 ～ 20％提升到 40％，並且將腳踏車與步行的比例，從目前的 5％提升到 10％；（5）將 50％的貨物運輸改成水運和鐵路運輸。此外，為了讓這個計畫具有實踐上的可行性，他們還據此規劃了 2015 年與 2030 年的短、中程目標，以便用 40 年的時間漸進改變整個系統。❾

　　這份研究計畫並包含經濟效益與社會成本的分析，其結論是：考慮到碳交易稅以及節節高升的油價之後，新的能源系統會比既有的能源系統經濟效益更高，而且可以通過綠能產業的擴張，創造出可觀的工作機會和 GDP 的成長空間。此外，對人的健康等方面的貢獻則是外加的好處。❿

　　愛爾蘭與丹麥同屬高緯度國家，愛爾蘭的國土絕大部分在北緯 52 度到 54 度之間，而丹麥的國土主要介於 55 度到 57 度之間。愛爾蘭 392 萬人口擁有 960 萬公頃的可耕地，每人平均 2.45 公頃，將近丹麥的 5 倍。除了鉛鋅礦產量高居歐洲第一之外，愛爾蘭能源礦產遠不如丹麥：2007 年時，96％的能源來自於化石能源，而 89％的化石能源仰賴進口。但是愛爾蘭有可觀的綠能發展潛力，光是陸上風力發電就可以達到愛爾蘭總發電量的 130％。⓫ 因此，按歐盟的規定，它必須在 2020 年之前，將綠能占總能源的消耗比例，從目前的 3％提升到 16％。一份 2007 年的政府部門研究報告認為：愛爾蘭有能力在 2020 年之前，把 42％的電能轉為風力發電，而且營運成本會低於目前的發電系統。⓬

為了充分利用愛爾蘭豐富的綠色能源，愛爾蘭的學者與丹麥學者合作，研究愛爾蘭 100％綠能的最佳組配方案。他們的基本假設是，能源總消耗量維持在 2007 年的水準，而所得到的最佳能源組配方案是：（1）風能、太陽能與生質能連結成相互支援的網絡，因此不需要額外設立能源儲存設施，只需要將尖峰產能多餘的電能儲存在全電式車輛的電瓶或氫氣桶內；（2）熱能 10％來自於太陽能，35％來自於熱泵式熱水器（heat pump），55％來自於區域性熱水供應體系；（3）68.4％來自於風力發電（270 萬瓩），25.3％來自於海浪發電（100 萬瓩），6.3％的電能來自於潮汐發電（25 萬瓩）；（4）私人汽車使用 80％的電能和 20％的生質酒精，貨運車使用 50％的生質酒精和 50％的氫氣。⓭

台灣發展綠能的條件不如丹麥和愛爾蘭，愛爾蘭光是陸上風力發電就可以達到 510 萬瓩的規模，台灣卻併入海上風力發電之後才能達到 480 萬瓩左右的規模。偏偏台灣又地狹人稠，所需要消耗的能源遠高於愛爾蘭和丹麥，因此要達成 100％全綠能的目標遠比這兩個國家更困難。

不過，如果我們願意發展節能的交通系統規劃，以及低耗能、高產

值的工業來減少能源消耗量,並發展較昂貴的太能板發電,數十年後深層地熱技術成熟時,我們還是有機會達成 100% 全綠能的能源體系。這不但是值得努力的目標,也是非走不可的路。因為,只有走這一條路才可以在短、中期內因應國際節能減碳與高油價的衝擊,以及為 peak oil 的降臨作準備。

節能減碳的交通對策

早在 1973 年蔣經國把第一條高速公路當作十大建設之一時,就有人憂心忡忡的表示:台灣沒有石油礦產,應該要發展公共運輸系統,而不宜發展高速公路來鼓勵私人汽車。

隨著公路體系的發展,台灣的私人動力車輛成長速度遠遠超過大眾運輸。台閩地區的機動車輛總數從 1998 年初的 1,596 萬輛,至 2011 年底已經增長為 2,220 萬輛。[14]台北是直到市區交通近乎癱瘓,才下定決心發展都會捷運系統,1988 年臺北捷運系統開始動工,1997 年全台首條高運量捷運系統(淡水線)通車,其他路線也陸續通車,而大大改善大台北市的交通。但是高雄的捷運在 2008 年開始通車後,一直處於虧損狀態。這樣的交通系統,經不起高油價的衝擊!

其實,「地狹人稠」既是台灣的頭痛問題,也是發展公共運輸的有利條件。而且,處於亞熱帶地區的台灣,也遠比鄰近北極圈的丹麥更有機會以公共運輸和腳踏車搭配,作為旅客主要的交通工具。想像一個結合電能與人力的低耗能交通系統,用高鐵和台鐵當骨幹,連結各城市的地下捷運或輕軌捷運,然後在所有公共運輸體系外面附設一個公共收費腳踏車站,使用規則如下:(1)每個旅客出站時用悠遊卡打開腳踏車的電子鎖，並由監控電腦記錄下借車位置與時間；（2）到目的地後可以在附近的任何一個公共收費腳踏車站還車，用悠遊卡鎖上腳踏車的電子鎖，並由監控電腦計算借車時間與費用，直接從悠遊卡扣款；（3）逾時不歸還腳踏車的直接從悠遊卡扣罰金。走出公共收費腳踏車站後，一路上的行人步道都有遮陽蔽雨的頂棚，連結到有騎樓的街屋，使得孕婦、幼兒、老弱都可以走得舒適。如果有這樣的交通系統，不但可以節能，而且每一家都可以省去養車的費用，每輛車每年節省至少7.5萬元～10萬元（不含買車的錢）。⑮

交通部的規劃是在朝這方向發展，但是步調很可能會趕不上 peak oil 到達的速度。在已核定的計畫裡，桃園未來將會有三條捷運路線，外加台鐵捷運化，一共四條全電化公共運輸路線；台中都會區大眾捷運系統的第一條路線「烏日文心北屯線」預定要在 105 年 10 月竣工，搭配台鐵高架化與捷運化，一共有兩條路線。但是，全省各地方輕軌捷運系統則還處於擬定相關法規與技術規範的階段。⑯

除非政府能夠即時發展公共運輸來取代私人動力車輛，否則在減碳公約上路、油價高漲或 peak oil 發生之後，電動汽車的價格有可能會持續數十年高昂到一般人負擔不起，沒有公共運輸系統的民眾可能會有數十年寸步難行之苦，或者只好退回到在風雨中以摩托車代步的苦日子——唯一的差別或許是電動摩托車的馬達取代了摩托車的內燃機引擎。

廉價電力的誘惑

低於成本的廉價電力，與其說是為了增加產業競爭力，不如說是為了增加企業的盈餘。

事實上，在不影響經濟發展的前提下，台灣可以有的節能空間相當大。譬如，汽電共生的效率高達 65％～85％，遠高於傳統發電方式的 35％，因而學界一再建議這個政策方向。假如政策改為適度反應能源成本並徵收碳稅，並且輔導與獎勵汽電共生等較高效率的能源生產模式，這很可能會使台灣的企業體質更健康，更有利於在減碳公約生效或油價持續高漲後的國際產業競爭環境。[17][18]

以 2010 年為例，台灣消耗的能源共 1.2 億公秉（相當於 287 萬桶石油），其中 48.6％用於發電，40.23％用於提煉汽油、柴油等石油產品；若以產業別區分，台灣消耗的能源 53.81％用於工業部門，而運輸業、服務業與住宅則分別僅用掉 12.92％、10.95％、10.71％。此外，光是鋼鐵業、化工業，以及半導體與面板等消費電子相關產業就分別用掉總能源的 23.3％、6.56％、10.9％，這三大產業所消耗的能量甚至超過運輸業、服務業與住宅消耗量的總和。[19]這三大產業資產規模大、利潤高又人才濟濟，前兩者有發展汽電共生的良好條件，而後者則屬高獲利行業，都有能力在較高的能源價格下強化體質與競爭力。

其次，雖然電價調整 9％的結果，會使得水電燃氣業的供應價格漲 8.37％，但工業產品與製造業產品的價格只會分別漲 1.14％和 0.63％，而總體經濟的負面衝擊也僅 -0.126％而已。但是此舉將使能源效率提升 3.78％，二氧化碳排放量也會減少 2.9％。此外，如果為了因應減碳的需要，瞬間將台灣的碳排放量減少 25％，整體產業物價的上漲率將高達 2.26％，經濟成長率將減少 1.57％；但是若以 22 年的時間逐步減少碳排放量，則物價的上漲率將減為 1.01％，而經濟成長率的減少幅度將縮小為 1.19％。[20]進一步的研究甚至顯示：如果執行行政院 2006 年協商版能源稅及其減稅方案，雖然至 2018 年時會有 1,156 億元的經濟成長損失，但是 CO_2 及空氣污染減排之總社會效益為 1,517 億元，因而淨效益高達 361.5 億元。[21]

即使把電費的調漲幅度再擴大，對台灣的經濟衝擊還是相當有限。一份研究顯示，油價若上漲 13％，產業整體價格將增加 0.88％，而經濟成長將降低 0.34％；此外，電價若上漲 25.6％，產業整體價格將增加 1.52％，而經濟成長將降低 0.44％。[22] 假如調漲過程是漸進的，衝擊會更小——針對 1954-2005 年的一項經驗研究顯示：如果以提高油價和電價的方式抑制能源的使用量，對於台灣長期的經濟發展只會有很小的負面影響。[23]

因此，不管是反應能源成本或者因應節能減碳的需要，都看不出非要有核電不可的理由。何況即使將核電的發電容量維持在總發電量的 20％，充其量也只能將台電的燃料上漲幅度減少 20％，而對電價上漲的幅度則僅能減少 12％，對於緩衝總體經濟的負面衝擊將只有 0.17％左右的貢獻而已。有必要因此而去冒著福島核災那樣的風險嗎？

飲鴆止渴或產業升級

表面上看起來，廉價的電力有助於提升我國產業對外的競爭力，然而它同時也鼓勵政府和企業界因循苟且，而不去積極改善企業的能源效率與產業的附加價值，浪費掉我們可以用來提前準備因應國際減碳公約和 peak oil 的時機。

長期以來台灣的油價與電價都嚴重偏低，不僅低於國際平均價格，也低於高度仰賴進口的日本、韓國與新加坡，甚至還低於泰國與馬來西

亞等所得遠低於台灣的國家。以 2004 年 6 月的汽油價格與柴油價格為例，分別比日本、韓國、香港及新加坡此四國的平均價格低 42.54％ 及 31.39％。但是，偏低的電價不但無助於整體經濟競爭力的提升，反而扭曲了資源分配，鼓勵高耗能的三大產業，延滯產業界提升能源效率的決心與行動，因而長期為學界所詬病。[24][25][26]

2009 年我國二氧化碳總排放量為 2.39 億公噸，每人平均排放 10.89 噸二氧化碳排放量，全球排名第 17。[27] 但是，2010 年我國二氧化碳總排放量再增加為 2.54 億公噸，每人平均排放量也上升 1.06％；其中工業部門排碳量共占 48.3％，其餘依次為運輸、服務業、家庭、能源與農業部門，分別占 13.9％、13.6％、12.9％、10.3％和 1.0％；而且工業部門是節碳成效最差的一環，還屢創新高。[28] 因此學界早已提出警告：持續以低價能源鼓勵錯誤的產業發展方向，將會因為違反歐盟環保法規而導致歐洲市場的貿易抵制。[29] 一旦國際減碳公約上路，我國的產品更可能會被各國抵制，使經濟與貿易受到更重大的衝擊。

其次，低價電力不僅養成企業界浪費能源、破壞環境的習慣，也養成企業界仰賴廉價電力輕鬆賺錢的慣性，不願意花心力去追求技術升級，以及承擔研發的風險。眼看著大陸崛起的過程中，部分產業已經在技術層級上超越台灣，我們還要繼續鼓勵企業把盈餘建立在政府的水、油、電補貼和寬鬆的排碳、空污標準之上嗎？如果把政府對水、油、電的補貼和整個社會為了排碳、空污而付出去的代價，拿來轉為輔導、激勵廠商節能減碳、技術升級，這會不會是以相同的社會成本增強企業在未來的競爭力？

仰賴核電的廉價電力獲益微薄而風險極高、負面作用大，其實是個飲鴆止渴的錯誤思維。因此三次全國能源會議不變的共識是節能減碳，而發展核電則是三次全國能源會議中最具爭議性的策略。在高油價與 peak oil 到達之前，我們該做的只有一件事：積極強化台灣產業在亞洲與全球的競爭力，以便用較高的生產力與競爭力來緩和高油價與 peak oil 的衝擊。

因此，2008 年 4 月，財團法人中技社邀請能源、經濟與台電專家一起商議高油價的對策時，所有與會人士基於三個主要理由，一致支持調漲油價、電價與水價以反應成本：（1）台灣能源價格不僅低於先進國家以及許多發展中國家，而且低於成本，長期虧損而由全民負擔，不僅不公平而且不可能長期持續下去。（2）過低的能源價格助長高耗能產業的發展，扭曲台灣的產業結構，並且弱化台灣產業在未來高能源價格時代的競爭力。（3）台灣能源價格比亞洲主要競爭國家低約 20％～30％，忠實反應成本不會明顯影響台灣對外競爭力。⑩

結語

核電問題與其說是能源問題，不如說是產業政策的問題。如果不把產業問題想清楚，非核家園將會像是缺了一隻腳或兩隻腳的椅子，很難站穩。反之，如果我們有好的產業發展策略，就不需要核電這個隨時可能會失控的怪獸。

peak oil 如果來臨，它的負面衝擊將遠遠超過非核家園的影響幅度。如果我們的產業體質羸弱到連廢核後的電力漲價都承擔不起，以後如何承擔得起 peak oil 之後持續下降的 GDP，與持續上漲的物價壓力？「促進經濟成長以提高所得，是降低物價上漲影響的最有效作法。」⑪ 廉價

電力不該是台灣該走的路，產業升級才是。

　　但是，產業升級喊了幾十年，其成果卻猶如喊口號，以至於台灣產業流失速度遠高於新創的速度。這到底是政策錯誤？還是產業升級真的艱難到近乎不可能？下一章讓我們來面對這些嚴肅的課題。

Unit
11

劫貧濟富的高耗能產業

要避免高油價、peak oil 與少子化造成失業率與貧窮人口數的飆升，最關鍵的因素就是要積極扶助中小企業技術升級，以便提升他們的附加價值，使他們可以在高電價與高能源價格的情況下經營下去。

其實，不管是在什麼樣的經濟局勢，只要中小企業與弱勢產業能夠維持下去，其他產業自然能夠生存下去。因此，政府只要照顧好中小企業，就能確保所有人（至少絕大多數人）生活無虞，並且在這基礎上，讓所有人各依其長去追逐個人的財富增長。但是，政府一向的產業政策卻與此背道而馳！

為了迷信「高科技產業」、「旗艦產業」與未來產業，政府用各種獎勵與補貼手段，嚴重地扭曲了台灣產業的發展方向，甚至要求官股銀行對特定產業給予超低利貸款、低估設備折舊率。這些劫貧濟富的產業與賦稅政策，成為官商勾結的溫床以及「以合法掩護非法」的保護傘，使得許多不適合台灣發展的產業，皆以高科技產業或重大經濟建設為名蓬勃發展。此外，面對台灣僅僅 0.61％的能源自給率，政府對高耗能、高污染的化工、鋼鐵與半導體產業的支持最為論者詬病。

藍綠政府過去都迷信旗艦產業，以規模經濟的優勢作為藉口遂行劫貧濟富之實。但是這個發展的方向即使成功，好處也是集中澤惠金字塔頂端的 5％人口，而它所需要付出的代價卻是由金字塔底部的 95％共

同承受。不僅如此,過去一再孤注一擲保護特定產業的經驗,也一再證
明豪賭必輸。汽車產業是第一個重大的教訓:從 1953 年設立裕隆公司
開始,迄今已經超過 50 個年頭,國產車的價格還是進口車的一倍半到
兩倍,而品質卻遠低於國外水準;今天汽車業還是靠 20% 的關稅保護,
但一年的產量只有 30 ～ 40 萬輛,就業人數只有 17,000 人! ❶ 如今,
號稱「高科技」的四大「慘」業再度證明「錯誤的政策比貪污更可怕」。

　　殷鑑不遠,第四代通訊(4G)的 WiMAX 已經又成了立法院和輿
論撻伐的對象。經濟部於 2005 年與英特爾簽訂合作意向書,2007 年以
「行動台灣計畫」(M-Taiwan)投入大量人力研發、建置 WiMAX 的
架構,同時將 2,600 兆赫(MHz)這段頻譜分發給六家業者發展。然而
因技術發展延宕,2009 年春傳出六家 WiMAX 業者開台時間遙遙無期
的消息。❷❸❹ 此外,因為智慧型手機使用者人數擴展迅速,使得 LTE
技術的商業化發展進度超前,而政府卻已經將適用於 4G 的頻譜悉數授
予六家公司,沒有額外的頻譜可供其他廠商發展 LTE 技術。❺

　　在這一場又一場的豪賭中,全民出資供少數人豪賭,賭贏時勝利的
果實歸財團,賭輸時員工失業或放無薪假,而賭債則由全民買單。即使
科學園區的光環與神話,也是建立在一個又一個不可告人的秘密之上。

劫貧濟富的「高科技」產業神話

　　政府不擇手段地以各種補貼手段,企圖扶植旗艦產業與高科技產業
的結果,不但成為貧富差距擴大、實質所得下降,與失業率攀升的關
鍵原因,甚至使得台灣產業失去升級的動力,因而監察院在「100 財正
0023 號」糾正文裡對行政院的產業政策和教育政策大加撻伐。❻

根據監察院調查，高科技產業的利潤有很可觀的比例來自於政府的補貼。各部會之租稅減免各相關辦法多達 34 種，不僅明顯侵蝕稅基而不利於租稅公平，且偏厚高科技產業，以致 2004 年高科技產業實質有效稅率為 5.8％，遠低於經營艱困的傳統產業的 14.8％，其中又以半導體產業享受最多租稅優惠：電子零組件製造業共有 8,130 家，實際繳納稅額僅 195 億元，平均每家廠商僅約 240 萬元；其中適用促產條例租稅減免有 1,320 家，減免稅額高達 669 億元，平均每家減免逾 5,000 萬元；而某家晶圓代工龍頭廠商在 2005 年盈餘 934 億元，繳稅金額卻僅有 2 億元（盈餘的 0.214％）！至 2009 年時實質有效稅率仍僅 6.06％，遠低於傳統產業平均的 14％。[7]

　　其次，學界的研究發現，高科技產業另一部分可觀的利潤來自於「員工分紅配股」，這個制度把應該納入人事成本的費用當盈餘，高階經理人並藉此侵吞股東權益，而所謂的股東，主要是政府控股的法人與銀行，以及國內股市的散戶。[8][9] 此外，這些備受爭議的所得還可以享受各種稅賦減免。據估計，2002 年，曹興誠身兼多家公司董事與董事長職務，但是光從聯華電子所獲得的紅利就高達 2.38 億元，卻只需繳 4.04％的稅。聯發科技董事長蔡明介更誇張：年收入 24.39 億，卻只要繳 0.56％的稅。[10] 通過這個對資源分配極端扭曲的制度，高科技產業以侵蝕股東權益的方式來鉅額獎勵員工，並且為員工爭取逃避稅賦的管道，使其他產業十數年無法獲得優秀人才。直到員工分紅費用化之後，高科技產業必須跟其他產業公平競爭，其競爭優勢馬上明顯消退。[11]

　　以 2008 年的數據為例，傳統產業每受雇員工產值已經較高科技產業高出 10％（5.92 百萬元對 5.38 百萬元）。[12] 此外，即使受歐債風暴衝擊，以及大陸經濟成長趨緩的影響，2011 年底台灣機械產業總產值還是有新台幣 9,500 餘億元左右，年增 16.81％，距離兆元產值目標只差一小步。而且 2011 年第二季機械產業產值比前一年同期成長 19.56％，第三季也比前一年同期成長 12.06％。⑬ 反觀新竹科學園區，不但 2011 年前八個月營業額較前一年同期衰退 12.73％，而且至 11 月 30 日止，共有 85 家相關企業通報放無薪假，殃及勞工 8,636 人。⑭ 由此可見，以代工為主的高科技產業，之所以可以在過去享有高利潤的耀眼光環，主要是因為政府劫貧濟富的政策，而不是這些產業真的比傳統產業或中小企業生產力更高、更有競爭力。

科技業每投入 1 億元的資本只能創造 6.4 個就業機會，而傳統產業同樣投入 1 億元卻可以創造 16 個就業機會。⑮ 此外，科學園區產業還一再製造環境公害。⑯ 因此，政府投資於高科技產業所獲得的社會效益（緩和貧富差距、創造就業、鼓勵創新）遠低於中小企業。高科技產業對社會貢獻小而享受的政府資源多，絕對是不公不義的政策！

明星產業或經濟毒瘤

表面上，竹科、中科、南科三大科學園區在 2010 年上半年度的營業額高達新台幣 1 兆 521 億餘元，就業人口達 20 萬多人，好像是台灣經濟最輝煌燦爛的支柱。但是很少有人去問：這 20 萬多人中有多少人是外勞？有多少人和廠商是從原本的工業區直接遷移到科學園區，以便享受免稅與各種租稅獎勵辦法？也很少人知道，國科會為了這些園區背負了 1,200 億元的債務，由全民埋單。⑰

產業發展原本是經濟部工業局的職責，而且經濟部的工業（園）區

包括三種：綜合性工業區、科技工業區、智慧型工業園區，足以涵蓋科學園區各種產業。但是由國科會主管的科學園區卻牝雞司晨，從工業局手中搶來產業發展業務，繼而更荒謬地發展成各地的科學園區，彼此爭奪業務，導致科學園區廠房、土地供過於求。銅鑼、高雄、與虎尾科學園區的土地閒置率分別為 83.97％、47.48％、47.43％，而竹南、台中與台南科學園區的廠房閒置率也分別為 42.11％、40％、42.36％。[18] 在這過程，許多原本的優質農地卻被政府強迫徵收，變成荒地。

明星產業的資本大量來自公股銀行貸款，每年的盈餘歸股東而未來企業虧損、倒閉歸銀行，使得這些產業只重視營業規模與眼前的利益，而不重視攸關長遠發展的自主核心技術與設備的自主化，因而隨時可以被敢豪賭的國家以更大的資本規模所擊倒。結果，號稱「兩兆雙星」的DRAM 產業和面板產業在 2011 年卻變成「大到不能倒」的四大「慘」業，隨時可能會拖垮台灣的金融業。[19][20][21][22]

反觀韓國，半導體與面板廠一直有計畫在培植國內設備製造商，至2006 年時，TFT-LCD 至程設備的自製率已達 60％，而同期台灣的設備自製率卻僅 10％。[23] 韓國廠靠著設備自製率的提升而逐漸取得競爭優勢，也使得我國相關產業備受威脅。2008 年第四季國內四大面板廠合計虧損近 800 億元，而韓廠 LGD 與三星電子本業虧損不到 250 億元；DRAM 產業更是嚴重，2008 年我國 DRAM 產業共虧損 1,200 億元，總負債 4,200 億元，瀕臨破產邊緣，而韓國海力士僅虧損 320 億元，三星至第四季才小虧。[24]

劫貧濟富的政策對高科技產業與台灣社會至少造成了三大傷害：（1）廠商與員工都耽溺於追逐不義的暴利，而無心於產業的永續經營，因而國內整體自有技術一直無法提升。2008 年時，台灣半導體技術層級較高的前段設備自製率僅 5％，而技術層級較低的後段設備自製率也僅 25％，平均自製率僅 7.9％。[25][26]（2）半導體廠年年必須籌措大量資金向國外採購新設備，以至於資本耗損（設備折舊）率占台灣 GDP 的比例，從 1990 年的 8.82％上升到 2009 年的 15.67％。（3）產業發展嚴重集中於少數產業。我國與南韓均為出口導向國家，惟南韓主要產業占出口值之比重相當平均，如半導體及面板約占其出口比重 15％，船舶、汽車、手機及電腦家電分占出口比重 11％、7％及 9％，另外石化業亦占相當份量；反觀台灣同期間半導體及面板占出口比重已達 30％，加上資通訊產品已達 40％。[28] 追逐短利而不求上進的結果，政府投入資源最多的四大明星產業，卻在 2011 年變成「大到不能倒」的四大「慘」業，隨時可能會拖垮台灣的金融業。

　　此外，由於排擠了其他產業競爭一流人才的空間，使得真正有升級能力的產業無法升級與擴張，以致痛失市場開放所能得到的好處，反而讓失業問題逐年惡化。1993 年，台灣企業的創業率是 13％，而倒閉率是 3％，1999 年創業率剩 6％，而歇業率也是 6％。此外，產業比重往資本密集的半導體產業傾斜，以致大企業和中小企業的營收比逐漸擴大：1985 年，台灣大企業與中小企業的銷售額各占 50％左右，大企業只占出口的 24％；到 2005 年大企業的銷售額占 70％，出口比率則高達 82％。這些效應加起來，促成了台灣貧富差距的急遽擴大，失業率上升，產業與財稅政策嚴重地往大財團、大企業傾斜，而對就業率貢獻較大的中小企業則在不利的經營環境中自力救濟，而逐漸萎縮。[29]

　　台灣已經為這些「明星產業」付出極高的社會代價，使得中小企業

無法正常發展。很難說這些產業是台灣的明星或者毒瘤！因此，我們該清醒的重新清點這些產業的得失與利弊，並且重估傳統產業與中小企業的價值了。

中小企業的機會與策略

1992 年以來，台灣的資本開始大量移向大陸，除了貪圖大陸的廉價生產成本之外（61.1％），也貪圖大陸潛在的龐大消費人口（64.2％）。[30] 西進之潮也使得台灣在 GDP 上升的過程中，就業率卻不降反升，而工資則不升反降。據統計，「外銷訂單海外生產比重」由 1999 年 12.24％ 一路攀升至 2010 年的 50.39％，而產值甚高的資訊通信類，則在同一期間由 23.03％ 持續升高至 84.85％；此外，2007-2009 年「台灣接單，海外生產」的貿易淨匯入約占我國貿易順差 40％～77％，但是獲利歸企業主，工作機會卻絕大多數在大陸。[31]

然而危機也同時創造了轉機。根據美國商業環境風險評估公司（Business Environment Risk Intelligence）的報告，1991 年以來台灣的投資獲利機會（Profit Opportunity Recommendation，POR）一直高居全球第 2 ～ 6 名，而 2011 年 12 月份的總分為 73 分，與挪威並列全球第 3 名，僅次於新加坡和瑞士的 78 分，而遠高於大陸的 60 分與南韓的 56 分。[32] 因此，理論上台灣遠比大陸更有爭取投資的實力──尤其是有技術升級意願的廠商，以及有能力使用台灣高級人力與開放的國際貿易環境的產業。[33] 如果能善用這股向上提升的意願和各大學優秀的研究人力，進一步發展出適合台灣的產業策略，我們應該有機會大幅緩和國際減碳公約、高能源與 peak oil 對台灣的衝擊。

台灣過去十幾年來政策上最大的錯誤，就是無視於台灣技術升級的潛力與空間，而空負了十幾年拉開兩岸產業與技術層級的時間。

台灣介於先進大國與新興大國之間，最大的優勢是教育普及率與素質，都是日本之外的其他亞洲國家所不能及。以筆者所服務的清華大學動力機械工程系而言，絕大多數師資皆擁有全球頂尖名校的博士學位，這樣的師資陣容在英國也只可能出現在躋身英國前十名的一流大學。不僅如此，國立的科技大學中，也不乏麻省理工學院（MIT）這樣頂尖學府的博士任教。因此，只要讓各大學的教授有意願和管道跟想要升級的產業合作，很容易就可以找到寬廣的產業升級之道。

台灣的產業想要升級，關鍵就是要挑對競爭對手：以台灣的中小企業要想拚搏歐、美、日的跨國企業，猶如痴人說夢；但是要以台灣的中小企業來拚搏歐、美、日的中小企業，根本是易如反掌——在兩者企業規模相當的前提下，台灣的中小企業可以從大學找到一流的研究人力，而歐、美、日的一流人才都被跨國企業延攬，中小企業只能雇用三流人才，以上馴對下馴，焉有不勝之理？

筆者在協助國內產業界發展機械視覺（machine vision）和自動化光學檢測技術（Automatic Optical Inspection）時，曾數次到日本參觀相關商展，並與展出廠商交談。一個鮮明的印象是：日本東京帝大等名校的畢業生，幾乎都群聚在與半導體前段製程有關的設備廠，但是在台灣最想發展的後段製程設備廠與 PC 板製程設備廠裡，就不容易看到這些名校的畢業生。因此，筆者跟一家廠商合作，以三年的時間開發出一台三維的 X- 光自動檢測機，性能直追當時全球最大廠，並且在一年後逼迫該廠退出市場——理由很簡單：台灣的研發成本不到美國的十分之

一，而製造成本不到美國的三分之一，因而可以用一半的價錢提供相同等級的產品與極高的毛利。該案結束後，筆者再返回日本看商展，日本檢測機器的最大廠花了十幾年的時間在錯誤的發展方向上，一直無法推出成功的機型——理由也很簡單：這個號稱日本最大的檢測機製造廠，在日本仍只算得上是 B 咖，而筆者合作的台灣企業卻擁有台灣最頂尖的人才。這場競賽，說起來其實是「勝之不武」！

台灣要想跟歐、美、日的中小型企業競爭，另一個要領是要挑歐、美、日相對成熟的產業。成熟的產業利潤空間較小，不容易吸引歐、美、日的一流人才，更重要的是，這些產業的技術擴散管道很多元，而台灣的各大學擁有素質極高的師資，只要有合適的產學合作管道，很容易可以結合國外的學術期刊、專利文獻、專業雜誌（professional magazine）、專業書籍與專業手冊等已發表的公領域文獻，而掌握關鍵

技術的七、八成，剩下的技術再通過產學合作管道發展即可。

如果可以善用台灣低廉的高階技術人力與研發人力，遴選合適的關鍵零組件或市場，戮力縮短技術和產品品質落差，就可以很快用低廉的成本優勢壓迫歐、美、日的中小企業退出市場。而且亞洲新興國家目前仍不具有這種產業升級模式所需要的高階人力，台灣一旦發展成功就毋須擔心產業外移，也毋須擔心其他新興國家的競爭。日本許多中小企業過去就是走這種策略，而在列強環伺下建立起可永續的基業，譬如島野公司以關鍵技術生產與控制全球高級自行車變速器，就是典範之一。㉔

結語

許多發展理論的研究發現：發展中國家的特色，就是國內不同產業

的生產力差距極大，如果能善用這落差，進行有利的產業結構調整，將可以大幅提升國家整體生產力，否則反而會受害。在自由化的過程中，所有國家進口擴張的部門都會導致生產力弱的產業被淘汰，員工也跟著失業，存活下來的產業會藉由裁撤「冗員」來提高生產力；而最後一個國家是受害還是受惠，就看這些被淘汰的員工往那裡移動──亞洲國家的失業人口是往生產力較高的新興產業或擴張產業移動，因而造成國家整體生產力的提升；但是美洲與非洲國家的失業人口是往生產力更低的產業移動，而造成國家整體生產力的下降。㉟

如何利用產業升級來將勞動力從低產值部門調動到高產值部門，這才是台灣產業政策上最該用心思索的重點！

可惜的是，政府的錯誤政策扭曲資源的分配，助長了官商勾結與劫貧濟富的惡風，使得過去數十年來大企業規模持續擴張，而中小企業數目萎縮，中間欠缺中型企業，充分印證發展理論一再警告的下場：政府資源過度集中於特定產業或特定財團，壓抑有機會擴張的優秀中小企業。㊱

中小企業的亞洲藍海

在大家都迷信規模經濟的時代裡，台灣幾乎已經放棄最有助於促進就業以及改善弱勢處境的中小企業。但是，學術上的許多理論與實證研究都指出：中小企業平均成長速度或者高於大企業，或者不遜於大企業，只要政府協助克服融資的困難、國際資訊的取得，以及協助建立區域產業網絡的串連，中小企業的生產力不見得會低於大企業。[1][2][3][4][5][6]

何況，歐美先進國家 80％以上的企業也是中小企業，而其所得與產值遠遠高於台灣。只要找到屬於自己可以發揮的空間，蠶食鯨吞歐、美、日中小企業的既有市場，就可以提供台灣中小企業足夠的升級空間，而徹底擺脫壓榨土地與勞工的習慣，以及對低價能源的仰賴。

因此，產業政策的首要關切應該是中小企業：中小企業對經濟弱勢的就業貢獻遠大於「旗艦產業」或「明星產業」；而且，只要把中小企業扶持好，社會底層安定，整個社會就可以無後顧之憂。至於大企業，本來就有許多競爭優勢，因此需要讓它們進行公平競爭與優勝劣敗，避免資源扭曲與官商勾結，反而比各種獎勵措施或補助政策，更有助於產業與經濟結構的健全發展。因此，本單元只討論台灣中小企業的發展機會與策略。

後進小國的機會與策略

在討論中小企業的升級策略之前，先從大結構上談談像台灣這種後進小國應有的總體策略。

後進國家在發展未來性產業或技術升級時，引進技術的管道主要有三種，但不見得都能成功：（1）外國的投資與技術移轉會帶來教育訓練、新設備、生產與管理模式，也可能把相關技術與知識擴散給上下游的供應商或外包商；但是外來投資也有可能排擠國內相關產業的發展，並且以有效的手法封鎖技術擴散的管道；中國大陸與巴西在引進外資時，會要求外資帶動國內相關產業的發展，但是外資的研發中心普遍吝於讓技術擴散；而中國大陸、巴西和印度的研究都發現，各種外資的引入結果對本土研發力量的總作用是負面的，尤其整廠引進而沒有要求搭配與本土業者互動的條款時，負面效應最大。⑦⑧⑨⑩⑪⑫（2）購買國外機器和技術都有機會提升本國技術能力，但是購買機器必須搭配逆向工程的學習，而購買國外技術，對業者能力的提升不如向國內購買。關鍵就在於：許多技術是無法用文件和有限的技轉過程來移轉。（3）許多開發中國家曾經期待，依靠吸引跨國企業設立研發中心，提升本國技術水準，但結果都很失望：外資不但吝於擴散技術，而且能有效封鎖各種擴散管道。⑬⑭

以上事實間接說明本土化技術升級的力量，是發展國家往上提升過程中不可或缺的。而且許多研究也發現，從先進國引進的技術往往需要先進國的社會、經濟環境配合，一旦引介到發展中國家，就會因為社會、經濟環境的大相逕庭，而難以完全適應當地的資源與生產、經營模

式。⑮⑯⑰⑱ 因此，最有效的技術發展策略不是與既有產業脫節的「未來產業」，而是能與本土企業研發能量相銜接的國外技術引進。⑲

其次，作為後進的小國，不見得無法在跨國企業的圍阻下發揮創意；而作為先進的大國，也不必然日子就比較好過。大國與小國只不過是兩種不同的體質，需要兩種不同的產業政策──只要找到合適的定位與策略，日子就可以過得還不錯；定位與策略錯誤，日子才會過不下去。丹麥一位商學院學者就一針見血的說：其實這世上絕大多數的公司都是不同程度的後進者；而且開始的時候扮演只會模仿的綿羊，不表示未來它不會成為具有原創性的狼。⑳

在產業上扮演領先角色可以享受許多好處，包括容易取得客戶的信任並瞭解客戶的需要，以及寡占期間較優惠的利潤空間。㉑㉒ 反之，後進者雖然競爭者眾多，而且利潤空間被壓低，但也有他的優勢：他可以搭先進者的順風車而免除早期投入研發的風險、成本與市場的不確定性。㉓㉔㉕㉖㉗ 事實上，全世界的技術源頭高度集中於英、美、法、德、日等國家中的少數跨國公司，因此真正決定這世界上絕大多數產業產值的，與其說是居全球領先地位的原創能力，不如說是迅速仿效並同時摻入創新元素的能力。㉘

按照知識密集度與創新成份的不同，後進者的策略至少可以分為四種：（1）抄襲（replica），（2）仿似（mimicry），（3）模擬（analogue），（4）改良（emulative）。「抄襲」是照眼睛所見去模仿，只知其然而不知其所以然，所以最沒有知識或創新的成份，也最沒有機會藉此過程獲得學習與成長。「仿似」需要懂原理與逆向工程（reverse engineering），iPhone 的很多功能都只是單純借用觸控式螢幕的原理，

iMac 的無線滑鼠在原理上，也只不過是觸控式螢幕與傳統滑鼠左右鍵的結合而已。它創新的是功能的定義，而不是技術，所以沒有技術門檻，也使得其他的智慧型手機可以輕易跟進。㉙「模擬」則是使用完全不一樣的原理去達成相同的功能，譬如用不同的程式來執行同一個功能，或者用不同的機械裝置來產出同一種動作。這種手段往往可以完全迴避原有專利的限制，只不過程式也許比較複雜或成本也許比較高。「改良」則是始於模仿而青出於藍，也是日本人在機車工業和汽車工業上所展現出來的特長。㉚

以上四種模式提供台灣中小企業相當寬廣的「邊學邊創新」機會。亞洲國家的產業發展過程，多半同時伴隨教育體系與教育品質的急速成長，以及國家機構在基礎研究與共用技術上的支援，因此可以很快脫離單純的抄襲，而往較高階的仿似、模擬與改良發展。這也是過去的亞洲四小龍和今天的中國大陸、印度竄起的模式。㉛㉜㉝㉞

如今韓國、中國大陸和印度皆已相繼崛起，各擅勝場。韓國在半導體產業、數位家電、數位通訊、汽車、造船產和紡織業上直逼日本；中國大陸的聯想集團、華為集團、海爾集團在筆電、通訊與家電業上，已經開始展現出世界級的實力；而印度的製藥業與軟體工業基礎雄厚，已有 6 家公司列名世界五百大企業。㉟但是韓國人口有限，雖然他有能力在許多產業上同時發展，卻沒有能力掌控所有產業的關鍵設備與零組件；中國大陸和印度雖然有廉價的高級研發人力和國際級的公司，但是絕大多數人口的教育素質仍舊很低，而留給台灣產業相當大的發揮空間。

小國寡民的優勢與機會

中小企業是台灣產業最大的根基,而台灣過去的發展經驗證明:只要有學術界的充分支援,中小企業也有研發的能力與自創品牌的潛力。因此,只要能協助台灣中小企業在各種產業的關鍵零組件上,各自卡住適合發展的山頭,並且在這基礎上發揮各自的創意,就可以從勞力、資本與污染密集的產業,轉型為技術密集與富有創意的產業,從而提供足夠的就業機會和產值,根本不需要冒著極大的風險在時髦的跨國產業森林裡搶著當領頭羊。

1990 年代日本住友化工廠爆炸,生產晶片所需的化學原料嚴重缺貨,以致全球晶片價格暴漲。此外,福島事件期間全球許多汽車、資訊與通訊產業的關鍵零組件都因而缺貨,大家才知道日本在全球關鍵零組件的壟斷地位。㊱這些關鍵零組件中,有許多是台灣中小企業有能力挑戰其壟斷地位的。

要找到台灣具有競爭優勢的產業項目其實並不難,美國著名的理特管理顧問公司(Arthur D. Little)已經在 1980 年代為台灣提出過一份非常有參考價值的規劃報告《西元 2000 年台灣的機會》(*The Opportunity for Taiwan in the Year of 2000*),其中列舉之產業發展空間遍及電子、電機、化工、機械等各大產業,項目林林總總不勝枚舉。仔細分析榜上有名的項目,基本上都符合三大原則:(1)該產業在歐、美、日以中小企業為主,台灣企業在規模上有競爭力;(2)該產業技術已成熟而難以再升級,因此不但核心專利已經過時,技術落差也只會縮小而不會擴大;(3)該產業的利潤空間與附加價值仍然明顯高過於台灣的既有產業，因而有發展的價值。

專攻精密導螺桿等傳動元件的上銀科技公司，就是成功案例之一，它原是中部一家技術底子深厚的傳統機械公司，因經營不善而財務困難。董事長卓永財於 1997 年籌資接手後積極改善其財務，推動各種國外的認證，並且在歐陸併購經營不善的公司，吸收他們的技術，借用他們的品牌，而使公司業務迅速擴大，成為全球銷售量前五名的公司；接著他們遍訪國內各大學，把立即能用的研發成果加以商品化，該公司股票很快地便在 2011 年站上 300 元。㊲

這是一個很容易複製的故事。台灣中部與北部，有許多精密機械底子非常深厚的中小型廠，可以做出媲美先進國家的產品，可惜的是欠缺有世界觀與經營理念的人去帶領；因此許多機械廠在電子業代工風潮中陷入財務困難，或找不到優秀人才來發揚光大而陷入困境。如果政府能夠積極媒介有經營理念的人去輔導、併購、整理這些有技術而不善經營的傳統機械廠，引導他們各自往不同的精密零組件發展，很容易就可以改善這些企業的財務與產值；只要再結合國內大學與技術學院的專業知識和協助，很快就可以促成這些產業的升級。

台灣各產業的系統整合能力也在近年內有長足的發展，如果能將業界的系統整合能力和大學的應用研究能量結合，也可以在許多產業領域有可觀的發揮空間。以聯發科為例，它在成為股王時，它的核心技術就只有較高難度的軟硬體系統整合能力，而沒有其他任何獨特的技術或創新。這樣的技術與產業發展模式可以適用於許多產業，包括半導體相關設備。

此外，將最新技術與傳統產業結合，也可以開發出一片寬闊的

藍海。譬如近年慢慢興起的半導體製程檢測設備（Automatic Optical Inspection，AOI），它需要跨越機械、電機與資訊的專長整合，而它的機械精度範圍，從台灣擅長的 10 微米，到全球罕有人能做到的次微米定位精度都有，有心的企業可以從精度最低的 PC 產業切入，逐漸升級到 TFT-LCD 的後段與前段製程檢驗，行有餘力再攻入半導體前段。全球這個產業的都是中小企業，台灣可以利用台商在大陸的代工通路迅速占有低階市場，同時以低階市場的營收，支援技術升級所需要的資金，逐步攻向高階產品，而一路上所需要的技術和研發能量，其實都是各大學有能力逐步提供與發展的。產業機器人也存在類似的發展空間，因此上銀科技近年來積極投入這領域的發展。

更高階的有電漿輔助物理氣相沉積（plasma-enhanced physical vapor deposition）設備，它需要結合機械、電機和物理的專長，技術與學理的難度遠比前述兩者更高，附加價值更高而競爭者也愈少。這個市場有個好處：不同等級產品各有其可以應用的市場，因此在適當的產學合作架構下，台灣也有機會從低階產品做起，當作跨領域合作的學習階段，再隨著營業規模的擴大與技術的成熟，逐漸上攻更高階的產品。我曾獲得一家公司承諾，出資 5 年支持一個跨領域的研究團隊，發展相關技術，可惜清華大學的老師忙著寫論文，因而計畫中輟。

台灣產業發展的三大難關其實在於：

（1）學界被國科會與教育部的制度綁死在發表與台灣產業無關的研究；

（2）業界缺乏產學合作經驗，不知道該如何遴選合作夥伴，以及如何將學界的資源轉化為產業研發的力量；

（3）中小企業欠缺國際宏觀，沒看到自己的機會，且低估自己和台灣學界的能力，儘管產業升級所需要的市場和技術俯拾即是，他們卻看不見。

政府如果願意務實面對這問題去設法解決，不但可以解決中小企業的困境，也可以輕易提升 GDP 與減少貧富差距。可惜的是藍綠政府都把大學教師的研究能量鎖死在跟台灣產業無關的論文發表上，這等於是把台灣最寶貴的人才閒置不用，很難想像天底下會有這麼愚蠢的政府和政策。這才是台灣過去數十年來產業無法升級的最大元凶！

亞洲的創意和品牌

過去的創意往往只強調品牌與專利，但是日本工業展現了製造上的創新（製造程序與品管上的創新），而中國大陸的崛起則讓西方人發現了成本的創新（以靈活的聯盟與經營手段，使高科技的產品可以在極低成本的方式下被生產出來，台灣的半導體廠也展現過這種創意）。對於韓國、印度與中國大陸的研究在在顯示：在歐美品牌與專利的壟斷下，這些國家的創意會另外在品牌與專利之外的向度，找到自己的發揮空間，因而可以一邊學習列強一邊強化自己獨特的優勢，成為有能力在某些新興領域威脅新進國家的後進者。[38][39][40][41] 此外，廣大而貧窮的亞洲有著西方人無法想像的廣大商機與需要，這也是先進國家不可能壟斷的市場商機。[42] 譬如，日本人把對使用者體貼入微的服務精神，體現在家用電子產品上，展現出西方人所難以想像的創意，印度的百元電腦和 2,400 美元的塔塔車（tata nano car），即是熟悉貧窮與數位落差的人才能想得出來的需要，而且需要許多創意才能克服設計和製造上的諸多限制。

尤其在印度、中國大陸和亞洲新興國家興起的過程中，未來真正會快速成長的市場是服務這些窮人的需要。這種大規模的「貧窮經濟」仰賴大產量、低利潤、小企業為主的模組化生產與企業的外部合作，以「薄利多銷」來換取龐大的利潤，歐美跨國企業的組織與文化，很可能無法在這樣的市場上生存。❹

因此，歐美有歐美的優勢與發揮的空間，但亞洲也有亞洲的優勢和發展的空間。如果我們可以先找對屬於自己所長的市場，再以己之長攻人之短，自然會勝出；如果找錯市場，以己之短攻人之長，自然會全軍盡沒。

中國大陸與印度雖然有許多優秀的人才，但是絕大多數人教育水準低，而且這兩國的高等教育平均水準遠遠落後台灣。在這樣的現實下，這兩國的人才不僅無法卡住所有產業發展的潛在空間，甚至根本遠遠不夠支持兩國未來所需要的人才。這也給了台灣產業極大的發展空間與機會。

而且，儘管韓國以其大企業的優勢與雄心，開始在亞洲建立品牌地位，台灣以優良的製造業傳統，還是有機會建立起在亞洲乃至於全世界的品牌。黃小鴨、捷安特、宏碁以及 HTC 都各自立下品牌形象，使得這一條路不再遙不可及。❹❺❻❼ 而亞洲時代的到來，應該使得這條路更好走才對！

很可惜，過去十數年來，台灣歸國學者一意仿效美國，而沒有去尋找自己可以發揮的空間；此外，各種政策的補貼，嚴重扭曲資源與人才的分配，使得台灣最有創意的人，都不在最可能發揮創意的位置。與其說台灣過去十幾年成長的瓶頸是大陸磁吸效應所造成的，不如說我們還沒有警覺到必須決心走出台灣自己的道路。

結語

　　台灣近年來迷信規模經濟，但是強調產業規模所需要付出的代價，卻不見得是台灣絕大多數（99％）人所樂見的。

　　新加坡則是由政府出面，招攬全球最有名的學者去上課，也以優渥的條件招攬全球最有名的大藥廠去設廠。問題是：亮麗的「人均所得」只能蒙蔽外人的眼睛，當台灣為了十等份所得的貧富差距高達 6.1 而輿論譁然時，新加坡的貧富差距卻高達 17.3，遠高於印度 8.6，而接近許多烏干達、烏拉圭、伊朗、土耳其、牙買加等落後國家。[48][49] 新加坡人不但要忍受貧富差距，還要忍受民主的消失或式微。這是一個只有經濟發展而沒有社會發展的「國家」（更像個公司），所以人民不見得快樂！這也不見得是台灣人要的！

　　韓國為了與跨國企業競爭，在戰後就開始利用特許制去培植大企業，因此造成許多涉及總統府的貪污、舞弊和貧富差距。表面上韓國十等份所得中的貧富差距只略高於台灣（8.6>6.1），實際上前 30 大財閥營收占 GDP 的 70％，近十年來所得最高的 20％人均收入增加了 55％，但最底層五分之一的人均收入卻減少了 35％。[50] 韓國社會經常有暴動、抗爭，不是完全沒有理由的。這樣的社會發展，也不像是台灣人的願景。

　　認真想想這樣的政策對誰有利、對誰不利，以及這種政策在 peak oil 之後可能要引發更激烈的社會動盪，這恐怕不是絕大多數人願意要的未來！

誰的未來產業

　　台灣是個後進小國，過去跟隨跨國企業腳步發展新興產業的經驗並不愉快：代工的利潤空間被嚴重擠壓，隨時可以因為客戶訂單的移轉而放無薪假或倒閉，要忍受土地、水源和空氣的污染，卻還要年年繳納高昂的權利金。2000 年我國企業來自外國的權利金收入有 3.7 億美金，至 2008 年剩不到 2 億美金，但付給外國的權利金卻超過 30 億美金。❶

　　為了脫離這種產業殖民的屈辱與剝削，中國大陸和印度也積極在發展新興產業與科技。在 1996 年到 2008 年之間，美國核准的奈米科技專利中 29.7％授予美國公司，但另有 24.3％卻是授予中國。❷

　　台灣也不例外，整個學術界與政府幾近瘋狂地，在所有新興學術領域與產業上盲目研發與投資，想要在生醫科技、半導體與奈米產業，或先進通訊科技中跟歐美跨國企業搶卡位。但是卻鮮少有人問：這樣的產業發展方向要冒多大的風險？成功的機率有多大？成功後果實歸極少數人，還是大多數人雨露均霑？這樣的產業發展過程中政府該扮演什麼樣的角色，才能使最底層的 99％受惠，而不是在劫貧濟富？

　　由於藍綠政府在兩任中研院院長的大力鼓吹下，極端熱衷於生技產業，而生技產業也已經發展出全球分工的完整產業鏈，本章將用生技產業為例，來思索台灣在新興產業裡以小伺大的策略和機會。

生醫科技產業的寡占與風險

醫藥產業一直都具有強烈的寡占性格，而國與國之間的競爭往往是傾盡國家教育與財政的資源去扶助，甚至不惜在立法和醫藥審查過程中偏袒藥廠的利益，犧牲公平競爭與消費者權益。其結果通常是壟斷性財團的出現，甚至壓迫或敗壞學術風紀。我們必須想清楚，這是不是我們願意付出的代價？

醫藥產業原本是瑞士和德國的強項，學術的基礎研究也領先全球。但是 1980 年代以後，美國聯邦政府以各項政策強力支持生醫產業，包括由政府出資給學術與醫藥界合作研發，並讓他們對產出的研究成果擁有全部的智慧財產權。此外，美國的專利法授權範圍與醫藥審查程序，也比歐陸公司更有利於大公司的壟斷與長期研發投資。因此，在各種優惠政策與美國龐大的市場下，美國公司比歐陸傳統公司更願意提前冒風險，將高分子技術用於製藥，而歐陸傳統大公司也願意在美國設廠或將總部移至美國。1980 年代之後美國相關產業就一直遙遙領先全球，2001 年至 2010 年期間全球共推出 194 種新的化學製劑，其中 111 種是美國公司（57％）所擁有，瑞士、日本、英國、德國和法國公司分別產出 26 種（13％）、18 種（9％）、16 種（8％）、12 種（6％）、和 11 種（6％）。2008 年時，全球醫藥市場的總產值中美國占 41％，日本 10％，德國和法國分別為 8％和 4％；2011 年時全球 51.9％的新藥審理程序是在美國進行。❸❹

2009 年美國生醫產業直接就業人口 121 萬人（包括生醫製藥、醫療和研發三大部門），年均產值 2,132 億美元，年支薪水 960 億美元。

這個產業的薪資比全國平均高出 70％，而且周邊相關產業的就業人口高達 530 萬，占美國總就業人口的 4％。這麼肥的一塊肉，歐洲與日本當然動用國家力量在設法急起直追，而美國則將之視為禁臠，不惜一切運用各種手段加以支持，包括加速癌症的新藥審查程序、拒絕核准歐洲已核准的新藥，甚至不顧爭議地將各種基因技術專利化與商業化。❺

　　儘管醫藥市場的產值平均以每年 11.1％ 左右的幅度在上漲，但是風險卻愈來愈高。根據 2002 年的研究，每 1 萬種新藥的研發之中只有一種最後有辦法上市；而每 10 種上市的新藥之中只有 3 種的收入可以抵消研發的費用。而且 2003 年的研究顯示：醫藥審理的過程愈來愈長，臨床實驗所需要的時間，從 1960 年代的 2.8 年延長到 1990 年代的 6.6 年，使得專利的實質有效期限愈來愈短；而不甘人後的投入研發，導致盲目投資的比例愈來愈高，連大藥廠的研發成功率都愈來愈低，使得研發成本愈來愈高。1970 年代研發成本占銷售總額的 11.4％，到 2001 年時已經上揚到 18.5％，2006 年時歐美醫藥公司的研發投資達到 430 億美金，但是美國食品與醫藥管理局（U.S. Food and Drug Administration，FDA）核准上市的新藥，卻從 1996 年的 53 件降為 2006 年的 29 件。這使得一種新藥成功研發上市所需要的成本，從 1976 年的 5,400 萬美金上升到 1991 年的 2.8 億美元，以及 2008 年的

表13.1：醫藥公司成本分析（單位：％）

項目	研發與上游專利授權	製造	技術與行政管理	行銷	邊際成本
成本	20 ～ 40	15 ～ 30	5 ～ 15	20 ～ 30	20 ～ 35

資料來源：Pharma Information（2002）❼

15 億美元。❻

　　在這種資本密集與研發密集的高度競爭與高風險環境下，醫藥開發的過程牽涉到遠比電子產業更高的風險與極為複雜的跨部門協調程序，以及法律和行政體系的整體配合。因此單單只是用政府投資，把研究單位跟醫藥公司連結起來在一個緊鄰的地區內，並不足以促成生醫產業的成功發展，反而是把大量資源投入到幾乎注定會失敗的豪賭。❽❾❿⓫⓬譬如，過去相關產業基礎薄弱，或者地理上的產業聚叢規模過大或過小、欠缺關鍵人物組合（包括明星級科學家、守門員、具有專業能力與遠見的先驅型企業家、具領袖氣質的企業家）中的任何成員，或者社會與人際網絡不夠緻密，都可能導致失敗。⓭⓮⓯⓰⓱⓲⓳⓴㉑㉒㉓

多元化的生醫科技代工產業與競爭

　　在大藥廠壟斷的狀況下，中小型藥廠原本沒有生存空間，但是1980 年代開始卻出現了轉機。生醫科技產業產品的發展過程共有四個階段：（1）第一階段「基礎研究」是學術機構的專長；（2）第二階段「藥品的臨床前轉譯研究和臨床實驗中的第 I、II 期」或「醫療器材的雛型品開發」是「專注型生技公司」的主要業務；（3）第三階段「臨床」和第四階段「上市」則是大藥廠壟斷。㉔

　　因為生技製藥風險高，研發過程複雜，大藥廠為了集中資源在較具優勢與利潤的環節，因而在 1980 年代開始，將次核心的前期研發工作與前臨床實驗，外包給專注於特定專業領域的中小型生技製藥公司，而開始了生技製藥產業複雜的產業鏈發展。這些負責承接外包研發及技術委辦的服務機構（Contract Research Organization，CRO）有時候又被

稱為「專注型生技公司」（Dedicated Biotechnology Firm，DBF），他們負責把學術機構的基礎研究成果，轉化為具有商業價值的專利或進行臨床前的測試，以及相關的應用研究，以便大藥廠接手過去進行臨床測試與商業化。㉕㉖

此外，2019 年以前，至少有 15 種市場銷售量龐大的生技製藥專利即將過期，它原有 424 億美元的市場，將會被價格低 10％～ 30％的「生物相似性藥品」大幅取代。「生物相似性藥品」是仿製原本獲專利上市的生物製劑，只要能符合成份與藥效相近之有關規定，所有藥廠皆可自由製造出售，而不需受專利法限制，因此許多新興國家都巴望在「生物相似性藥品」（Biosimilars）的市場裡卡到位置。不過，麻省理工學院的庫尼（C. Cooney）教授卻認為：由於用藥安全的疑慮，這個市場遲早會被療效更好的次世代生物製劑所取代，發展中國家想分食「生物相似性藥品」的市場機會不大，頂多只有短暫的時機。㉗㉘

新興國家想爭取的第三個機會是製藥代工。在生物製劑成本居高不下，美國醫療體系又快被高昂的藥物壓垮時，55％的跨國公司都希望找到較廉價而品質可靠的生物製劑代工。但是 2009 年時，全球生物製劑代工的 75％卻掌握在三家大廠手裡：瑞士的龍沙集團（Lonza）、德國的百靈佳殷格翰（Boehringer Ingelheim）和韓國的塞崔揚（Celltrion）。許多新興國家都很想打破這個壟斷的局面。

為了爭取上述三種機會，亞洲國家紛紛以政府的力量主導，希望介入各種研發代工，或者臨床前檢驗、分析與各階段的臨床實驗，乃至於下游的藥品生產。

印度是亞洲最早致力於製藥工業的新興國家，但它是靠國家以歧視

性的立法，和國家的壟斷性資源爭取到這個地位的。印度先是在 1954
年和 1961 年分別成立一個國有藥廠，並利用國家資源強化製程與管理
技術，之後再把國有藥廠的技術擴散給所有的私人藥廠。接著在 1970
年通過專利法，把醫藥的專利限定在製程，因此國內所有藥廠都可以
在國內生產學名藥（一種仿製的藥，根據各藥廠申請專利時公布的醫藥
主要成份去仿製，藥效略低於原廠藥），而完全無視於這個規定等於否
認國際上所共認的專利法，以及國際的公憤。而 1978 年的藥物發展政
策，則強迫外資藥廠的生產和股份必須在地化。這些政策使得印度的製
藥業迅速發展，甚至成為全球最重要的學名藥生產國與出口國。但是在
1997 年加入 WTO 之後，印度被迫修改專利法來跟世界接軌。因此，
它開始局部轉型為製藥代工業，2005 年時印度被美國核准的醫藥代工
設施數目，超過西班牙、義大利、中國大陸和以色列的總和。㉙㉚㉛㉜ 此
外，印度的生技公司國際生醫（Intas Biopharmaceuticals），也在 2007
年取得歐盟「生物相似性藥品」的代工認證。㉝

　　但是，許多跨國大廠都擔心中國大陸和印度仿冒成風，不敢貿然委
以代工，因此看好智慧財產權與臨床實驗規範完善的日本、韓國和新加
坡。㉞ 不過，日本的設備、實驗以及行銷費用是韓國和新加坡的 4 倍、
歐美的 2 倍，因此他們的主力是發展自己的藥物，而對於代工欠缺興
趣。㉟

　　韓國政府在 1980 和 1990 年代大力扶持生技業，發展出超過 600
家生技公司和 550 家製藥廠，年營業額達到 98 億美元，排名全球第 12
大。㊱ 韓國的大藥廠原本都是大家族企業，在 2005 年跟美國簽訂「自
由貿易協定」（Free Trade Agreement，FTA）之後，也開始了積極的國

際化與研發,而在 2009 年時,已經有 7 種藥物獲得美國上市或臨床實驗的許可。此外,韓國的新藥臨床實驗代工業也很發達,使得輝瑞藥廠(Pfizer)在 2006 年,把臨床實驗中心從日本移到韓國。有鑑於塞崔揚在製藥代工的成功,韓國的 LG 和 Samsung 等大企業也都摩拳擦掌,準備進軍這塊市場,更進一步自行發展「生物相似性藥品」。⑰

新加坡從 2001 年開始發展製藥代工,並且由政府帶頭跟全球各大藥廠與學術機構合作,因而在五年內編列 70 億美元的預算,並且迅速在低風險製藥代工裡,取代了韓國原來的首榜地位,2008 年達到 148 億美元,占製造業總產值的 30％。此外,在跨國大藥廠與在地教學與研究型醫院的合作下,新加坡的臨床實驗(從第一階段到第四階段)與轉譯研究產業發展迅速,這一部分也歸功於新加坡的相關法規,使她與韓國並列為亞洲審核速度最快的國家。⑱

台灣如果想要發展生技製藥代工,將不免要跟「先進」的新興國家競爭。如果沒有找到適合自己發展的位置,所有資源將只是用來建構夢幻般的泡影!

風雨不斷的台灣生技產業

行政院在 1995 年頒布「加強生物技術產業推動方案」,宣示生技產業是未來重要發展方向。2000-2008 年「中央政府科技發展計畫」投入生技領域之經費,合計達 1,157 億元,約占全國科技計畫總預算之 20％。⑲ 劉兆玄接任行政院長後,於 2009 年宣布「台灣生技起飛鑽石行動計畫」,包括四大項目:(1)發展生技產業化研發的「專注型生技公司」,(2)成立生技創投基金,(3)成立食品藥物管理局,(4)

延攬國外具備豐富生技醫療實戰經驗的選題專家，遴選最成功上市的研究成果，募集種子資金以從事後續的研發與上市。⑩此外，朱敬一則在2011年加碼表示，台灣也應發展屬於第4階段的原料藥、醫療器材等製造銷售及新藥生產，才能擴大產業規模，創造較多就業機會。⑪

2011年底，台灣開發的新藥有7項進入美國美國食品暨藥物管理局（FDA）的臨床三期，通過後即可正式上市，且其中4項被選為兩岸臨床試驗示範藥物。此外，還有約40項在臨床二期、20項在臨床一期。生技界預估，光是部分藥物量產的產值就可能超過100億美元。⑫但是，根據前述「每1萬種新藥的研發之中只有一種最後有辦法上市；而每10種上市的新藥之中只有3種的收入可以抵銷研發的費用」的統計資料來看，媒體所謂「產值可能超過100億美元」的估測可能太樂觀了。

就「專注型生技公司」的研發代工而言，該產業在1990年代達到高峰後，逐漸開始退流行，主要原因是大藥廠在合作過程中發現，中型藥廠的研究成果品質不見得可靠，而成本效益也不見得存在。因此研究者在進行大量的訪談後推測：這種由大藥廠委外研發的模式將會開始萎縮，只有能夠建立良好紀錄的公司才有機會生存下去。⑬也就是說研發代工的生存競爭將會愈來愈激烈。

此外，儘管很多跨國藥廠看好日本、韓國和新加坡的代工潛力，但是這些公司當中，具資本規模（>5.7億美元）的都表示：生技代工資本風險高而利潤低、沒有穩定的客源，也欠缺研發密集的產業文化，因而對於進行國際代工沒有興趣。受訪的創投界專家也不表示樂觀，他們認為亞洲只有極少數公司在工作的品質與成本效益上具有吸引力。⑭

回頭看台灣，2009年台灣製藥業總產值達到626億元，其中製藥

代工（原料藥生產者）的年產值高達台幣 122 億元（約 4 億美元），92％外銷全球 47 國，其中 32％銷往美國。㊺㊻ 這樣的業績讓人印象深刻，但是仍無法跟印度的大藥廠較量：拜耳康（Biocon）、瑞迪博士（Dr. Reddy's）和希普拉（Cipla）的年營業額分別是 45.86 億美元、15.6 億美元和 11.7 億美元，大約是台灣製藥業總產值的 2.3 倍、0.78 倍和 0.6 倍。㊼ 印度為了搶攻「生物相似性藥品」的自主研發與商品化，甚至立法讓「生物相似性藥品」可以不經人體實驗直接上市。台灣在產業規模、產業發展經歷、國內市場規模與立法進度都遠遠落後於印度，想要在這領域勝出，風險恐怕非常大。

創立於 1997 年的台灣神隆，2011 年上市時，資本額新台幣 63 億元，原本專門從事原料藥的量產，近年已建立自有的生技蛋白藥細胞株及其製程技術能力，並透過投資美國天福生技公司的方式，參與生物相似藥及生技改良藥的開發。㊽㊾ 有這種資本規模與技術能力的公司，也許有機會在製藥代工的基礎上，慢慢發展出「專注型生技公司」的研發代工，乃至於「生物相似性藥品」的自主研發與商品化。如果有這機會，我們當然樂觀其成。但是在這發展過程中，政府該扮演什麼樣的角色？假如日、韓大廠都嫌這產業風險高而利潤低，政府真要用納稅人的錢投入嗎？政府是該站在法規與制度的建構，以及基礎研究、人才培育與產業共用平台的基礎建設就好，還是要由中央研究院與政府基金帶頭積極介入？過度熱心會不會又像過去的兩兆雙星與四大「慘」業那樣扭曲國內產業發展，並且誤導產業與金融機構而蒙受超高的風險？

2011 年，政府找到藥品研發與上市經驗豐富的蘇懷仁主持超級育成中心（SIC），將募集種子基金，並篩選出有潛力的研究成果給予創投前的資金協助；該中心並有意朝向台積電成立的模式，以 2013 年 1 月商轉營運並成立民營公司為目標。⑤ 此外，政府也請創投經驗豐富的張有德主持台灣生技創投基金（TMF），原擬由國營事業出資 20％（約 10 億）的資金。⑤ 國外的育成中心與創投都是民間資本，以便讓出資者同時承擔高風險與高利潤，一旦政府介入，會不會又像過去半導體產業和四大「慘」業的發展歷史那樣，政府承擔風險，高階經理人與民間資本吃盡甜頭？一場總統大選下來，宇昌投資案風雨不斷，連生技創投基金 TMF 的張有德也倦勤。⑤⑤⑤ 這個公私混合以至於權責、風險與利益分配紊亂的發展架構，真的沒有問題？

與本土產業脫節的揠苗助長

截至 2010 年底止，行政院國家發展基金直接投資 12 家生技公司和 21 家國內外生技創投公司，總金額分別為新台幣 45.3 億元和 65.5 億元。但是，台灣在生技產業上的最強項，並非生技製藥的研發與藥品代工，而是醫療器材。2010 年時我國生技產業總營業額為新台幣 2,286 億元，其中醫療器材產業占 928 億元，約占總額的 40％；其次為製藥產業營業額台幣 725 億元，占總額的 32％；新興生技產業營業額新台幣 633 億元，規模最小，占生技產業總營業額的 28％。而且，就成長幅度而言，醫療器材產業比 2009 年成長 12.5％，高於新興生技產業與製藥產業的 9.1％與 3.6％。⑤

既然醫療器材產業是三者中營業額最大、成長率最高，且從業人數最多的分支，如果國內頂級的研發人力願意在這基礎上協助業者力爭上游，成果會不會比把絕大多數資源押注上新興生技產業更值得？何況，

雖然美國 FDA 的醫療器材認證難度非常高，但是中國大陸和印度等廣大的新興國家醫療設備嚴重不足。如果針對這個市場去發展，台灣在過去製造業的形象有機會在新興國家之中居冠。這片新興國家市場會不會才是台灣真正的亞洲藍海？

我們過去的產業發展政策往往過度信賴國外專家的意見，而積極發展與本土產業脫節的產業。揠苗助長的結果究竟是禍是福，納稅人跟關心就業機會的人是該認真思索了！

Unit 14

少子化的危機與轉機

　　少子化的危機是一個已經開始的過程，而且在未來 40-50 年內問題會愈來愈嚴重。peak oil 是一個 10 年內隨時可能會發生的事，而它所引起的衝擊很可能會延續 60-80 年。這兩個危機一起發生，對於台灣社會的衝擊之大可能超過絕大多數人的想像。

　　但是，如果從永續發展或逆成長的觀點來看，這個危機卻給了我們一個機會，可以同時去推動永續發展的兩大關鍵目標：將人口與能源的消耗量減少到接近國內生態可以支持的規模。

　　台灣是個資源極端有限的海島，但是因為人口過多，使它變成一個資源嚴重匱乏的地方。1960 年代台灣只有 1,000 萬人，因而糧食自給率超過 100％，但是目前人口數暴增到 2,300 萬人，使禽畜類的肉食量增為原來的 2.8 倍左右，而糧食自給率也陡降為 32％左右。❶❷❸ 相形之下，丹麥平均每人可以分配到的可耕地是台灣的 13.5 倍，而愛爾蘭的每人平均可耕地更是丹麥的 5 倍。因此，即使這兩個國家處於高緯度區且資源有限，卻可以輕易地輸出農牧產品來增加國民所得，並且有優渥的條件可以發展 100％綠能的社會願景。❹❺

　　假如台灣的人口可以減為 1,000 萬人，即使不改變肉類攝食量，糧食自給率都可以馬上提升為 73.6％！而且，假如台灣的能源使用量可以與人口數等比例減少，我們將很有機會在 2050 年左右就將能源自給率提升到接近 100％（參見本書第 8 章的結語）。反之，假如我們的人口數無法適度減少，我們將必須大量減少肉食與每人的能源使用量，才有機會在 2100 年達到將近 100％的能源與糧食自給率。

雖然有論者鼓吹獎勵生育來緩和扶養率的上升速度，但是歐美的經驗顯示：鼓勵生育成本太大而成效微薄。❻ 因此，與其浪費資源鼓勵生育，不如咬緊牙關接受少子化的過程，並藉此將台灣的產業結構與經濟規模朝向可永續的方向調整。

何況，如果我們的因應策略夠審慎而有創意，甚至可以利用少子化過程，創造老人照護產業的就業市場，從而大幅緩解 peak oil 或逆成長所帶來的失業問題。此外，目前 50 歲以上的人口都還普遍有可觀的養老儲蓄，可以用來減緩貧窮人口的增長趨勢。如果我們這兩代願意善用目前的儲蓄，有智慧地在少子化的過程中，將人口與經濟規模同時降低到一個台灣生態可以永久維繫的水準，對於未來的後代將是一大福祉。

因此，少子化與 peak oil 在台灣民間儲蓄的高峰時刻相繼發生，這既是危機，也是轉機。至於最後結果到底是福或是禍，一方面看我們的智慧，另一方面則看我們的決心。

有計畫的逆成長與可永續的經濟

如果我們從今天起努力改變交通與產業結構，peak oil 發生之後，我們的 GDP 下降幅度會較小，倒閉風潮與失業人口的增漲幅度也會較小，但是仍舊很難避免在 peak oil 發生之後，歷經 GDP 持續下降的過程──如果 peak oil 在 2015 年之前降臨，天然氣會在 10 年後跟著跨越產能極限，而各種再生能源要到 2100 年才有辦法遞補全球能源的缺口，

使得 2025-2100 年之間全球的能源供不應求，而全球各國都會被迫經歷 40 年左右的 GDP 持續負成長。❼

在資源匱乏的情境裡，分配的公平性會比生產的總量更要緊——只要窮人的生活福祉無虞，富人的生活更不需要擔憂。然而市場總是為有錢人與既得利益者服務，而漠視弱勢的需要，如果沒有政府的介入，將會經歷失業率狂飆、貧窮人口激增、自殺人口激增的慘劇。此外，市場經濟以營利為目的，如果投資的利潤沒有明顯超過利息，投資就會中止或移向其他生產項目。市場經濟以競爭為手段，勝者擴大市場占有率，敗者縮小市場占有率或退出市場，除非經濟擴張幅度所需要的從業人口增加數，超過技術進步所抵減掉的就業人口數，失業率就會上揚。這些因素使得市場經濟必須靠不斷擴張消費，來帶動投資與維持就業率。但是，只要能源價格上漲而導致經濟成長速度趨緩，失業率就會上升，導致消費下降，進而導致投資減少，終而引發一場惡性循環的災難，直到市場經濟以大蕭條的方式崩潰——除非我們可以有計畫的引導經濟體循著一個比較平順的路徑進行經濟逆成長（degrowth）。❽❾❿⓫⓬

最明確提出經濟逆成長這個訴求的是喬治斯庫－羅根（Nicholas Georgescu-Roegen，1906-1994）和鮑爾汀（Kenneth E. Boulding，1910-1993) 兩位經濟學家，他們的思想在美國被結合起來，而發展出穩態經濟與生態經濟學（ecological economics）。「穩態經濟」不再追求量的成長，而只追求質的發展；不再追求貨品與服務交易規模的擴張，而是在維持生活品質時，盡量減少能量與物資的消耗，因此它寧可盡量以維修減少新產品的產量；與其無止盡擴充經濟規模，且任由貧富差距擴大，它寧可限制財富差距，並以財富重分配來迅速達成消滅貧窮。此外，為了避免自由貿易引誘企業到發展中國家凌虐生態和土地，並確保國際貿易能使所有國家公平受惠，它建議國際組織對企業的外部性收取關稅，並且對跨國的資本流動建立必要的規範，包括對外匯兌換收取稅金、對經常帳失衡（imbalances in current account）處以罰款、資金在任何一國家必須停留滿一最低時限後才能離開等。因此，在這個經濟體中，GDP 的成長是靠質的提升而非量的擴張，藉此和生態體系維持一個可以永續的平衡關係。⑬⑭

許多研究都證實：一旦國民所得超過 1 萬美元左右，一個人的幸福感與所得或消費的關係，會跟財富分配、社會福利與社會保險制度、族群與性別的歧視、個人價值觀等關係較密切。⑮⑯⑰⑱⑲⑳㉑㉒ 但是無知的政府官員、經濟學家和群眾，卻還在追求不可能永續的經濟成長。他們購買新的電腦、智慧型手機和其他新穎的產品，只不過是為了滿足虛榮心，表彰自己的新潮與社會地位。為了鼓勵消費來維繫經濟成長與充分就業，我們利用廣告撩撥消費者的虛榮心，在東西還八成新時就把它丟棄，甚至乾脆不再生產具有耐久性的產品。

許多家庭的電腦數都超過家庭人口數，不是因為需要，而是因為可有可無的方便。假如我們學會在家庭內共用各種產品，在社區內出租兒童玩具與童書，通過慈善機構建立有效的二手市場，則即使 GDP 減少一半，我們的物質生活水準減損極其有限。假如我們利用既有技術把東西製造得耐久且便於維修，即使工業生產的能量減少為現在的 20％，我們將可以維持跟現在相同的物質生活水準。假如我們不再盲目追求生產效率，而是以省力的生產系統來取代全自動化的生產系統，我們所需要消耗的能源還可以再大幅減少，而就業人口數卻可以上升。此外，維

修的工作不容易自動化，也提供了許多的就業機會。當 GDP 持續下降時，市場的力量自動地會把消費行為往上述方向引導。但是，要讓消費者能接受這樣的轉變而較少感受到痛苦或阻力，更需要的是消費者對消費文化的反省以及價值觀的改變。[23] 譬如，減少對物質性消費的欲求，增加對文化、教育、休閒產業的消費和供給，把經濟活動逐漸轉向較不需要耗費能源與物資的各種內需服務業，也藉此減少對擴張外銷的倚賴。[24][25][26]

如果這樣還不足以解決就業的問題，我們可以立法保障非全職工作者，或設定每週工時上限，以便減少失業人口，而讓生產的結果更平均分配給所有的人。此外，還可以通過稅收創造政府財富，以便政府通過教育、醫療及新能源與省能技術的研發、污染防制與生態復育等產業，來進一步創造就業機會，甚至保證就業。[27][28][29][30] 雖然政府支出的部分會造成通貨膨脹的壓力，但是靠著稅賦與發行國債的方式，有機會進一步抵消這股壓力。[31]

政府與市場效能之爭

愈來愈多的經濟學家認為，生態經濟學與穩態經濟比現在主流的新古典經濟學更有能力解決人類急迫性的危機。他們已經看清楚幾個根本的事實：這個世界上絕大部分地區的問題並非生產不足，而是生產過剩的同時卻分配不均；熊彼特（Joseph A. Schumpete，1883-1950）許諾說「創造性的破壞」會解決人類的問題，但它卻沒有被用來生產「有用」的東西，更不是用來解決氣候極端化的危機，或海洋與食物鏈中的污染與魚產的濫捕濫撈，而是用來生產大量可有可無的東西。[32][33]

　　而且，加拿大的研究顯示：減少消費而導致經濟成長趨緩，結果不一定會造成經濟與社會的崩潰。關鍵在於政府有沒有良好的腹案與對策，避免失業人口與貧窮人口的上升，並且提前引導整體經濟結構有秩序地轉型。簡單地說，在一個以私有經濟為主的經濟體系裡，一旦GDP成長率趨近於零，很快地就會同時發生失業率飆漲、貧窮人口激增和政府債務飆漲的失控現象，使得整個經濟體崩潰。減碳公約之所以難以在國際間推動，就是因為許多政治人物擔心，減碳會連帶減弱經濟成長的動能，而使失業率增加。如果有計畫增加政府部門在總體經濟中所占的比例並縮短工時，則有機會在GDP低度成長的過程中同時降低失業率、貧窮人口和政府債務，並且還同時降低溫室氣體的排放。㉞

　　上述案例讓我們清楚看到：如果沒有政府部門在社會保險、就業保障、財富重分配的介入，以及對工時的規範，市場機制本身並無法防範GDP下降過程中的經濟體系崩潰。

　　政府與市場效能的爭議在經濟學界存在已久，雖然主張放任式市場經濟的芝加哥學派一度占上風，但兩位諾貝爾經濟獎得主史迪格里茲和保羅‧克魯曼近年來也對市場經濟提出許多有力的反擊，以及重申政府職能的不可偏廢。譬如，史迪格里茲就在《失控的未來：揭開全球中產階級被掏空的真相》（*Freefall － America, Free Markets, and the Sinking of the Wold Economy*）中啟人深省地指出：今天所有權與管理權已經分離，國有企業照樣可以委託專業經理人經營。如果往這方向發展，我們將可以把資本利得拿來優先分給弱勢，而降低福利制度對稅賦的倚賴。

　　事實上，過去的經驗確實顯示：只靠政府有限的補貼與市場機制，

綠能產業的發展速度太慢，根本來不及在 peak oil 發生之前，有足夠的產能去平順地銜接石化能源供需不足的缺口。㉟當能源價格高漲或 peak oil 降臨時，把市場機制調整到「有效利用能源與物資」的方向，遠比繼續仰賴消費與浪費更具有實際上的可行性；利用政府機制，直接把資源移轉向有益於國人福祉的產業，遠比等待「創造性的破壞」更迅速而有效。㊱㊲

　　此外，如果有政府的正確引導與規劃，市場的機制往往可以運作得更有效率。以少子化的過程為例，如果沒有政府的規劃、引導與協助，少子化過程可能會使得幼兒服務業在供過於求的壓力下，產生逐日惡化的激烈競爭，而使得實質工資下降且失業率升高，但是老人照護部門卻必須忍受愈來愈嚴重的供不應求與價格攀漲，使得政府不得不大量引入外勞來因應低收入家庭的老人照護需要。結果，一邊是失業嚴重，而另一邊是大量引入外勞，形成荒謬而悲哀的局面。反之，假如政府可以精準掌握少子化過程與老人化的趨勢，一邊提供低收入戶老人照護的補貼，一邊對幼教從業人員提供老人照護的職能訓練與進修補貼，藉此將過剩的幼教從業人員轉移到老人照護行業，就有機會同時解決兩端的困境。

　　因此，如果想在 peak oil 發生前後，引導經濟體逆成長到一個較低耗能且失業率更低的經濟穩態（steady state），就必須改變經濟體的結構與政府治理的規則，讓政府部門擁有較多的資源，並且通過有效的公民監督，促使政府在 GDP 下降的過程中，進行有利於弱勢的資源分配與利用，以便在較不倚賴營利與競爭的狀況下，維持所有人必要的生活水準，並逐漸進入起一個兼顧社會公平性的低度耗能社會。㊳㊴

但是，要想朝著經濟逆成長的方向發展，以便在 GDP 下降的過程中實現較公平、正義的社會，最大的阻力將來自於政治和經濟上的既得利益階層——目前決策圈內的一小撮人。❹ 因此，經濟逆成長的實踐過程，不可能不涉及大規模的價值觀改變，與政治結構的大幅改變。❹ 有鑑於此，法國將喬治斯庫－羅根的經濟學思想跟政治學思想結合，而具有極為鮮明的政治色彩。❹❹

經濟學的謊言

自從雷根總統與柴契爾夫人大力提倡去管制與國營事業私有化以來，「市場效率遠高於政府部門」的論調甚囂塵上。台灣更是如此，每次學者或民間團體要求政府進行財富重分配、促進就業、強化社會保險與社會福利，總是會遭遇到經濟學者的責難，或者擁護財團與經濟發展者的恫嚇。這些評論經常都是基於對事實的誇大與扭曲，國光石化案就是典型的例子。

2010 年國光石化案引起國內激烈爭辯，許文龍以「幾十萬人靠它吃飯」為由，向雜誌社表示「石化業不能廢」，而經濟部長施顏祥則表示：「如果國光石化投資不進行，原民間的資金恐將轉往海外投資，下游產業極可能同步外移，造成產業空洞化。」❹❹ 但是，國內醫學界以國光石化案對國人健康傷害太大為由連署反對。❹❹ 2011 年，國光石化案的爭論達到最白熱化的階段時，經濟部次長黃重球又表示，該案若不通過可能會影響 40 萬人的就業。❹ 但是，馬總統在 2011 年 4 月 22 日下午舉行記者會，宣布將要求中油董事會不支持國光石化案後，經濟部長施顏祥表示：國光石化若不在台灣設廠，對台灣經濟在短期內會有負

面影響，但長期則會促使台灣的石化業朝高值化發展，因而使台灣產業
結構朝更好、更高質的方向走。[49]許文龍卻輕描淡寫說：「做香腸不見
得要養豬，買豬肉回來一樣可以做，豬糞就留給有空間、有能力承擔的
人去做。」[50]官員與財閥皆前言不對後語，可見得他們在 2010 年的發
言全屬恫嚇之詞！

不僅財閥與政府官員喜歡恫嚇國人，媒體上許多自命為經濟學者或
財經名嘴的人，更喜歡以扭曲事實的方式恫嚇觀眾和讀者。

當我們要求政府增加賦稅，以便強化社會保險與社會福利制度時，
我們總是會聽到一種恫嚇之詞：增稅會逼使產業出走，導致失業率上升；
而且像台灣這樣的開發中國家如果享受先進國家的福利，將會步上希
臘、愛爾蘭、西班牙、義大利等國後塵而有國債危機。

但是表 14.1 告訴我們，這些論述都是嚴重違背事實的恫嚇。台灣
的稅率僅占 GDP 的 8.4％，不僅是全世界最低，甚至遠低於號稱最接
近「自由經濟」的新加坡和香港（分別 13.4％和 13.9％），以及仍未
脫離貧窮的中國大陸（17.5％）；而產業發展讓我們羨慕的先進國家，
則稅率絕大部分都在 GDP 的 30％～ 48％之間。假如稅率低真的會吸
引企業的投資，那麼全世界的產業豈不是都搶著要到台灣來？但是，事
實真的如此嗎？當然不是！

其次，要求政府強化社會保險與社會福利制度，真的會害台灣陷
入國債危機嗎？台灣目前的政府支出僅占 GDP 的 16％，遠低於希臘
的 52.9％和義大利的 51.8％，而歐美國家則絕大部分是在 42％～ 58％
之間；此外，台灣政府目前的國債僅 34.9％，也遠低於希臘的 165.4％
和義大利的 120.1％，甚至還明顯低於英、美、加的 79.5％、69.4％和

表 14.1：2012 年世界各國總體經濟概要

地區	國家	人均所得（美元）	失業率(%)	稅率% GDP	政府支出% GDP	國債% GDP	貧富差距基尼數(%)
亞洲地區	台灣	35227	5.2	8.4	16.0	34.90	32.6
	香港	45736	4.4	13.9	17.3	10.10	43
	新加坡	56522	2.1	13.4	17.0	96.30	42
	南韓	29836	3.7	25.6	33.1	22.90	32
	日本	33805	5.1	28.1	42.0	208.20	25
	中國大陸	7519	4.3	17.5	23.0	16.30	42
北歐	丹麥	36450	7.2	48.2	58.4	46.90	25
	瑞典	38031	8.4	46.4	55.2	36.80	25
	挪威	52013	3.6	41.0	46.4	48.40	26
	芬蘭	34585	8.4	43.1	56.2	49.00	27
西歐	德國	36033	6.8	37.0	47.5	81.50	28
	法國	34077	9.3	41.9	56.2	85.50	33
	荷蘭	40765	4.3	39.1	51.4	64.40	31
	瑞士	41663	4.5	30.3	33.7	52.40	34
	義大利	29392	8.4	43.5	51.8	120.10	36
	西班牙	29742	20.1	30.7	45.8	68.20	35
	希臘	28434	12.5	29.4	52.9	165.40	34
英美集團	英國	34920	7.9	34.3	51.2	79.50	36
	美國	47284	9.6	24.0	42.2	69.40	41
	加拿大	39057	8.0	31.1	44.1	83.50	33
	澳洲	39699	5.2	27.1	33.1	30.30	35
	紐西蘭	26966	6.5	31.0	42.8	33.70	36
南美	巴西	11239	7.0	34.3	38.8	54.40	54
	智利	15002	8.1	16.1	24.4	9.40	52

資料來源：美國傳統基金會，Heritage Foundation Index of Ecomomic Freedom 2012

83.5％。

　　因此，台灣政府絕對有增加稅收以及增加政府支出，來強化社會保險和社會福利制度的空間。

　　實際上台灣的人均 GDP 產值高居全球第 18 名，甚至還高於丹麥、芬蘭、英國、法國、日本、南韓、歐盟、義大利、西班牙、紐西蘭等我們過去印象裡的「先進國家」，但是我們的政府服務（以政府支出占 GDP 的百分比計算）卻遠低於巴西、智利這些我們印象中的落後國家，幾乎是第三世界的水準！

　　面對這些事實，我們當然有本錢要求政府一改過去劫貧濟富的政策，強化社會保險與社會福利，以便在 GDP 下降的過程中充分照顧弱勢階層！

結語

　　不管是蓄意恫嚇或者出於無知，台灣媒體上的經濟政策論述經常無視於事實，也無視於台灣和英、美國情的不同，而盲目尾隨英、美的主流論述。

　　台灣的問題是政府有權無責，推卸責任，以致社會保險與社會福利形同虛設，因此需要的藥方是增加稅收，停止劫貧濟富的賦稅與產業政策，扶助中小企業。

　　而且，就算英國和美國曾經用減稅和國營企業私有化來救經濟，我們也必須要看清楚一件事：他們的政府支出占 GDP 的比例仍舊遠高於台灣（約莫是台灣的 3 倍！），他們的稅率還是遠高於台灣（約莫是台灣的 3.5 倍）！

　　當官、商與媒體都勾結在一起,以違背事實的論述恫嚇國人,長年遂行劫貧濟富之實時,學術界的紮實研究將是揭露謊言、引領社會良性發展的重要原動力。很可悲的是,學術界自甘淪為英美學術界的買辦與次殖民地,而完全沒有自主的研究關懷與方向。

　　不過,等我們先檢討農業與糧食的問題之後,再回來談學術界的問題。

Unit 15

養活 2300 萬人的挑戰

未來有很多種因素可能導致亞洲地區嚴重缺糧：（1）人口增長與新興國家每人平均消耗穀物量增加，使得未來 40 年內全球必須增產 70％的穀物；但是氣候極端化導致全球水、旱災不斷，40 年後糧食產量反而可能減少 25％。（2）油價高漲以及 peak oil 隨時可能降臨，使得歐美國家使用愈來愈多的糧食生產生質燃料；而第三代生質燃料成本太高，很難緩解汽車與人類爭糧的壓力。（3）具有抗旱、耐熱、抗酸、高產量品種的第三代基改作物技術難度太高，一直無法穩定到可以量產；而目前已商業化栽種的第一代基改作物產量提升極微，因此無法倚賴基改作物解決糧食危機。（4）在油價飆漲的過程，高昂的運費將使糧食與肥料的越洋貿易愈來愈荒唐而不可行。

不過農委會卻安慰台灣人：台灣只會有糧價問題，而不會有糧食危機。這是對農業與政治的嚴重無知！

從政治觀點看，高糧價就等於是糧食危機與政治危機。台灣長期倚賴進口糧食的結果，使得我們忘記一個簡單的事實：糧食跟工業產品不一樣，它是窮人跟富人都同等需要的基本生活必需品。一個國家如果有 10％的人買不起糧食，會有大規模示威或暴動，造成社會的不安以及經濟發展的受挫；一個國家如果有 20％的人買不起糧食，將會有大規模暴動或革命，經濟發展將嚴重受挫，有錢人也別想安居樂業。

　　因此，考慮到未來的糧食問題，我們該想的不是「我有沒有得吃？」而是「如何讓台灣最窮的 20％人口至少吃得飽？」要達成這個目標，我們不僅必須設法讓台灣有足夠的糧食，而且其價格必須是低到最窮的 20％人口也買得起。在高油價時代或 peak oil 之後，這顯然是一個高難度的挑戰！

　　但是，埃及 2011 年初引發「茉莉革命」，導致整整一年的流血衝突而無法解決問題。如果這不是我們可以接受的未來，就必須從現在積極謀思因應 peak oil 的糧食與農業政策。我們首要的挑戰，將是如何在進口原油、肥料與糧食同時銳減的條件下，維持價格低廉而供應充足的糧食。

　　這絕對不是一件容易的事！但也不是不可能的事。古巴就曾經在一場石油危機中，具體展示了如何不仰賴石油來解決糧食危機的關鍵要領，也同時向全世界展示了一個具體的例證：在良好的政府治理下，一個國家可以歷經劇烈的工業減產，卻不致於嚴重減損該國民眾的生活福祉。

　　所以，讓我們先來看看古巴的故事。

石油危機下的糧食生產與經濟逆成長

　　自從 1962 年古巴危機以來，美國已經對古巴禁運達 50 年，也使得緊鄰美國的古巴在外貿上只能高度仰賴遙遠的蘇聯，包括食物、醫藥及 99％的石油都從蘇聯進口。1989 年蘇聯解體之後，美國對古巴的禁運手段更加嚴峻，甚至禁止其他國家跟古巴貿易。這手段導致古巴一夕之間幾乎斷糧、斷電，連飲水淨化、醫療、交通與工業生產都頓時癱

瘓，進口下降 70 ～ 75％，經濟更經歷好幾年持續的劇烈負成長——到 1993 年時 GDP 只剩 1989 年時的一半左右，每人平均的攝食熱量也只剩 1989 年的 64％。❶❷20 世紀末的最後 10 年，剛好也是古巴史上最艱難的 10 年，被稱為「特別時期」（special period）。

與 1962 年古巴危機時期一樣，古巴的卡斯楚（Fidel Castro）政權不肯屈服，立即採取因應對策，從中國大陸進口腳踏車作為主要交通工具，改以獸力和有機農業從事生產，並以太陽能和生質能取代石化能源。在最艱難的 1992-1996 年期間，古巴人平均每人體重瘦了 10 公斤，許多人設法逃離古巴，憤怒的群眾攻擊政府辦公大樓。政府聘雇 76 萬人從事醫療等社區與社會服務，或農耕等需要體力的活動，藉此解決製造部門、交通部門及建築業等共高達 9％的失業人口。雖然有些學者從新古典經濟學的角度，批評這些政府聘雇人口平均產值下降，但是這個制度卻大大提升了醫療部門等政府服務的量與質，因而在度過這 10 年之後，古巴心臟病與糖尿病死亡的人數分別降低了 35％和 51％，並轉型為全球最受矚目的有機農業大國，以及全球研究永續社會的典範——目前古巴平均每人使用能源僅為美國的八分之一，年平均收入僅 3,500 美元，但古巴人平均壽命比美國高，嬰兒存活率比美國高，人民識字率比美國高，而且教育是免費的。❸❹❺

禁運導致醫藥與檢驗儀器的匱乏，但是，度過特別時期後，古巴人的健康狀況卻在許多方面都獲得改善。其中一個重要的原因是，古巴政府大量訓練醫護人員作為搶救失業的手段之一，使得醫護人員總量增加了 36％，而醫師則增加了 76％，至於社區志工的人數與貢獻則難以估算。❻❼❽❾❿ 其次，當腳踏車成為主要的交通工具時，大部分人的健康條件自然獲得改善。

　　農業體系的改變對於健康也有正面的貢獻。古巴從殖民地時代就被強迫進行大面積的單一經濟作物耕作模式，以便將產出運送給殖民母國。1959 年古巴革命成功之後，絕大部分土地收歸國有，以計畫經濟的方式，繼承過去大面積單一作物的大量生產模式，並且對三分之一左右的人口提供補貼的廉價食物，或學校與醫院提供的免費餐點，因此古巴的飲食是營養過剩。然而這個農耕系統嚴重仰賴石油與重型機械，且產品係經由長途輸送到消費者手中，本地自產的糧食僅占熱量的 55％、蛋白質的 50％和脂肪的 90％。⑪⑫ 但是，1989 年以後，這個食物的生產與輸配系統因為沒有石油來維繫而崩潰。

　　首先出問題的是進口的肥料、殺蟲劑、飼料和燃料，它們在 1989-1992 年之間分別減少了 81％、62％、72％和 92％。⑬ 為了解決急迫的糧食問題，國有農地被發放給小型的合作社，並且允許在自由市場販售農產品，從而大幅改變了單一作物大規模工業化耕作的模式。其次，有一大群古巴的科學家被動員起來研究有機農業，堆肥、輪種、混合養殖與蚯蚓被用來取代肥料，生物農藥（Biopesticides）被用來取代傳統農藥。古巴原來就有一些科學家在積極研究永續農業，危機發生後，這些科學家的研究迅速的擴散與推廣，到 1993 年時已經有 14 個昆蟲生產中心，以及 222 個有機農藥與有機肥料微型生產中心。他們使用印度苦楝（Azadirachta indica）等植物、巴謝氏白殭菌（Beauvaria bassiana）等真菌與蘇力菌（Bacillus thuringensis）等細菌製作殺蟲劑，並利用草蛉等天敵抑制蔬菜蚜蟲等蟲害的滋長；他們也使用各種堆肥作物與蚯蚓生產有機堆肥。⑭⑮⑯ 在人力密集的精耕細作下，這種低投入的生產模

式每英畝可以產出 2.82 噸白米，接近大面積機械化慣習農法的最高收穫量。⑰

此外，以首都哈瓦那為首的都市農業，更是古巴有機農業的經典之作。1997 年時，光是哈瓦那就有 26,000 人在 5,000 處都市裡耕種，提供了都市所需要的大量蔬菜。⑱1996 年全國主要城市則共有 8,000 處從事農作的都市花園，總面積約 415 英畝，共生產了 8,500 噸農產品，3,650 噸肉品，750 萬顆蛋和 400 萬打花卉，使得蔬菜幾乎可以由城市內各種零碎土地的利用而達成自給自足。⑲⑳ 到 2005 年時這個系統已經僱用 35.4 萬人，年產量 410 萬噸，可以提供都市 50％的蔬菜需求量。這些在都市的花園農場普遍面臨水源匱乏和土壤貧瘠的難題，但是他們在科學家與歐洲的支援下開挖水井、發展多元化的有機蟲害控制與土壤肥力管理，而克服種種困難。㉑㉒㉓

這樣的生產模式，在成本上無法與工業化生產的各種進口農產品競爭，但是美國的禁運卻剛好成全了這種有機耕作的發展。此外，雖然古巴和台灣一樣是個海島，但國土面積是台灣的 3 倍，其中三分之二是平原，而人口只有 1,000 多萬人，每人可以利用的耕地遠比台灣多。因此當他們糧食從大部分進口變成必須完全自給自足時，過程雖然痛苦，但是基本上是可以達成的。

如果台灣也想要在 peak oil 之後達成糧食上的自給自足，難度是比較高，但不是不可能！

亞熱帶糧食生產模式

每個地區的糧食生產體系，理論上應該採取最適合該地區天然資源的模式，才能對天然資源進行最有效的利用，並以最少的投入獲得最大的產出。基於這個原理，地處亞熱帶的台灣沒有道理採用美國的溫帶生產模式。此外，美國地廣人稀，資源豐富，因此可以用浪費天然資源的方式追求個人最大利潤；但是台灣正好相反，地狹人稠，物資貧乏，應該要珍惜物資，追求自然資源的最有效利用。因此，台灣更加不應該模仿美國式的溫帶農業生產模式，而應該要發展適合台灣的亞熱帶生產模式。

過去由於廉價石油毫無節制的汲取與濫用，使得對廉價能源仰賴愈深的人利潤愈高；再加上全球化貿易的發展，使得全世界都一起追逐這種單一的生產模式。但是在高油價、溫室氣體管制或 peak oil 之後的時代，各國都將被迫逐漸回復仰賴地區資源，且不仰賴石油的生產模式。台灣也必須盡快找出屬於自己的最佳生產模式，而農業逆成長與永續農業的大量學術文獻，則提供我們很好的摸索起點。㉔㉕㉖㉗

台灣自然資源的困窘，可以水資源為例鮮明地點醒其特色。台灣地區雨量充沛，年均雨量高達 2,510 公釐，是全球陸地平均降雨量的 3.5 倍。但是有近 80％的年雨量集中於 5 月至 10 月，而河川又陡急、短促，使得 80％的雨水都流入海裡，因而單位面積的可用水量已屬貧乏。㉘可惜人口密度太高，在人口數超過 1,000 萬的國家中，高居全球第二名，因而台灣每人可分配水量只有 4,300 立方公尺，還不到世界平均值的六分之一，在聯合國水資源匱乏國家中排名第 18。㉙

台灣的農業與糧食生產也有同樣的問題：1952 年台灣農產品自給有餘還能出口，出口值高達出口總值的 95.5％；但是，2004 年以來，台灣的糧食自給率卻都在 32.4％以下，主要是因為在這 40 年間，人口

與肉食量都倍增。⑳目前台灣自行生產稻米約 120 萬公噸，進口玉米 450 ～ 500 萬公噸，大豆 240 萬公噸和小麥 100 萬公噸。每年消費掉將近 1,000 噸的穀物中，75％ 拿來當飼料，牲畜消耗的穀物是國人的 3 倍。根據花蓮農改場的資料，即使所有休耕田全面復耕，也只能再生產 320 公噸左右的大豆和玉米，不足 560 公噸左右的穀物要另尋對策。㉛

　　因此，要提升台灣的糧食自給率，最關鍵的工作是設法開發適合本土的替代性飼料配方。㉜ 其次，我們目前飲食中肉類脂肪攝食量過高，不符合世界衛生組織建議的健康飲食原則。如果可以用魚類的蛋白質來取代一半的禽畜類蛋白質，國人將會更健康，同時也可以進一步將飼料的使用量降低約莫一半。

　　目前台灣的飼料主要成份是玉米，占進口穀物的約莫 6 成。但是玉米是溫帶作物，適合在美洲生長；過去台灣養豬的主要飼料是番藷，比玉米更適合在台灣生長。在台灣栽種番藷，不但不需要農藥與化肥，節省人工，而且單位面積產量的產出熱量更明顯高於玉米，因此過去一直有關於番藷做為飼料之可行性研究。跟玉米比起來，番藷作為飼料只有一個缺點：蛋白質含量太低（約 3.66％），是玉米的 38.5％ 。但是，只要在番藷飼料中混入大豆渣等蛋白質，達成飼料粗蛋白為 14％ 之要求即可。㉝另一方面，番藷葉中含有大量粗蛋白，其品質並不遜於豆類，甚至有人主張：亞熱帶地區生產葉蛋白的效率，遠高於利用豆類與穀物種子的生產模式。㉞ 因此，如果有效利用番藷葉或其他葉蛋白，還可以減少對大豆餅的進口倚賴。

　　此外，亞洲有大量的稻桿、甘蔗渣等粗飼料，如果搭配以富含蛋白質的棕櫚樹與椰子的殘渣，可以用來調配成營養價值較高的粗飼料；如果再加上適當比例的蛋白質與氮鹽,將可以進一步有效利用稻稈、甘蔗渣等粗飼料,作為草食動物(譬如牛或羊)及其他畜牲(如豬)的補充飼料。㊟如果能充分發揮「適地適種」與「就近取材」的原則,就可以大量減少對進口飼料與肥料的倚賴。

氮肥的缺乏與運輸的不便將是 peak oil 或高油價時代,台灣農業的一大挑戰,最佳化的輪種可以將氮肥的需求量降低,將農作物生產與家禽、家畜的生產結合在一起的混合式農牧業(mixed farming),也可以進一步減少對各種肥料的需求量,並創造經濟誘因。㊱㊲㊳㊴ 如果能結合稻米生產、禽畜蓄養和魚池(或沿海養殖),以形成更完整而可永續的生態系(Integrated agriculture–aquaculture farming,簡稱 IAA farming),所需要投入的資源將會更少。但是這樣的系統必須要兼顧在地天然資源、產業政策與經濟條件,才能獲得資源利用與利潤間的最佳平衡,因此也更需要政府與學術界在研發上的協助,以便發展出具有在地特色的專業化經營。㊵㊶㊷

此外,有鑑於土壤中的微生物明顯影響作物的生長,日本琉球大學比嘉照夫(Teruo Higa)教授於 1985 年發展出「有效微生物」(Effective Microorganisms)技術,利用 80 種有效微生物的共生發展來協助植物生長,可以達到遠比慣行農法更高的產量,且對於環境與氣候的耐受性也較佳。此技術在南投經由星野忠義先生改良而發展成「綠生農法」,他利用光合綠生菌、伯卡西(Bokashi)以及用伯卡西製成的兼氧性堆肥,讓作物在土石流所沖積的土地上健康生長,而且經八八水災泡水後,植物的根部也沒有困窘的情形。此外,綠生農法可以提供微生物優良的生長環境,所以能夠很快的將慣行農法的農地變為有機田。可惜的

是，這些有效微生物可能會在培育的過程中漸漸失去其活性，所以有效微生物技術的可靠性還需要進一步研究、改良。但是這個技術已經開始吸引國際學術界的關注。[43][44]

邁向未來的道路

從 2008 年的金融風暴之前，台灣就已經在薪資不增反減的情況下，經歷過油、電、糧三漲的困窘局面。度過全球金融風暴之後，台灣再度進入持續性的油、電、糧三漲的壓力，並且在 2012 大選之後漲勢白熱化，許多人都感受到生活愈來愈艱苦。這個趨勢到底是短期現象？還是會持續下去，甚至愈來愈形惡化？

樂觀的人以為這是量化寬鬆所造成的短期現象，綠營的人則咒罵大陸興起後濫用資源，造成全球性的需求上漲，但是油價易漲難跌的跡象則指向 peak oil 隨時可能會降臨。不論是後兩者中的哪一種情況，只要油、電、糧三漲的局面是長期趨勢，我們就必須加倍努力準備長期的因應之道，不可以把它當作短期現象，浪費掉可以用來緩和衝擊的準備期。

無論是糧食問題或能源、交通、產業、經濟與稅賦問題，我們都必須妥善規劃出不同階段政府的最佳角色與策略，以便既不與市場進行沒必要的對抗，又能提前準備好補強市場功能的必要策略與技術，並且在市場機制反應太慢或失靈時，適時引導它走出困境。只有這樣子縝密計畫並執行，才能把政府資源做最佳的利用，一方面減輕最弱勢者所受的苦，另一方面則避免國債高築而債留子孫。

以糧食為例，目前美國農業相關的營利團體，仍舊掌握美國政府大量的國內補貼與出口補貼,使得台灣有大量進口美國農產品的壓力。因此,如果要在現階段強行將糧食自給率提高到 80％以上,將會因為現階段國內的生產成本仍遠高於進口穀物的價格,而使得國內糧食顯得供過於求而價格暴跌,傷害所有的農民。

因此,面對市場對價格的調節機制,政府可以做的是,預先看清未來市場機制的不足處或困窘處,並事先準備補救措施,隨著市場變化過程,引導市場走向對總體社會有利的方向,以及社會衝突最小的路徑。

譬如,隨著油價高漲的過程,美國將會逐漸減少對台出口的糧食,而全球的糧價與肥料價格也會逐漸高漲。然而,根據中國大陸的研究,將糞肥、稻桿與化肥適量混合,可以在減少氮肥使用量達 39％的同時,使稻米收穫量增加 72％,且增加碳吸收量達 103％。⑮ 因此,政府可以利用進口肥料與糧食價格上漲的過程,逐步在國內推廣精準施肥的技術,並發展較適合國內的施肥配方,以便利用市場機制逐漸減少化肥的使用。

此外,政府與學術機構也應該開始積極研究,最適合台灣的糧食生產體系與技術,以及最適合台灣的有機農業認證與行銷體系,而不能等到未來糧食真的無法進口,或價格太高不適合進口時才開始研究對策。一旦政府與學術界把最適合台灣的糧食生產體系與技術發展出來,並突破目前台灣有機農業認證與行銷體系的瓶頸,就可以先在有機生產與消費的市場,推廣最適合台灣的糧食生產體系與技術,並且隨著進口肥料與糧食價格上漲的過程逐步擴大其規模。

結語

要想能夠按上述理念,逐步將台灣的農業生產與消費系統,從目前的體系和緩而平順地引導向 peak oil 之後全新的生產與消費系統,這絕非容易的事。它需要學術圈深入研究並協助政府妥善規劃,也需要媒體與公民的有效監督。可惜,學術圈卻沉溺在五年五百億與「世界一流大學」的荒唐夢幻之中,許多農學院的科系更看不到台灣未來的危機以及社會對他們的需要而率先離農。

學術界的表現之所以會如此荒腔走板,主要是因為留美學生走不出對美國的倚附,看不清美國和台灣的差異,以及管束不了自己無聊的虛榮心所致。今天學術界的實況,足足可以再寫出一本《儒林外史》,貽笑古今中外的大方之家!

下一章就讓我們來看看這個蔚為奇觀的當代版《儒林外史》,並進一步討論脫困之計。

學術殖民的危機（上）

　　未來十年是我們最需要學術界為台灣服務的關鍵十年。不管是為了順利度過國際減碳公約對經濟的衝擊，或者少子化與 peak oil 的危機，我們都必須在未來這關鍵的十年內完成一系列的變革，才能站穩腳步，因應連續數十年的經濟衰退與大蕭條。

　　這場變革需要比腦瘤手術更高度的精準度，一旦配套錯誤或不足，就有可能立意良善而禍害無窮。因此，這一系列的變革，需要有一系列跨領域的本土學術研究為先導，精確釐定問題的內涵、規模與時程，可用的資源，與各種備選方案的相對優缺點，和可能的定量後果，以便作為制度設計的依據，以及藉此規劃變革的時程與進度。

　　偏偏主導教改與學術發展方向的，是滯美多年而早已經跟台灣社會徹底脫節的人，他們不但不瞭解中小學教育現場的真實問題，也不瞭解技職教育體系的核心價值，甚至造成了高等教育供應過剩的問題。2016年，大學生人數將驟減約 6 萬人，學校與系所的整併、倒閉將達到最高潮，但至今無人為此公開道歉。❶此外，台灣是一個工業上的後進國家，必須充分利用人才的優勢，與中小企業的特質，才能夠發揮「上馴對下馴」的優勢，在技術升級過程中，同時提高人均產值與維持就業率；但是這些滯美學人卻要台灣發展美國人不要的「高科技產業」，使得台灣不但得年年向國外進口昂貴的生產設備，還要忍受高科技污染與各種劫貧濟富的賦稅補貼政策，甚至背負五大「慘」業隨時可能倒閉的風險。

更嚴重的或許是：這些人在大學獎勵與台灣無關的研究，甚至用各種評鑑強迫大學教師從事與台灣無關的研究，而導致學生學非所用，以及愈來愈嚴重的青年失業問題。

而盤據教育部決策核心的，是一群公器私用的行政官僚，他們用教育政策的研究案，委託給不守學術倫理的教授，換取學歷與升遷的機會。主導學術政策的學者猶如瞎馬，行政官僚猶如盲人，而國人則歷經十數年跌跌撞撞的教改，幾乎每個政策都是有創意而無配套，有心意而與台灣社會脫節，立意良善而禍害無窮。

《世說新語》用「盲人騎瞎馬，夜半臨深淵」來形容一個很難避免的驚悚危機，這兩句也正是台灣今天高等教育的寫照。

在盲目追逐國際期刊論文產量的過程中，台灣不自覺地成為英語世界的學術殖民地，研究的是美國的問題，但是卻得不到美國人的青睞與理睬。而許多傑出研究獎得主與講座教授，更是自甘為學術買辦，不擇手段的追求量產，以致學術界的清流紛紛引退，造成劣幣驅逐良幣的嚴重後果。而教育部與國科會提出來的「世界一流大學」與「五年五百億」更是當代「儒林新史」最荒謬的經典代表作，它不但與台灣的需要完全脫節，而且根本就是在追求荒謬而貽笑全球的評量指標！

「學術卓越」的荒謬劇

劉兆玄擔任國科會主委期間，為了突破他所謂的「同酬不同工」，而創立「傑出研究獎」。為了區分大學教授研究成果之等級，台灣首次引入了「科學期刊論文索引」（Scientific citation Index，簡稱 SCI）的「影

響力因子」（Impact Factor）作為量化的評鑑指標，並且進而引入「社會科學期刊論文索引」（Social scientific citation Index，簡稱 SSCI）作為量化的評鑑指標。2005 年至 2007 年教育部編列五年五百億的經費，以「發展國際一流大學及頂尖研究中心計畫」為名，以各校在 SCI 與 SSCI 上有登錄的學術期刊論文發表量為主要評鑑依據，分別核定補助標準。至此，台灣學術界自甘淪為 SCI 與 SSCI 的轄下奴隸。

但是，從台灣發起的這股學術歪風，卻發展成全球學術的一大荒謬劇，使得 SCI 的創始人不得不出面厲詞譴責。

有鑑於 SCI 與 Impact Factor 的被誤用與濫用，創始人尤金·加菲得（Eugene Garfield）在 2005 年為文警告世人：這些指標主要是用來衡量學術期刊的影響力，而非個人或團體的學術成就。他並且清楚指出：（1）SCI 與 Impact Factor 的有效性是用大量論文來消除統計上的偏差，但是作者個人著作數量太少，很容易引入統計誤差，因而不適用；（2）根據許多作者本人的意見，最常被引用的文獻，往往不是他個人所重視的文獻；（3）SCI 與 Impact Factor 是用來衡量同一個領域內期刊的相對影響度，跨學術領域的比較毫無意義；（4）SCI 主要適用於英語國家，而不適用於跨國（跨語言）的評比。❷

荷蘭的學者摩葉德（Henk F. Moed）教授也提出了相當審慎而嚴謹的研究，指出 SCI 確實不適合用來評估任何學術團體的研究成效，因為：（1）SCI 的援引次數統計往往不正確，（2）SCI 的援引次數可以被刻意的操縱與作假，（3）每個學科領域援引論文的習慣不同，跨領域的比較是有問題的。他也指出另一個指標 h-index 同樣有嚴重的量測偏差（偏好年資較深的學者，有可能妨礙創新）。❸

亞洲的荒謬劇逐漸渲染到許多開發中國家，威脅到已開發國家的學術本務，因此 2008 年 7 月號的《科學人》期刊顯著的以〈編輯室專文〉（Editorial）提出警告：過度強調頂尖期刊論文的結果，將會妨礙學術的首要目標：「促進我們對這個世界的認識」——因為革命性的理論在開始的時候總是無法被主流期刊接受，過份強調期刊排名將會扼殺新理論與新創意。❹

然而，國內欠缺反省的無知學者仍舊執意於毫無根據的評量指標，替高等教育評鑑中心設計「全球五百大」排名，而衡量的指標則是僅以 SCI（Science Citation Index）與 SSCI（Social Science Citation Index）之期刊論文為評比依據，以「近 11 年論文數」、「當年論文數」、「近 11 年論文被引次數」及「近 2 年論文被引次數」作為量化指標，也以各校全職教師數進行正規化處理。 ❺❻

2009 年英國《泰晤士報》〈高等教育專刊〉全球大學排行榜出爐，台灣大學排名由 2008 年的第 124 名快速躍升到 95 名，教育部因而認定五年五百億計畫已具成效，台大校長歡慶已經實現「八十台大，前進百大」的願景，清華大學則大肆慶賀排名從 281 名前進到 223 名。 ❼❽❾

實則教育部長、台大校長與清華大學校長，都只不過是在製造一個國際學術界的醜聞兼笑談而已。

英國《泰晤士報》雖然是有一定嚴謹度的報紙，但畢竟是由記者撰稿，往往對學術界的常識嚴重匱乏，更別說是對大學進行專業評量。為了作為一般家長引導子弟選校的參考，《泰晤士報》有全英國大學總排名，還把劍橋跟牛津的排名拿來做文章。劍橋和牛津的英國籍學生都當它是笑話：這兩個大學個性迥異（一偏文史，一偏理工），拿來比總排

名根本沒有任何意義！這是進不了 Ox-bridge 兩大名校的新聞記者在鬧的膚淺笑話，Ox-bridge 校內沒有學生把它當真。

這樣的一群記者，真的有能力決定世界百大名校排行榜嗎？我們先拿《泰晤士報》的〈高等教育專刊〉2006 年的排名來檢驗看看。表16.1 第一行是各國名列世界前 40 的大學校數，第二行是各國名列世界前 41 到 70 的大學校數。把澳洲、德國、義大利、日本和香港的排名數據看一下，你不覺得很荒謬嗎？澳洲的學術水準竟然遠超過德國、法國、加拿大和義大利？香港與新加坡的學術水準竟然直追德國、法國、加拿大和日本，而且遠遠超過義大利、荷蘭（荷蘭只拿到第 67 和 69 名）和北歐三國的總表現（瑞典、丹麥、芬蘭）？這能相信嗎？

再仔細看，就可以注意到一個玄機：英語系國家排名偏高，被英國殖民過的國家排名更明顯偏高！

表 16.1 第三、四行是 2010 年各國排行榜的統計，類同的荒謬模式再度出現：英國的學術水準遠遠超過德國和法國，澳洲的水準直追德國

表 16.1：《泰晤士報》高等教育專刊全球大學排行榜

		美國	英國	加拿大	澳洲	德國	法國	義大利	日本	荷蘭	中國大陸	香港	新加坡	北歐三國
2006年	前40名學校數	16	7	2	4	0	2	0	2	0	2	1	1	0
	41～70名學校數	12	2	1	3	1	1	0	0	2	0	2	1	1
2010年	前40名學校數	24	5	3	1	0	1	0	1	0	1	1	1	0
	41～70名學校數	17	1	0	1	2	1	0	1	0	2	1	0	1

和法國而遠超過義大利，香港與新加坡的學術水準竟然直追德國、法國、加拿大和日本，而且遠遠超過義大利、荷蘭（沒有任何學校進入前70名）和北歐三國（瑞典、丹麥、芬蘭）的總表現。⑩

這份統計告訴我們什麼？很多人都知道：英國人最自豪的是他們的外語水準極差，他們常說：「我們不懂外語，因為全世界都說我們的語言。」因此，他們根本無法評估德、法、義大利等非英語系國家的學術成就，更無法評估荷蘭、日本與北歐三國的學術成就。英國人膜拜美國人，熟知加拿大與澳洲（舊大英國協），殖民過香港和新加坡。《泰晤士報》排行榜反應的是英國媒體界對世界的無知，以及對昔日殖民地的戀戀不捨！

這樣一份全球學術界一笑置之的荒謬排名，中華民國教育部卻把它當政策指標，《中國時報》社論以它作為立論基礎，⑪台大與清大校長因此而振奮莫名。

台灣學術圈、輿論與教育部官員的無知、盲從，由此可見一斑。如此這般的盲人配瞎馬，自救都沒有能力，如何引導台灣走過少子化與peak oil 的危機？有這一批荒唐的官員和校長，加上腐敗無能的教育官員，無怪乎設計出來的制度也是荒腔走板！

亡台從五年五百億開始

SCI、SSCI 與五年五百億以英語世界的眼光囿限國內學者的研究範圍，使他們不得不屈從於美國人關心的研究議題，也使得他們的研究跟台灣社會的需求徹底脫節，根本不知道台灣有什麼問題，甚至分不清楚台灣跟美國是兩個國家、兩個社會，有完全不同的問題要解決，可以使

用的是完全不同的資源,需要的是完全不同的發展策略。

這樣教出來的學生,當然與整個社會徹底脫節;這樣發展出來的技職教育,當然與學生的特質、社會的需要嚴重背道而馳。不僅如此,願意屈就這種荒謬制度的學者,其實是一群沒骨氣、沒有自省能力的書蟲,而得勢的往往是不擇手段、令人不齒的人。通過各種評鑑,有風骨的人從堅持變成不屑而提前退休,無恥無知的人卻春風得意。學術的風骨自此斷送,學術的目的變得荒腔走板,而學子則個個沒有自信,不知道如何用所學在社會上立足。

未來史家將會這麼寫這一段台灣的歷史:「亡台從五年五百億開始」!

從國科會設立「傑出研究獎」以來,制度設計上就荒腔走板,十足的「立意良善,禍害無窮」。傑出研究獎的審查過程不嚴謹,很多評審只有能力(或時間)評估候選人發表論文的篇數,而非其研究成果的實質價值,因而變相鼓勵有心人一稿多投。典型的例子之一:材料系的教授把同一套方法與實驗程序應用在五、六種性質相近的材料上,再把結果寫成題目跟主文乍看不相同的論文,同時投寄給不同的期刊。這樣,一個研究成果複製成五、六篇論文,論文篇數累積速度之快,真的叫嚴守學術倫理分際的學者浩嘆:「道高一尺,魔高一丈。」

快速累積論文數量的另一個辦法是浮濫收研究生:一個教授收的學生人數愈多,出論文的速度愈快。去算算台大各系研究生人數和大學生人數比,就大概可以算出哪個系得到傑出研究獎的機率比較高。此外,與熟絡的國內外學者互相在對方發表的論文上掛名,更是家常便飯。國內有一位中央研究院的院士,因為所掛名的論文被指稱造假,出面辯稱：那是學生未經他同意而掛名的。我不熟悉醫學學術圈的規矩，在我的行業裡，任何人發表論文時若掛我的名，我一定會收到期刊編輯室的通知，沒有不知情的可能。

還有，新興領域（譬如奈微米科技）發表論文較容易。這是因為新興領域的學術期刊量多，發表機會大；而且學術貢獻的評估準則尚未確立，最容易在亂局中僥倖得逞，而通過各種期刊審查。此外，新興領域權威未立，學閥較少，因此新人出頭的機會也比較多。我曾經審過好幾個研究計畫和附送的論文，表面上期刊衝擊係數（imapct factor）高，其實論文品質其差無比。但是，對學術沒有自己方向也沒有熱忱的人，最容易隨時著時潮遷移，專門發表報屁股文章。只要篇數夠多，就有機會拿傑出研究獎。我的博士生曾經不屑地說：這種人簡直像販賣身體的人，呼之即來，揮之即去。學者當到讓人看不起，我自己也無法坦然做為其中一員。

最厲害的教授則建立起福特汽車式論文生產線：碩士生指導大學生做實驗，把結果一部分當作大學生推薦甄試的材料（甚至協助他們在國內發表論文），又同時把這些成果當作自己的碩士論文成果。碩士生上面有博士生，碩士生的論文題目跟博士生的題目重疊，然後博士生把這些研究成果拿去發表論文，所以博士研究輕鬆又論文產量大，容易畢業。這種生產制度下，大學生幫碩士生，碩士生幫博士生，大家都輕鬆，研究室學長學弟又感情良好，老師也不用盯著學生，甚至根本就只負責對外找錢給大家花（包括老師），整個家族和樂融融。錢多了之後，論文可以找校外的外籍人士改，指導教授甚至不需要改學生論文。

不願意這樣做的學者，嚴格盯緊學生的進度，從構思題目、查索論

文到研究規劃、論文撰寫，一一嚴格訓練，結果是討學生嫌。當身邊的同事愈來愈多人在討好學生或放水時，要當負責任的指導教授不僅愈來愈困難，還很容易被學生誤會成「毒舌」、「找麻煩」。

正教授分級制使得這股歪風更加甚囂塵上，所有的人都被迫要走同樣的路，甚至跟不守學術倫理的人爭排名與業績，以免被他們羞辱。結果，真正有執有守的人受不了這股惡風而先退休。那些原本在混的人呢？反正要發表 SCI 的論文根本不難，只要厚著臉皮，總有辦法寫出報屁股文章，大不了跟著時潮去炒作就可以了。

要亡台灣，先瓦解它的產業競爭力與價值觀；要瓦解台灣的產業競爭力，只要切斷它的學術跟台灣社會的關聯即可；要瓦解它的價值觀，先摧毀的學術倫理與風骨。

未來的歷史學家或許會這麼評價五年五百億：「古今中外沒有任何一個國家，會笨到編列五年五百億的國家經費，來阻止大學教授研究跟該社會有關的問題，同時惑亂學術的倫理和本務。」

但是，如果台灣的學術界沒有能力走出這種學術殖民與論文量產的歪風，社會將失去引導，只能在少子化與 peak oil 的危機中跌跌撞撞，甚至被學術界盲人瞎馬地引入動盪不安的各種悲劇中，直追埃及「茉莉革命」的慘劇！

學術殖民的危機（下）

這樣的一流大學？

台灣學術界的盲從不僅表現在對排名的荒謬狂熱，也表現在盲目搶校地、搞建築物、搞設備、搞經費——為了經費只好搞論文，搞了半天只顯示出這些學校的無能。

從交大主導的「璞玉計畫區」到台大的竹北校區，台、成、清、交都盲目的在搶校地、蓋分校，而到處留下無法收拾的蚊子館。這些動作毫無計畫，以「公益」之名為地皮炒作集團當先鋒部隊，從老百姓手中以「公告地價」強搶土地。不管是藍營或綠營執政，都一樣用「設分部」為名送地給大學，當作政績騙選票、炒地皮。台、清、交都曾樂於配合，在這騙局中占地，以便「說不定以後會用到」。①②③④⑤ 沒有那個大學以為參與騙局有違背「學術倫理」之嫌，沒有那個校長想過土地被徵收的農民後來如何過活。無怪乎許多被強徵農地的農民淚眼模糊的問我：大學怎麼會變成強盜窩？

大學需要的根本不是建築和設備！劍橋大學的工程系有一百多位教師，好幾位皇家學院院士，主編數十份國際頂尖學術期刊。但是建築物古老擁擠，裡面都是違章建築——空間不夠用，到處都是用簡單夾板隔出來的樓中樓。冬天暖氣不足（或者為了環保理由），老師、學生都是穿著厚毛衣在作研究，我則是穿著厚毛外套加厚圍巾在作研究。電腦教

室裡有一台主機和數百台跟主機連線的 PC，包括一堆第一代的 Apple
當作終端機使用（已經用了數十年），所有研究生和大學部學生共用這
些設備。資訊與控制組十幾位教師和一百多位博士生共用一台雷射印表
機——只有要送出去發表的論文才用雷射印表機，其他草稿用最古老的
印表機列印在再生紙上（兩面列印）。好窮？你搞錯了！它有一個全
世界最頂級的風洞實驗室，和一個小而美的風洞實驗室——全系共用，
研究生全部按登記次序去使用。他們把所有的資源用在刀口上，沒一分
錢浪費。大學部學生跟研究生享有資源的機會是公平而不同，差別在能
力。要用風洞，需要經過考試，證明你有能力使用，就可以開始登記；
要用大風洞，提出研究計畫，說明為何非用大風洞不可，理由充分就可
以用——不管你是誰的學生，不管你幾年級。

　　在台灣，每個老師一個專屬實驗室，每個實驗室一台雷射印表機，
全系沒有共用的大型研究設備。跟到學閥用好設備，跟到菜鳥老師用爛
設備（或沒設備）。這充分表現出我們教授群對資源使用的管理能力：
二流文化，三流制度！國科會與正教授分級制只獎勵個人研究成果，而
不獎勵群組的研究成果，因此所有經費被用來擴張個人版圖，而不是用
來擴大整個系的總體能量；所有資源被用來生產論文，而不是用來培養
學生；教育部補助經費在辦法上說是「補助大學教學設備」，在系務會
議被改成「補助大學與研究所教學設備」，在系裡經費分配時被改為
「補助與大學部或研究所教學有關之設備」，在拿到錢的人手上變成
「開一學期課來應付審查，一學期後變成教師個人專屬設備」。不當的
制度鼓勵、培養人的自私，壓抑人的善意。三流的制度必然搭配著二流
的文化！

　　台灣的大學不知道有那個系堪稱 "department"（一個完整而不可分割的部門），我看到的通通都是百貨公司（department store）——每個教授像化妝品專櫃的小姐，各顧各的攤位，各拚各的業績，誰也不讓誰。

　　劍橋大學圖書館是個寶庫，藏書量之多不用提，保存數百年的手稿、手工書更是寶貝。進去書庫裡面嚇我一跳：空間不夠用，一層樓被隔成三層，進書庫要彎腰，半蹲才能移動身體。我看的是哲學書，左邊是英文，右邊是一堆我看不懂的文字，只知道好像有拉丁文、法文、德文、俄文（或希臘文？），以及一堆不知道是什麼的文字。進台灣的大學圖書館，窗明几淨，空間寬敞，連書庫都這樣。我們喜歡蓋房子，不喜歡藏書。因為主計處的經費編制就是這樣！三流制度，二流藏書，一流建築。

　　學者有兩種，一種叫大師（master），他可以帶領整個社會往前走，整個社會可以信靠他（而非盲從）。還有一種叫學匠（paper-smith），他不生產學術，也不生產學生，只生產論文，這種匠氣十足的工作不能叫學術，所以只好叫做學匠。什麼叫大師？劍橋大學工學院講座教授出缺，對全世界徵求人選。一位著作等身的麻省博士來應徵，他有一篇論文曾連續 20 年被列為全世界控制理論最常引註的文獻。他初審就被淘汰，氣憤地抗議，系裡回應：你的學術研究不容質疑，但是對產業界的發展一無所知；身為劍橋大學工程系講座教授，負有引導師生研究發展方向的重任；我們擔心你對產業的無知會使你無法恰當的執行任務。

　　我們的學術與產業政策就是由一群這樣沒有主見、沒有反省力，甚至不擇手段的人在帶領，如何不讓人心寒而慄？

學術買辦與學術殖民的悲歌

中國大陸與台灣的先人付出極大的流血犧牲，才在政治上脫離了殖民地的屈辱地位，但是台灣在經濟上仍舊是美國與日本的殖民地，許多關鍵技術掌握在其他國家，引進的是先進國家不想要的「高污染、高耗能、高耗水、高工時、低工資」的產業。但是，形勢比人強，我們在經濟上除了努力尋找自己的出路之外，悲哀的是，在學術與思想上，我們迄今甘願當美國人的次殖民地，飽受美國剝削，卻得不到任何好處。

不管是政治、經濟、產業或學術政策的決策過程，李遠哲等長期旅居美國（或他國）的海外學者往往擁有極大的影響力，而這群人離開台灣經年，根本不知道台灣的現況；即使是出國之前，也往往是權貴之後，對台灣的中下層社會一無所知。返國多年而有機會晉身決策階層的學者，往往也具有類似的特質：出身世家，從幼稚園之後，一路上只為了爭取高分進入第一志願的學校，他們原本就跟台灣社會隔閡，成長過程又鮮少花時間去瞭解台灣的社會；大學畢業後以最快的速度出國（通常是美國）、拿博士、返國教書、寫論文、升等，幾乎一輩子不曾離開過學校。這些人不僅不瞭解台灣，也不瞭解美國，所以更加無法理解一個簡單的事實：為什麼台灣必須走跟美國不一樣的路？

因此，中美自由貿易談判嚴重向美國的利益傾斜，但這些人卻從剝削者的觀點支持貿易自由化，而完全不知道自己是被剝削者；台灣的社會保險與社會福利嚴重不足，稅率僅占 GDP 的 8.4％，遠低於美國的24％，應該要增加稅收來改善社會保險與社會福利，但這些學者卻尾隨美國的論述，要求政府減稅；台灣人因為欠缺社會保險與社會福利，因

此必須冒著過勞死的危險去超時加班，忍受非典型就業的剝削而不敢抗拒，但是這些學者卻認為台灣 5.2％ 的失業率遠低於美國的 9.6％，是「台灣經濟奇蹟」！

最典型的案例就是關於「豬流感」A（H1N1）流行期間，台灣中小學該不該停課的辯論。贊成停課的人是因為美國許多學校都停課了，而反對的人是因為美國有許多學校沒有停課。爭論的雙方沒有人瞭解 A（H1N1）離開發源地墨西哥之後的傳播管道與型態，以及它對人體的影響，甚至沒有人警覺到：這是台灣（遠離墨西哥），不是美國（緊鄰墨西哥）！

當整個社會都分不清楚台灣跟美國的差異時，也無怪乎整個學術圈都搞不清楚自己為何要研究台灣的問題，更搞不清楚台灣為何要有自己的學術發展目標，與學術評鑑指標。在這種處境下，學術界當然鮮少有人知道台灣即將要發生的危機，更鮮少有人可以用自己的研究去思索因應危機之道。

實際上，台灣跟美國有完全不一樣的問題要解決，擁有的資源大相逕庭，受到的限制南轅北轍，需要的對策涇渭分明。拿美國人的政策來治理台灣，當然是禍害無窮！

略通美國地理的人都知道，美國地大物博而人煙稀少，因此產業發展的方向是浪費自然資源來追求利潤。但是台灣的條件卻剛好相反：地狹人稠而物資貧乏，因此必須珍惜自然資源並強調資源的有效利用。農業就是一個典型的例子，美國大量使用汽油來擴大每人的耕作面積，從而追求人均收入的最大化；但是從永續的觀點來看，台灣就該發展最低資材投入，與最大物資回收的永續農業，從而追求單位面積與單位資材投入的最大產出。其次，美國的主要農業區在溫帶，所以他們的飼料以玉米為主；但是台灣在亞熱帶，如果以番薯作為主要的飼料，不但只需要極少的人工照顧，而且單位面積熱能產量遠遠超過玉米。

此外，美國因為自然資源豐富以及避免了兩次世界大戰的破壞，而在布列頓森林會議（Bretton Woods Conference）之後成為全球經濟最大國，並且在這基礎上吸引了全球許多有才華的移民，而成為全球金融與研發中心。而且，在羅斯福新政及後來凱因斯主義主導的期間，美國 建立了完善的社會福利與社會保險制度。在這個高所得與完整社會制度的基礎上，他們可以忍受較大的貧富差距。但是台灣物資貧乏且在戰後才開始發展輕工業，過去數十年來都是引入美國不要的產業，輸出血汗來換取資本累積。過去因為經濟發達迅速、傳統社會連帶緊密，寺廟與慈善團體的救濟體系仍足以救濟貧弱；但是過去都市化的發展過程破壞了傳統社會連帶，台灣又因市場開放，而處於產業更替超過勞工調適速度的窘境，因而需要政府有效地引導產業轉型以及勞工轉業，同時還必須遠比美國更強調財富分配的公平、合理，以免經濟上的弱勢無以維生。因此，台灣需要的是跟美國大相逕庭（甚至背道而馳）的產業、財經政策。

問題是無知的留學生一再誤國，一意模仿美國，導致過勞死與燒炭自殺頻傳，卻仍舊不知道自己已經犯了「職業過失致人於死」之罪責！

假如台灣的學術圈再繼續無知的扮演學術買辦的角色，為美國的利益而出賣台灣，那麼台灣要突破次殖民地的屈辱地位，就只好靠年輕的研究生，以及其他不在學術圈內的有識公民了！

重拾學術的本業

　　學術圈內的既得利益者往往以「學術自由」遮掩其學術買辦的屈辱地位，並自詡為世界公民，要為人類謀福利。但是，學術界用納稅人的血汗錢來營造個人的光環，是不是也該對這社會有所回饋？

　　學術自由不同於普通的言論自由，它的目的是要學術工作者負起一個特殊的社會責任：辨別是非，尤其是挑戰主流價值與普世價值，找出其中的謬誤與盲點，以期引導社會走出世襲的桎梏與盲從，從而邁向更好的未來。這才是學術的本務，以及無可替代的職責！很不幸的，台灣的學術圈卻是盲從的源頭，根本沒有自省能力，也看不見台灣，更別說思索台灣的未來！

　　並不是說台灣所有學者都沒有風骨、不關心社會，而是說台灣的學術制度已經從過去的多元價值變成單一價值，以森嚴的制度箝制學者的研究活動，以及對研究議題的選擇。

　　威廉・洪堡特（Wilhelm von Humboldt，1767-1835）提出三個有關學術自由的主張：教授在研究與教學上的自由（Lehrfreiheit）、學生的學習自由（Lernfreiheit），與學術機構的自主性（Freiheit der Wissenschaft），奠定了現代大學的基礎。聯合國科教文組織（UNESCO）進一步將學術自由明確地規範成四個要項：（1）大學應享有教學、研究、討論與出版的完全自由，不應受外界之干預與影響，亦即「機構自主」原則。（2）大學教師享有教學、研究、討論與出版的完全自由，不應受到校內、外的任何干預與影響，亦即「個人教學、研究等權利與自由之保障」原則；其中「研究的自由」包括研究議題的選擇，研究觀點、面向、方法與程序的選擇與規劃，以及論證的過程與結論，皆不得受研究人員之外的外力干預。（3）大學教師應有平等的機會，參與學校有關資源分配、課程、研究等相關行政決策，亦即「學術自治」原則。（4）任何大學教師一旦在教學或（且）學術成就或（且）研究能力達到一個客觀規範的標準時，就應該給予終身職（tenure），不得以機構裁撤或不符社會需要等任何原因而予以解聘。⑥⑦⑧⑨⑩⑪

以 SCI 和 SSCI 為基礎的教師評鑑與正教授分級制，已經限制了教授選擇研究題材與發表的自由（只能選英美學界有興趣的題材，並且在英語期刊發表），而五年五百億的制度則侵犯了「機構自主」的原則。這些制度不但違背舉世公認的學術自由，也違背英國 1988 年的「教育法案」（Education Act）中所定義的「學術自由」：「在法律範圍內的自由，用以質疑與檢驗普遍沿襲的見解（received wisdom），提出不受歡迎的見解，而不受威脅。」

如果要避免前述各種亂象，獎勵與補助應該要有明確的目標，扣合著台灣社會的需要，並且以團體為獎勵與補助對象，以避免各種公器私用，以及圖謀私欲的無所不用其極。

譬如，國科會的計畫審查與教師評鑑，應該與 SCI、SSCI 的荒唐計量指標徹底脫鉤，回到「計畫本身對國內外學術圈與台灣社會的貢獻」這個方向，以「作品」本身的潛在影響與作者的個人學養（不限於以發表的論文）作為評鑑的主要依據。其次，國科會傑出研究獎與講座教授的授與應該力求嚴謹，寧缺勿濫，以便徹底杜絕不擇手段的論文炒作。

最後，五年五百億應該取消，改為由各大學競爭設立目標導向的跨

領域「研究中心」，以三或五年為一期，整合國內學術界跨領域研究人才與資源，進行台灣社會問題的前瞻性研究。

這些中心的設立，應該根據 10-20 年後全球的局勢預測，以及台灣所需要面對的挑戰與危機，研判台灣學術界適合擔負，且不違背其憲法定位的角色與定位，並據此草擬一系列大學研究中心的設立目標。譬如，晶片設計核心技術研發中心、半導體周邊設備核心技術研發中心、亞洲經貿與市場資訊研究中心、產業競爭策略研究中心、跨世代人口調整與財政策略研究中心、糧食與農業發展策略研究中心等。

然後由各大學提出中心設立計畫，陳述既有資源、未來擬如何調整系所結構、借調國內學者、延聘國外客座學者，或者增編技術人員人數與等級，以突破既有制度之限制等。最後再依據各大學既有相對優勢與計畫的可行性，評鑑出最適合擔當特定目標任務的大學，以期在加碼資源最少的情況下，達到最大槓桿效益，並給予獲選學校必要的經費與制度上之彈性，使他們可以從國內其他大學借調必要之學者三至五年（避免新聘學者來增加國家總體財政負擔），以及軟硬體經費之配合，使其能成立符合國家發展目標之中心。

如果每一個中心有明確的設立目標與任務，評鑑時就可以有具體的評鑑指標，也可以有明確的研究成果與進度考核要點，作為是否繼續撥付經費或加減經費的依據。執行這些研究工作的人擇優錄取並給予額外之薪酬，既表彰其學術研究能力與成果，又能讓台灣社會真正受惠，遠比空洞的「追求卓越」或「不同工不同酬」更有價值。

結語

　　我一向跟學生說，像清大動力機械工程系這樣的師資群，在英國只有前三名的學校贏得過我們，第二輪的學校想要贏過我們可不容易。美國來訪的學者也曾說過，這樣的師資群在美國可以躋身全美前 20 名。畢竟，台、成、清、交絕大多數教授都是出身於全世界的頂尖學府。

　　學術的目的原本在於明辨是非，破除愚盲，探索社會發展之未來，培育後進，以促進社會之公共福祉，而非用以圖謀個人之名利與地位，或虛幻之世界排名。可惜的是，這一群出身頂尖學府的人中，卻有太多人沒有反省能力又愛慕虛榮，他們淪陷在二、三流的學術文化與制度裡，卻只知盲從地根據荒謬的學術指標去「追求卓越」！而且正巧就是這樣的人才會汲汲營營地盤占住學術界的決策位置。

　　也許該這麼說，我們有的是一流人才，二流文化，三流制度，四流政客！在這種惡劣的文化與制度下，學術界呈現的是「世風日下」的薄涼，甚至讓許多有所堅持的學者因而不齒與學術界為伍，提前退休。

　　然而，這絕對不是台灣之福！因此，我還是期待學術界具有自省能力的人能挺身而出，力抗荒謬的學術制度與文化，為垂危的學術命脈找回一點生機！

跨世代的志業與共業

三、四年級這一代跟著上一代度過台灣戰爭前後最窮困的年代，省吃儉用地輸出血汗、輸入污染而創造出「台灣奇蹟」。到了該含飴弄孫的晚年，卻發現下一代的未來更暗淡，許多年輕人失業、超時加班到過勞死、不敢結婚育子。這樣的晚景，絕對不是我們兩代茹苦含辛的目的！

不管 peak oil 何時會降臨，或者會不會降臨，政府的首要任務都應該是救窮，因為只要所得最低的 20％生活無憂，其他人的日子也就都毋須過慮。但是台灣的政府卻畏於承擔社會福利與財富重分配的責任，而形同「有權無責」。

2011 年台灣的人均 GDP 為 35,227 美元，位居全球第 20 名，高於英國的 34,920 美元、法國的 34,077 美元、芬蘭的 34,585 美元和日本的 33,805 美元，而略低於德國的 36,033 美元和丹麥的 36,450 美元。❶以人均實質購買力算，2010 年台灣約 82,000 美元，位居全球第 18、19 名之間，甚至高於荷蘭的 68,000 美元和瑞典的 35,500 美元。❷❸ 但是，台灣的貧富差距遠高於北歐國家而接近西歐國家，社會安全與社會福利制度嚴重匱乏，政府部門服務範圍與品質，屈居全球各國排名之末而接近第三世界國家。❹

乍看之下，台灣像是先進國家的人均產值，搭配著落後國家的政府效能和服務品質。實際上，亮麗的人均產值是靠著超時加班與過勞死硬撐出來的；此外，「人均產值 35,227 美元」所創造的財富，高度集中到最富有的 10％ 人手中，其他 90％ 的人大部分是看得到而吃不到的！難怪台灣的人均產值接近丹麥、瑞典和芬蘭，失業率只有 5.2％，國人還是處於嚴重的不安之中，看不到未來！

　　而這一切問題的根源，在於兩個關鍵性的源頭：從政治、經濟、產業到學術，我們都一直盲從美國的軌範，而沒有看見台灣跟美國之間對比懸殊的差異，也不曾意識到台灣必須要有適合自己的社會發展目標；其次，藍綠兩黨都在產業與財經政策上偏袒富人，劫貧濟富，而完全沒有擔負起政府在保障勞動條件、社會安全與社會福利上最起碼的責任，任令窮苦的人被剝削而陷入卡債、過勞死與燒炭自殺。

　　面對這樣不公不義的社會，我們可以花一、兩個世代的心力來改變它，以便留給後代子孫更好的社會；或者讓它沿著過去的軌跡繼續惡化下去。一個社會是好是壞，由它所有成員的行為來集聚而成──我們必須要決定，為下一代的幸福共同建立起一個更好的社會，或者留給下一代一個不適合人居住的社會。

　　如果願意為了子孫的幸福，鍥而不捨地繼續為台灣付出，那麼這份志業必須始於一個務實可行的遠景──它必須符合台灣的先天條件，而且它必須值得我們一起為它而共同努力！

2020 台灣的社會發展願景

　　過去在兩蔣的反共思想洗腦、美國新聞處的宣傳，與大量留美學人的倡導下，台灣把發生在美國的一切皆視為「先進的、正確的」，同時

把一切跟美國不相同的都視為「落伍的、錯誤的」。當我們說「歐美先
進國家」時，從來都不知道一個簡單的事實：歐陸國家的政治、經濟、
教育、產業與社會發展目標，截然不同於美國，許多國家的知識分子都
看不起美國，甚至連英國都有許多知識分子不認同美國、看不起美國！
我們更少去思索一個更簡單而根本的問題：台灣人口少、國內市場小，
天然資源遠不如美國豐富，我們是應該學習國情跟我們更相似的歐陸國
家？還是應該模仿國情跟我們迥異的美國？

　　其實，到過歐洲和美國旅遊的人都有機會發現：不管是生活步調的
優閒、建築景觀與藝術文化的表現、社會安全與社會福利制度的完善，
或者財富分配的公平性，歐陸國家都遠比美國更值得我們羨慕！

　　即使不去談大家較熟悉與羨慕的北歐，荷蘭也是一個非常值得台灣
人認真瞭解與學習的國家。它的人口約 1,678 萬人，人口密度只小於全
球 9 個主權國家，因此土地與資源匱乏的壓力接近台灣。但是，荷蘭人
均國民所得 40,765 美元，接近美國而遠高於德、英、法和加拿大；而
反應貧富差距的基尼係數（Gini coefficient）卻僅有 0.31，遠低於美國
的 0.41 和英國的 0.36，在西歐國家中僅遜於德國的 0.28。此外，荷蘭
的稅收占 GDP 的 39％，而政府支出占 GDP 的 51.4％，但它的失業率
卻只有 4.3％，遠低於英、美、德、法等先進國家，甚至還低於台灣的
5.2％！這個成就使得荷蘭被稱為福利國家中的「荷蘭奇蹟」。⑤

　　自從美國政治學者保羅‧皮爾遜（Paul Pierson）以《拆散福利國
家：雷根、柴契爾和緊縮政治學》（*Dismantling the Welfare State?:
Reagan, Thatcher and the Politics of Retrenchment*）一書來為雷根與柴契
爾的無情手腕喝采後，許多英語世界的學者相率跟進，預言福利國家遲

早會破產，台灣也就跟著一面倒的認定「同情弱勢會拖垮國家財政，禍留子孫」！ ❻ 但是荷蘭與丹麥卻都相繼打破這個斷言。

荷蘭和德國都是「組合主義福利國家」（corporatist welfare state）的典型他們都有強而有力的全國性工會與地方性工會，足以代表全國勞工跟全國資方代表進行理性而互利的制度性協商，以便因應時局，商討出最適合彼此主觀意願、當下外在客觀形勢的勞動條件，以及生產單位的經營、管理與人事制度。 ❼ 政黨有時候參與協商，有時候直接把勞資雙方的協議落實為政策或立法。在這個高度協商、合作的制度與文化裡，勞、資團體代表雖然有不同的立場與關切，但是都可以跳脫私人利益、個人恩怨以及勞資雙方的相互猜忌或彼此傾軋，在利益共享與共體時艱的高度社會共識下，較客觀地尋找勞方與資方的最佳折衝與利益整合，從而脫離福利國家「永久性緊縮」（permanent austerity）的魔咒。譬如，面對社會福利支出的擴張危機，他們採取的是延長退休年齡、減輕保費負擔，以及勞動條件彈性化等措施，而不是沒有配套地降低工資、以國家力量壓迫勞工團體、國營事業私有化等粗暴的舉動。 ❽❾❿⓫

荷蘭也曾經歷過福利國家的夢魘：1970 年代的兩次石油危機期間，荷蘭的經濟成長明顯減緩，且失業率漸漸升高，但社會福利支出卻仍持續成長；至 1980 年代仍未好轉，超過 25％的勞動力處於失業或待業的狀態，以致社會救濟福利支出消耗了 GDP 的 26.7％。這種「無需工作就可享受社會福利」（welfare without work）的制度註定會吃垮國家，因而一度被稱為「荷蘭病」（Dutch Disease）。 ⓬ 但是在歷經 1980 年代一系列的勞資協商與立法後，勞工接受薪資凍結與工作契約彈性化的資方訴求，以增進業者的國際競爭力；而資方則用減少工時來促進就

業，並改善部分工時工作者的勞動條件，來回應勞方的訴求；政府則對勞工給予部分社會福利保障以救濟其損失，並對僱用長期失業者的雇主給予租稅獎勵。在勞、資與政黨三方合作下，荷蘭經濟重新成長、失業率逐年下降，國家支付社會福利安全體系經費的能力也持續上升，而被稱譽為「荷蘭奇蹟」。⑬⑭⑮⑯⑰⑱

其他歐陸傳統福利國家無法順利脫離福利國家困境，而荷蘭卻能，關鍵因素在於荷蘭能夠跳脫其他國家的僵滯制度與勞資對抗，針對新的世界形勢，在勞、資與政黨三方面成功建立新的共識，調整社會安全與社會福利的結構與理念，使它具有適應新局勢的彈性。⑲

這樣一種社會共識的建構過程，和財富與義務的分配模式，遠比美國或英國任令資方踐踏勞方的方式更人性化，也更值得台灣去追求！何況，作為一個人口僅 2,300 萬人的蕞爾小國，並有著熱情與體卹窮苦者的傳統，台灣遠比人口眾多、個人主義盛行的美國，更有本錢發展荷蘭式的「組合主義社會福利」！

一份跨世代的志業

「可永續的福利國家」雖然是很難達成的目標，卻是我們能留給後代的最佳禮物。假如我們不去追求「可永續的台灣福利社會」，我實在想不出來有什麼可以用來標示「社會發展」或「進步」的了。

台灣的主流經濟論述一再強調「市場比較有效率」，卻看不見一個最簡單的事實：以今天台灣與全球自動化程度之普遍，以及全球物資供應的充分程度，我們的生產效率已經高到「能消耗的量遠低於充分就業所能產出的量」，因此只好選擇大家一起減少工時（在產能不變的條件下促進就業），或者讓一部分競爭力較弱的人失業而製造社會的不安。其實「生產效率」本身已經是個問題的製造者，而不該再被盲目地追求──如果我們沒有能力通過協調與溝通一起降低工時，就必須競爭有限的工作機會而彼此傾軋，使得有工作的人都要超時加班（因而就業機會更少、競爭更激烈），而沒有時間過正常的人的生活（男性與女性各在最適婚與最適合育子的年齡結婚生子）。

何況，放任式的市場機制，根本就不是刺激景氣與促進就業的有效解方：英美國債分別為 GDP 的 79.5％和 69.4％，而失業率分別為 7.9％與 9.6％；但是荷蘭和丹麥國債分別為 GDP 的 64.4％與 46.9％，而失業率分別為 4.3％和 7.2％，表現遠比英美兩國亮麗；其他北歐福利國家的國債都少於 GDP 的 49％，而失業率則在 3.6％和 8.4％之間，總體表現優於美國；即使是德國和法國，國債分別為 GDP 的 81.5％和 85.5％，而失業率分別為 6.8％與 9.3％，表現也不遜於英美兩國。[20]

但是，如果我們提議要全國一起降低工時，台灣的主流經濟論述又會再強調「國際競爭」。其實，如果資方願意通過協商，同步降低資本利得，而勞方（含管理階層）也願意通過協商，同步降低工時與工資，則台灣的產品在價格上就照樣會具有國際競爭力。由於高所得國家的貧富感受，主要是來自於國內不同職業、階層相對收入的變化，而非絕對收入的變化，因此在前述資本利得與薪資一起調降的過程中，大家的相對貧富感沒有變，但卻既可以促進就業，又可以增加休閒時間，大大改善全國每一個人實際上的生活品質。

其實，對於像台灣這樣一個人均所得超過三萬美元的國家而言，生活的品質與幸福感主要是來自於工作時間、休閒時間與家庭時間的合理

化分配,工作權的保障,以及通過社會集體保險來一起控管未來的風險（社會安全體系與社會福利體系的建立與改良），而非人均所得的增減。因此,真正值得所有台灣人努力的目標,應該是對「可永續的台灣福利社會」達成普遍的社會共識,與適合台灣國情的制度性設計,以便留給子孫一個人人安心、有人味而又有品質的生活;否則,如果每一個人都繼續只顧自己,而不願意去凝聚社會共識,最後一定是所有的人都沒有安全感,所有的人都過勞死而不得休息!這將會是一個我們最不想留給子孫的共業!

但是,社會共識與制度性設計絕對無法抄襲自國外,而必須根據台灣文化、政治、經濟與社會的特殊性,以及其天然資源與國際相對競爭優勢來設計。因此,如何釐清「可永續的福利國家」所涉及的問題面向,要經由怎樣的溝通過程才能達成普遍而有效的共識,以及如何將這些共識具體化為可實踐的制度,都考驗著全國學術界、政黨、民間團體,以及願意參與公共事務的選民共同的智慧。

與其去追逐荒誕無聊的「世界一流大學」,不如將資源與心力用來探索、追求、營建一個「可永續的福利國家」!

建立一個福利國家所需要的創意和過程的艱困,絕對遠遠超過建立一個用錢堆砌出來的「一流大學」:如果欠缺有效的勞資協商機制,福利國家很容易會發展出勞資的對抗,而把該用來生產或休閒的心力與時間,浪費在罷工和抗爭上;此外,如果沒有夠透明的媒體監督與夠普及的公眾參與,福利國家的國家資源很容易被浪費在官商勾結,與劫貧濟富的各種勾當裡。因此,在建立福利國家的共識與制度之前,我們必須先要讓媒體健全發展,並且發展出全民普遍參與的公民社會,從而在這個過程中，培養出資方與勞方各自的組織與全國性代表，作為未來與政黨進行全國性協商時的有效機構。

對於解嚴時間有限而政黨輪替極端不順利的台灣而言，連公眾參與都推動困難，更難在這個階段奢談「公民社會」的理想。如果我們再看看歷來政府的顢頇、無能與劫貧濟富，以及低能的媒體和自甘被媒體愚弄的群眾，「公民社會」與「永續福利國」的期待將會顯得更加天真。

但是，這是唯一值得我們努力的路，因為放任式的市場機制，絕對不會是有效的解方。

社會進步的力量

堅持主張讓自由市場管理社會一切運作的人經常威脅我們：我們授予政府的資源幾乎都會被用來進行無效率的浪費與舞弊，遠不如讓市場管理它自己（以及我們所有的人）。

從李嘉圖（David Ricardo，1772-1823）開始，粗通政治或政治經濟學的人都知道：官商勾結的誘因無所不在。解決貪腐的典型辦法有兩種：縮小政府經費與權責，或者擴大媒體與公民監督的機制。

縮小政府經費與權責其實於事無補，因為官商勾結的主要管道，在於無法縮編的政府權力，而非政府經費。美國與台灣的高速公路網絡之所以發達，主要不是因為這樣比較節能或方便，而是因為每個高速公路出口都是炒作房地產的好議題；台灣各地方政府爭相要求設立大學與科學園區，主要不是為了促進在地的產業發展與教育，而是可以炒作園區外和大學周圍的房地產。但是，我們真的要把教育、產業政策與交通全部交給市場去管理嗎？

　　另一個選項是強化媒體監督與公民參與，這是建立福利國家的先決條件，也是建立福利國家之前的社會基礎工程。如果媒體監督與公民參與的機制夠健全，我們可以用公有民營的方式提升國營事業的績效，也可以用績效獎金乃至於紅利提升公務員的效率。即使最後政府效率仍舊低於私人企業，我們還是得要記得：私人企業的績效提升，主要是在增加大老闆與大股東的資產，對於其他 90％的受薪者而言，可能是弊多於利！

　　對於資源貧乏的國家而言，本來就應該盡量共享資源，一起承擔風險，才能讓所有的人在合理的貧富差距下安居樂業。但是，要安居樂業，我們就必須要先學會公共參與和公共管理。

　　民主本來就是一個「棒打老虎，雞吃蟲」的制衡遊戲，只有通過透明的媒體訊息，選民才有辦法知道那個政黨或候選人比較符合自己的期待，並且在選舉的時刻以選票對政黨或候選人進行獎懲，從而促進政治的良性競爭與良性循環。然而台灣的主流媒體已經嚴重被庸俗化與政黨化，電視成為藍營與綠營操弄群眾、製造對立的工具，連報紙也充滿置入性行銷，使得民眾經常分不清楚事實是什麼，更遑論在選舉的關鍵時刻，以選票促進政治的良性競爭。

　　面對被癱瘓的媒體和長期被愚弄的 80％以上選民，「強化媒體監督與公民參與」幾乎是不可能的社會改造工程。面對這艱難的挑戰，我們可以做的第一步是什麼？我過去在演講中一再被問到類似的問題，而我總是回答：「設法瞭解台灣真實的處境、挑戰、危機與轉機，也設法從國外的案例裡，瞭解台灣可以有多少種真實的選擇，然後把你知道與相信的事實告訴身邊的人。」這回答讓很多人不滿意，總期待著有更好、更速成的答案。但是,我在十幾年的社會改革運動過程中一再受挫而自省,也一再去翻閱過去歐洲社會改革運動的相關典籍,來瞭解社會進步(與挫折)的真實過程與各種力量。最後我所能相信的力量只有一種:覺醒的人有幾個,社會就有多少進步的力量。

「進步的力量」永遠是從社會上的少數(甚至極少數)人開始,他們所能依靠的是認知、覺醒,與散播他們的認知和覺醒。表面上這樣做好像成效難彰,緩不濟急,但它們確實有能力改變這個世界——婦女運動與環境運動就是典型的案例。

西歐與北歐國家的社會進步,也是始於個人卑微的行動——1848年的原始共產黨員人數稀少,甚至還遠比今天劍橋、牛津、哈佛的博士更稀有;他們能力傑出,犧牲的熱情罕有人能及,人格與道德特質出眾,而且往往有貴族的身分;但是他們做什麼事來改變社會?他們到礦場去當礦工,利用休息時間教礦工寫自己的名字,讓他們感受到自己不再是沒有名姓的「群眾」(the mass),而是「約翰兄弟」、「瑪莉姐妹」,是跟他們的地主一樣有靈魂、有尊嚴、有獨立人格的人。

如果他們願意從這麼卑微的事做起,我們是否也願意從最踏實而看似卑微的事做起?社會改革運動基本上是一種價值觀的戰爭,也是一種對於「更好的社會」的務實追求與摸索。如果我們能夠找到一種更好而現實上又可行的社會遠景,就有機會說服別人為這樣的社會而一起努力。

社會上的每個成員對於「如何使這個社會變得更好」,多少都有一點認知,這些認知的總和加起來就是社會進步的程度。一個社會裡這些認知的總和量愈大,愈有機會提出較好的社會發展遠景,以及就此遠景

達成共識。

這些認知也使得它的成員有機會脫離媒體的愚弄與置入性行銷，以及政黨的搬弄是非與煽動群眾，並且使得愈來愈多的人有能力監督政黨與政府，甚至對政黨與政府施壓，使他們朝著集體意志所要求的方向前進。

因此，要改變台灣看起來很難，但具體能做的事卻很清楚：先增加你的認知，再把你的認知擴散出去！

結語

為了減緩 peak oil 的衝擊，未來十年我們必須完成一系列的變革，包含糧食自給率的提升與生產方式的變革、公共交通運輸系統的發展、綠能產業的發展、產業結構的調整、稅賦制度的公平化與合理化、隱藏性國債的處理，以及政府資本的累積、社會安全與社會福利制度的建構，以及最高工時的規範、立法與落實。只有同時把這些問題一起作完整的配套解決，才有機會將少子化與 peak oil 的衝擊降到最低。

然而，為了讓社會安全與社會福利制度能有效運作，我們必須要建立良好的社會共識與勞、資、政黨協商機制和互信基礎。

其實，要認真做好這些事，十年根本就不夠！但是，我們距離 peak oil 的降臨也許甚至連十年都不到。

如果你跟我一樣，相信這是台灣必須要面對的現實，讓我們一起來把這個聲音傳出去，直到 2012 年上任的總統和內閣願意面對事實，開始積極謀思對策，並嘗試建立社會的共識為止！

尾聲

假如你也想為台灣社會多做一些事

peak oil 的問題跨越各種專業領域，從能源、交通、產業、經濟、財稅到社會福利政策，沒有一個角度可以被忽略。任何一個人想要從這麼寬廣的角度去探討 peak oil 的相關問題，都必然是掛一漏萬、自討苦吃。

從一開始發願寫這本書以來，我就不曾改變過初衷：這本書的目的是拋磚引玉，企圖盡可能勾勒出整個問題的完整框架與視野，描繪出各種議題間的牽連與糾結，希望藉此邀請更多專家學者的參與，從各自專精的角度進一步深入，並且跨領域進行對話與交流，以便從台灣的立場，拼湊出 peak oil 所牽涉到的所有面向，以及因應危機所需要的完整配套方案與進度。也就是說，我希望這是從台灣立場探討 peak oil 的第一本書，而不是最後一本書，我更希望它會是後續一系列跨領域對話與探討的開始。

假如你也有心為台灣多做一些事，以便讓台灣社會更和緩地度過 peak oil 的衝擊，甚至以跨世代的努力建立起一個可永續的福利社會，底下試圖列舉一些建議，作為讀者進一步發想的參考。

如果你是大學教師

尤其當你已經是副教授，不再有「六年不升等就解聘」壓力，或者正教授，我很期待你放下個人無聊的名利私欲，認真研究台灣的問題與可能的對策，而不要再迷戀於毫無意義的國科會傑出獎、教育部講座教授等頭銜。

不管 peak oil 何時會降臨或會不會降臨，台灣的問題跟所需要的答案截然不同於英語世界，而亟需學術界秉持學術良知去探索。SCI 與 SSCI 的期刊論文不會關心台灣的問題，也不會有興趣刊載相關的討論，台灣的學術必須走出學術殖民的卑屈處境，勇敢地走自己的路。假如台灣的學術人口太少，不足以形成一個良性互動的學術社群，則應該結合處境相近的亞洲國家，來形成亞洲學術社群，一起砥礪走出學術殖民的奴隸心態。

學術的本意，旨在明辨是非，破除愚盲，探索社會發展之未來，培育後進，以促進社會之公共福祉，而非用以圖謀個人之名利與地位，或虛幻之世界排名。大學被社會期以「社會良知」，被憲法賦予特殊的「學術自由」，目的是要它率先看見社會未來的困難與需要，並且引領它所身處的社會走出困境。這既是西方學術傳統之本意，也是中國「知識分子」自古以來的顏色。

假如我們持續以「學術追求卓越」來遮掩自己的私心，或對於台灣社會的無知，既是愧對中西學術傳統、愧對納稅人的血汗錢，更將禍留子孫，害他們必須活在對未來的憂慮、恐慌，和一個不適合人居住的社會裡！

如果你是研究生

如果你是一位研究生，建議你把論文題目訂為跟台灣有關的問題。

本書提出了一些未來台灣社會可能會遭遇到的危機與挑戰,也提出一些對現行制度或流行說法的質疑,並且附上大量的國外相關參考文獻,因為我期待有人可以在自己的專業領域上進一步深入研究,針對台灣的問題提出更深入、完整、精確的論述。

和那些必須申請國科會計畫或升等的教授相比,研究生是最自由的。研究攸關台灣未來的問題,將會使你更清楚地看到自己未來該走的路,既照顧到社會的需要,也對自己有利。當研究生普遍只想研究跟台灣有關的問題之後,正教授們為了搶研究生,為了面子,將會開始研究跟台灣有關的問題。當正教授開始研究跟台灣有關的問題時,為了他們自身的利益,就會對那些台灣相關的研究給予較高的評價與重視,因而使得副教授比較敢投身研究跟台灣有關的問題。當正教授與副教授都比較普遍在研究跟台灣有關的問題時,台灣人才比較有機會瞭解自己在這世界上的位置、挑戰、 危機與機會。

學術的改變,我相信只能從碩士生與博士生的抉擇開始。

假如你是有餘力可以為台灣做點事的人

首先,你可以去參與各種既有的社會改革團體——根據我自己過去參與社會改革運動的經驗和觀察,如果沒有一個組織的陪伴,單一的作戰個體很容易氣餒或陣亡。台灣的社會改革團體還不算多,但也已經發展出各自關注的議題:消費者組織有「主婦聯盟生活消費合作社」,農業關懷可以聯絡「台灣農村陣線」,介於農民與消費者之間的有「上下游」,關心災區、農村與建築革命的有「謝英俊的第三建築工作室」。此外,勞工議題有「苦勞網」與「台灣勞工陣線」等組織,環保議題則有：「地球公民基金會」、「台灣環境保護聯盟」等。

　　或者，你可以去參加各地方的社區大學，尋找合適的課，通過這些課程增加自己對台灣社會的瞭解，也通過社區大學的課程和社團，去尋找適合自己加入的團體和組織。

　　假如你想要成為公民記者，「站在一位公民的角度來探討這個國家的問題，為社會的底層發聲」，這當然是非常值得鼓勵與激賞的！你可以去「公民新聞平台」這個網站看看，它有一些關於如何成為公民記者的文件，試圖建議台灣的公民如何從事「公民報導」，從理念、採訪、影像到剪輯都有。也可以通過這網站知道有那些人在關心這件事，並且通過他們擴大自己對這領域的知識和人脈。譬如，在「關於公民新聞」這一欄的兩位作者，何宗勳就是長期投入環保運動與公民運動的朋友，而任教於中正大學的管中祥，則是媒體研究學界目前較有行動力的一位年輕學者。

　　此外，許多社區大學都有「公民記者」的培訓課程和社團，譬如美濃社大、南港社大、高雄第一社大等。

如果你以為自己是菁英、聰明人

　　聰明是老天爺賜予的禮物，不勞而獲，沒什麼好驕傲的，但糟蹋了很可惜。

　　很多人羨慕財富、地位、權力與令名。但是你不會因為繼承老爸的財富而自以為了不起，不會因為繼承老爸的王位（權力與地位）而自以為了不起，因為那都是不勞而獲的。那麼，你也不需要因為自己比人聰明就自以為了不起。聰明不重要，要緊的是懂不懂得善用天賦的聰明。

聰明可以有什麼用？如果從馬斯洛的需求層次理論（Maslow's hierarchy of needs）來看，聰明的人可以遠比別人更輕易滿足一切生理上的需要（最低層級），也可以輕易確保未來衣食無缺（第二層級），接下來他所需要的是「被愛與歸屬感」（love and the sense of belongning to）、「別人的尊敬與肯定」（esteeem）和「自我實現」（self-actulization）。

如果你聰明而沒有智慧，你會被你的動物性所驅使，只想比輸贏，只想用聰明去超越別人，把別人比下去。為了達成這目的，你甚至可能會不擇手段，剝削下游，利用血汗工廠來降低成本（增加利潤），規避廢水廢物回收成本（污染土地），只為了用財富證明「我比你強」。這樣的人生，會惹人羨慕，會被愚癡的人尊敬與肯定，但得不到真正的愛，也得不到明眼人的尊敬與肯定。

其實，這就證明了你不夠聰明，或者只有聰明而沒有智慧。

反之，如果你懂得如何用自己的聰明去造福身邊的人，大家自然會對你有善意（love）、樂於接納妳（歸屬）、尊敬你（你的人格、你的付出、你的能力、你的奉獻）、肯定你。

什麼是真正有益於身邊人群的理想？用你的聰明協助弱勢的人度過困境，用你的聰明協助台灣度過 peak oil 的危機，用你的聰明協助台灣建立一個更符合公平正義的社會，這都遠比死後設立一個可有可無的獎金有意義得多。

台灣十願

一願大學重拾中西學術傳統，回到正軌：「明辨是非，破除愚盲，探索社會發展之未來，培育後進，以促進社會之公共福祉，而非用以圖謀個人之名利與地位，或虛幻之世界排名。」只有大學的價值觀重新被矯正了，整個社會的價值觀才有重新被矯正的機會。

二願能力強的人以造福社會和鄰人為人生目標，而不以剝削別人、滿足自己的虛榮心為目標。中國讀書人一向以此自負，我們無聊的虛榮心和貪婪是從美國進口的，所以法藍西學院院士米歇爾‧阿爾貝（Michel Albert）才會在《兩種資本主義之戰》（*Capitalisme contre capitalisme*）中抨擊美式資本主義。必須要先矯正這個時弊，年輕人才有機會受到好的教育與啟迪，跳出幼稚、低俗而殘酷的美式英雄崇拜。

三願知識分子與知識青年願意關心公共事務，監督政府、批評時政，以其言論讓這個社會知道事實真相與是非對錯，從而培養出 100 ～ 200 萬願意以選票對政黨進行集體獎懲的公民，通過關鍵少數的力量，重新把政府從官商勾結的體制裡拉出來，回到為全民服務的體制。

四願企業界的菁英以合理利潤為前提，以「創造最多就業機會」為最終目標，而不再以「爭強鬥勝、廝殺傾軋，見血不休」的美國式惡質資本主義為尚。傳統中國的讀書人就是以「利用厚生」為尚，生意人就是以「見利忘義」為戒，這就是日本「儒商」的原型；日據時代台灣許多企業經營者受日本「儒商」精神的洗禮，以「養活員工家庭」為榮。直到美國式惡質的資本主義在台灣日漸興盛發達之後，企業文化丕變，變得不擇手段、不仁不義，甚至把大學也一起給帶壞，相互勾結，狼狽為奸。

五願建立合理的稅賦與表揚制度，讓虛榮心永遠無法滿足的企業家，可以用造福社會的方式鬥輸贏、比高下，而不需要用逃漏稅、劫貧

濟富、官商勾結的方式填補意義感的空虛。許多企業家都在以不擇手段的方式追逐三代也糟蹋不完的財富，他們嘴上說是要對得起小股東，實際上只不過是要透過滿足虛榮心來填補人生意義的空虛。既然他們要的是虛榮心和眾人豔羨的眼光，我們模仿原始部落的誇富宴，在凱達格蘭大道上建立 12 金人，下方各以銅版鏤刻歷屆 12 富豪的名字，每年納稅前 12 名的人可以逐一留名於 12 金人前。

六願參照德國與荷蘭的萊茵模式、北歐福利國家模式和美國的凱因斯模式，建立合理的勞資關係，與完全公平的產業競爭。打破旗艦產業與規模經濟的迷思，扶助中小企業，像德國那樣讓勞工參與企業決策，解雇工人或放無薪假必須經過勞資協商。通過這樣的機制，讓願意認真工作的人都對未來毫無憂慮。

七願回歸亞熱帶農漁牧整合的生產模式，追求「可永續的高品質飲食」，取代美國式「糟蹋自然資源、追求利潤、品質惡劣而有礙健康與環境」的農漁牧生產模式。

八願發展綠能、節能的能源、運輸與產業政策。開發地熱發電與風能發電，忍受高電價但節省能源使用。發展公共運輸取代私人動力車輛，充分利用台灣所累積的知識、技術與創意，發展「低耗能、低耗水、低污染、高附加價值、合理工時與工資」的產業，取代「高耗能、高耗水、高污染、低附加價值、高工時與低工資」的代工產業。

九願破除 GDP 的迷思，通過經濟逆成長降低對能源的倚賴，以新的工業生產模式促進就業和物資的有效利用。

十願以過去的儲蓄跨過少子化與 peak oil 的危機，建立可永續發展的社會。

註　　釋

序言

1. Heritage Foundation, 2012, *2012 Index of Economic Freedom*, http://www.heritage.org/index/explore?view=by-variables

2. 《商業周刊》，2010，〈誰偷了我的血汗錢〉，1158 期，http://www.businessweekly.com.tw/webarticle.php?id=39147&p=2

3. 監察院，2011，〈100 財正 0023 號 產業政策糾正案文〉，第 12-13 頁，http://www.cy.gov.tw/AP_HOME/Op_Upload/eDoc/ 糾 正 案 /100/100000097 產業政策糾正案文 .pdf

4. 《商業周刊》，2010，〈誰偷了我的血汗錢〉，1158 期，http://www.businessweekly.com.tw/webarticle.php?id=39147&p=2

5. 謝明瑞， 2012，〈資本利得稅之探討〉，國家政策研究基金會，http://www.npf.org.tw/post/2/10377

6. Heritage Foundation, 2012, *2012 Index of Economic Freedom*, http://www.heritage.org/index/explore?view=by-variables

Unit
1

1. S. Sorrell, J. Speirs, R. Bentley, A. Brandt and R. Miller, 2010, "Global oil depletion: A review of the evidence," *Energy Policy,* 38(9), pp. 5290-5295.

2. BDO Seidman, LLP., *BDO Seidman Natural Resources 2009 Outlook Survey of CFOs,* http://www.bdo.com/industries/energy/documents/ NatResourcesSummary% 20-% 20FINAL% 20for% 20approval.pdf

3. R. Douthwaite, 2012, "Degrowth and the supply of money in an energy-scarce world," *Ecological Economics,* (in press).

4. ICIS news, 2011, "US proposes sharp cut in 2012 cellulosic ethanol use," http://www.icis.com/Articles/2011/06/21/9471571/us-proposes-sharp-cut-in-2012-cellulosic-ethanol-use.html

5. R. W. Gonzalez, T. Treasure, R. B. Phillips, H. Jameel and D. Saloni, 2011, "Economics of cellulosic ethanol production: Green liquor pretreatment for softwood and hardwood, greenfield and repurpose scenarios," *BioResources,* Vol 6, No 3, pp. 2551-2567.

6. V. Fthenakisa, J. E. Masonc and K. Zweibel, 2009, "The technical, geographical, and economic feasibility for solar energy to supply the energy needs of the US," *Energy Policy,* 37(2), pp. 387-399.

7. 全文是 "The long run is a misleading guide to current affairs. *In the long run we are all dead.* Economists set themselves too easy, too useless a task if in tempestuous seasons they can only tell us that when the storm is past the ocean is flat again." 原文出自 John M. Keynes, 1923, *A Tract on Monetary Reform.* Chap. 3. 凱因斯以此批評「通膨會自動調節,無須政府干預」的主張。

8. S. Awerbuch and R. Sauter, 2005, *Exploiting the Oil-GDP Effect to Support*

Renewables. University of Sussex, Sussex, UK.

9. F. Birol, 2004, *Analysis of the Impact of High Oil Prices on the Global Economy.* IEA, Paris, France.

10. D. Jones, P. Leiby, and I. Paik, 2004, "Oil price shocks and the macroeconomy: what has been learned since1996," *Energy Journal,* 25(2), pp. 1-32.

11. D. H. Meadows, D. L. Meadows, J. Randers, and W. W. Behrens III, 1972, *The Limits to Growth: a Report for the Club of Rome's Project on the Predicament of Mankind.* New York: Universe Books.

12. C. Levallois, 2010, "Can de-growth be considered a policy option? A historical note on Nicholas Georgescu-Roegen and the Club of Rome," *Ecological Economics,* 69, pp. 2271–2278.

13. C. Hall and J. Day, 2009, "Revisiting the Limits to Growth After Peak Oil," *American Scientist,* 97, pp. 230 -238.

14. G. Turner, 2010, *A Comparison of the Limits of Growth with Thirty Years of Reality.* CSIRO Working Paper Series. http://www.csiro.au/files/files/plje.pdf

15. D. Meadows, J. Randers, D. Meadows, 2005, *Limits to Growth: The 30-Year Update,* Earthscan.

16. D. Reid, 1995, *Sustainable Development: an Introductory Guide.* London: Earthscan.

17. I. Moffatt, 1996, *Sustainable Development: Principles, Analysis and Policies.* London: Parthenon.

18. W. Sachs, 1999, *Planet Dialectics.* London: Zed.

19. D. Dollar and A. Kraay, 2000, *Growth is Good for the Poor.* Washington, DC.: World Bank.

20. B. Lomborg, 2001, *The Sceptical Environmentalists: Measuring the Real State of the World.* Cambridge: Cambridge University Press.

21. H. D. Saunders, 1992, "The Khazzoom-Brookes postulate and neoclassical

growth," The Energy Journal, 13(4), pp. 130-148.

22. H. aly and J. Cobb, 1989, *For the Common Good: Redirecting the Economy Towards Community, the Environment and a Sustainable Future.* London: Green Print, pp. 267–273.

23. H. Daly, 1993, "Sustainable growth: an impossibility theorem," in *Valuing the Earth: Economics, Ecology Ethics,* H. Daly and K. Townsend (eds), Cambridge, MA: MIT Press.

24. D. Pearce, A. Markandya and E. Barbier, 1989, *Blueprint for a Green Economy.* London: Earthscan.

25. P. Hawken, A. Lovins and L. Lovins, 1999, *Natural Capitalism: the Next Industrial Revolution.* London: Earthscan.

26. D. Roodman, 1997, *Getting the Signals Right: Tax Reform to Protect the Environment and the Economy.* Washington, DC: Worldwatch Institute.

27. D. Korten, 1996, *When Corporations Rule the World.* London: Earthscan.

28. B. Hopwood, M. Mellor and G. O'Brien, 2005, "Sustainable Development: Mapping Different Approaches," *Sustainable Development, Sust. Dev.,* 13, pp. 38–52.

29. D. D. Morana, M. Wackernagela, J. A. Kitzesa, S. H. Goldfingera and A. Boutaudc, 2008, "Measuring sustainable development–Nation by nation," *Ecological Economics,* 64(3), pp. 470–474.

30. C. Levallois, 2010, "Can de-growth be considered a policy option? A historical note on Nicholas Georgescu-Roegen and the Club of Rome," *Ecological Economics,* 69, pp. 2271–2278.

31. J. Martínez-Alier, U. Pascual, F.-D. Vivien and E. Zaccai, 2010, "Sustainable de-growth: Mapping the context, criticisms and future prospects of an emergent paradigm," *Ecological Economics,* 69, pp. 1741–1747.

32. TVBS，2011，「觀光客再嚇跑！埃及二度茉莉革命」， http://www.tvbs.com.tw/news/news_list.asp?no=jimmyliu220111122184903

Unit
2

1. I. S. Nashawi, A. Malallah and M. Al-Bisharah, 2010, "Forecasting world crude oil production using multicyclic Hubbert model," *Energy Fuels,* 24 (3), pp. 1788–1800.

2. 傳統石油在開採、儲存、運送、使用上的方便性很難被加拿大油沙、重油或生質燃料等替代性燃料所取代，因此一定會是最先跨越產能顛峰並最早被耗竭的。其他替代性燃料的出現頂多只是延緩 peak oil 的出現而已。

3. M. C. Lynch, 2002, "Forecasting oil supply: theory and practice," *The Quarterly Review of Economics and Finance,* 42, pp. 373–389.

4. M. A. Adelman, 2003, "Commenton: R. W. Bentley, Global oil and gas depletion," *Energy Policy,* 31(4), pp. 389–390.

5. R. M. Mills, 2008, *The Myth of the Oil Crisis.* Praeger Publishers, Westport, CT, USA.

6. D. Helm, 2011, "Peak oil and energy policy-a critique," *Oxford Review of Economic Policy,* 27(1), pp. 68–91.

7. J. Hallock, P. Tharakan, C. Hall, M. Jefferson and W. Wu, 2004, "Forecasting the limits to the availability and diversity of global conventional oil supply," *Energy,* 29, pp. 1673–1696.

8. 原文"In the long run we are all dead"，出自*A Tract on Monetary Reform* (1923), Ch. 3。前後文是 "The long run is a misleading guide to current affairs. In the long run we are all dead. Economists set themselves too easy, too useless a task if in tempestuous seasons they can only tell us that when the storm is past the ocean is flat again." 凱因斯以此批判經濟學家與政府對於災難的無所作為。

9. Z. L. Wang and G. F. Naterer, 2010, "Greenhouse gas reduction in oil sands upgrading and extraction operations with thermochemical hydrogen

production," *Int. J. Hydrogen Energy,* 35, pp. 11816-11828.

10. F. Gagné, C. André, M. Douville, A. Talbot, J. Parrott, M. McMaster and M. Hewitt, 2011, "An examination of the toxic properties of water extracts in the vicinity of an oil sand extraction site," *J. Environ. Monit.,* http://pubs.rsc.org/en/content/articlehtml/2011/em/c1em10591d

11. B. J. Dutka, R. Bourbonniere, R. McInnis, K. K. Kwan and A. Jurkovic, 1995, "Bioassay assessment of impacts of tar sands extraction operations," *Environmental Toxicology and Water Quality,* 10(2), pp. 107-117.

12. His Cera, 2009, *Growth in the Canadian Oil Sands: finding a New Balance.* Special report, May 18, Cambridge Energy Research Associates.

13. M. Tsoskounoglou, G. Ayerides and E. Tritopoulou, 2008, "The end of cheap oil: Current status and prospects," *Energy Policy,* 36, pp. 3797– 3806.

14. IMF, *World Economic Outlook 2011,* pp. 97-99.

15. R. K. Kaufmanna and L. D. Shiersb, 2008, "Alternatives to conventional crude oil: When, how quickly, and market driven?," *Ecological Economics,* 67, pp. 405-411.

16. BP, "Deepwater Horizon accident," http://www.bp.com/sectiongenericarticle800.do?categoryId=9036575&contentId=7067541.

17. R. M. Bratspies, 2011, "A Regulatory Wake-Up Call: Lessons From BP's Deepwater Horizon Disaster," *Golden Gate University Environmental Law Journal,* 5(1), pp.6-54.

18. R. L. Hirsch, R. Bezdek and R. Wendling, 2005, *Peaking of World Oil Production: Impacts, Mitigation, and Risk Management,* http://www.netl.doe.gov/energy-analyses/pubs/Oil_Peaking_NETL.pdf

19. The National Academies, "CAFE Standards," http://needtoknow.nas.edu/energy/energy-efficiency/cafe-standards.php

20. B. M. Belzowski and W. McManus, 2010, *Alternative power train strategies and fleet turnover in the 21st century.* University of Michigan, report no.

UMTRI-2010-20.

21. B. M. Belzowski and W. McManus, 2010, *Alternative power train strategies and fleet turnover in the 21st century.* University of Michigan, report no. UMTRI-2010-20.

22. P. de Almeida and P. D. Silva, 2009, "The peak of oil production–Timings and market recognition," *Energy Policy,* 37, pp. 1267–1276.

23. S. Sorrell, R. Miller, R. Bentley and J. Speirs, 2010, "Oil futures: A comparison of global supply forecasts," *Energy Policy,* 38(9), pp. 4990-5003.

24. S. Sorrell, J. Speirs, R. Bentley, A. Brandt and R. Miller, 2010, "Global oil depletion: A review of the evidence," *Energy Policy,* 38(9), pp. 5290-5295.

25. M. Tsoskounoglou, G. Ayerides and E. Tritopoulou, 2008, "The end of cheap oil: Current status and prospects," *Energy Policy,* 36, pp. 3797-3806.

26. U. Bardi, 2009, "Peak oil:The four stages of a new idea," *Energy,* 34, pp. 323–326.

27. P. de Almeida and P. D. Silva, 2009, "The peak of oil production–Timings and market recognition," *Energy Policy,* 37, pp. 1267–1276.

28. R. A. Kerr, 2011, "Peak oil production may already be here," *Science,* 331(6024), pp. 1510-1511.

29. P. Krugman, 2008, "The oil non-bubble," *The New York Times,* May12, 2008.

Unit
3

1. S. Sorrell, R. Miller, R. Bentley and J. Speirs, 2010, "Oil futures: A comparison of global supply forecasts," *Energy Policy*, 38(9), pp. 4990-5003.

2. J. Wood and G. Long, 2002, *Long Term World Oil Supply: A Resource Base/ Production Path*, Analysis United States Department of Energy, Energy Information Administration (EIA).

3. M. C. Lynch, 2002, "Forecasting oil supply: theory and practice," *The Quarterly Review of Economics and Finance*, 42, pp. 373–389.

4. M. A. Adelman, 2003, "Commenton: R. W. Bentley, Global oil and gas depletion," *Energy Policy*, 31(4), pp. 389–390.

5. R. M. Mills, 2008, *The Myth of the Oil Crisis*. Praeger Publishers, Westport, CT, USA.

6. D. Helm, 2011, "Peak oil and energy policy–a critique," *Oxford Review of Economic Policy*, 27(1), pp. 68–91.

7. R. A. Kerr, 2011, "Peak oil production may already be here," *Science*, 331(6024), pp. 1510-1511.

8. S. Sorrell, R. Miller, R. Bentley and J. Speirs, 2010, "Oil futures: A comparison of global supply forecasts," *Energy Policy*, 38(9), pp. 4990-5003.

9. BDO Seidman, LLP., *BDO Seidman Natural Resources 2009 Outlook Survey of CFOs*, http://www.bdo.com/industries/energy/documents/ NatResourcesSummary% 20-% 20FINAL% 20for% 20approval.pdf

10. K. Aleklett, M. Höök, K. Jakobsson, M. Lardelli, S. Snowden and B. Söderbergh, 2010, "The Peak of the Oil Age-analyzing the world oil production Reference Scenario in World Energy Outlook 2008," *Energy Policy*, 38(3), pp. 1398-1414.

11. I. S. Nashawi, A. Malallah and M. Al-Bisharah, 2010, "Forecasting world crude oil production using multicyclic Hubbert model, " *Energy Fuels,* 24 (3), pp 1788–1800.

12. R. L. Hirsch, 2007, "Mitigation of maximum world oil production: Shortage scenarios," *Energy Policy,* 36, pp. 881–889.

13. P. de Almeidaa and P. D. Silva, 2009, "The peak of oil production—Timings and market recognition," *Energy Policy,* 37(4), pp. 1267-1276.

14. G. Boyle and R. Bentley, 2008, "Global oil depletion: forecasts and methodologies," *Environment and Planning B,* 35(4), pp. 609–626.

15. A. Cavallo, 2002, "Predicting the peak in world oil production," *Natural Resources Research,* 11(3), pp. 187–95.

16. J. Edwards, 1997, "Crude oil and alternative energy production forecasts for the twenty-first century: the end of the hydrocarbon era," *American Association of Petroleum Geologists Bulletin,* 81(8), pp. 1292–305.

17. R, Kaufmann and C. Cleveland, 2001, "Oil production in the lower 48 states: economic, geological, and institutional determinants," *The Energy Journal,* 22(1), pp. 27–49.

18. C, Hall and C. Cleveland, 1981, "Petroleum drilling and production in the United States: yield per effort and net energy analysis," *Science,* 211(4482), pp. 576–579.

19. J. Hallock, P. Tharakan, C. Hall, M. Jefferson and W. Wu, 2004, "Forecasting the limits to the availability and diversity of global conventional oil supply," *Energy,* 29, pp. 1673–1696.

20. A. M. S. Bakhtiari, 2004, "World oil production capacity model suggests output peak by 2006–07," *Oil and Gas Journal,* 102(4), pp. 18–20.

21. P. de Almeida and P. D.Silva, 2009, "The peak of oil production-timings and market recognition," *Energy Policy,* 37(4), pp. 1267–1276.

22. J. Laherrére, 2009, "Oil peak or plateau?" *St. Andrews Economy Forum,*

ASPO France, France.

23. Guardian, 2011, "WikiLeaks cables: Saudi Arabia cannot pump enough oil to keep a lid on prices," http://www.guardian.co.uk/business/2011/feb/08/saudi-oil-reserves-overstated-wikileaks

24. K. B. Anderson and J. A. Conder, 2011, "Discussion of multicyclic Hubbert modeling as a method for forecasting future petroleum production," *Energy Fuels,* 25 (4), pp 1578–1584.

25. S. Sorrell, R. Miller, R. Bentley and J. Speirs, 2010, "Oil futures: A comparison of global supply forecasts," *Energy Policy,* 38(9), pp. 4990-5003.

26. S. Sorrell, J. Speirs, R. Bentley, A. Brandt and R. Miller, 2010, "Global oil depletion: A review of the evidence," *Energy Policy,* 38(9), pp. 5290-5295.

27. N. A. Owen, O. R. Inderwildi and D. A. King, 2010, "The status of conventional world oil reserves—Hype or cause for concern?," *Energy Policy,* 38(8), pp. 4743-4749.

28. N. A. Owen, O. R. Inderwildi and D. A. King, 2010, "The status of conventional world oil reserves—Hype or cause for concern?," *Energy Policy,* 38(8), pp. 4743-4749.

29. P. Almeida and P. D. Silva, 2009, "The peak of oil production—Timings and market recognition," *Energy Policy,* 37(4), pp. 1267-1276.

30. BDO Seidman, LLP., *BDO Seidman Natural Resources 2009 Outlook Survey of CFOs,* http://www.bdo.com/industries/energy/documents/NatResourcesSummary% 20-% 20FINAL% 20for% 20approval.pdf

31. I. S. Nashawi, A. Malallah and M. Al-Bisharah, 2010, "Forecasting world crude oil production using multicyclic Hubbert model," *Energy Fuels,* 24 (3), pp. 1788–1800.

32. K. Aleklett, M. Höök, K. Jakobsson, M. Lardelli, S. Snowden and B. Söderbergh, 2010, "The Peak of the Oil Age - analyzing the world oil production Reference Scenario in World Energy Outlook 2008," *Energy*

Policy, 38(3), pp. 1398-1414.

33. Chris Llewellyn Smith, 2004, "The fast track to fusion power," 20th *IAEA Fusion Energy Conf.,* Vilamoura, Portugal. http://www-naweb.iaea.org/napc/physics/fec/fec2004/talks/talk_FPM_2.pdf

34. A. R. Brandt, R. J. Plevin and A. E. Farrell, 2010, "Dynamics of the oil transition: Modeling capacity, depletion, and emissions," *Energy,* 35, pp. 2852-2860.

35. S. Larter, J. Adams, I. D. Gates, B. Bennett and H. Huang, 2008, "The origin, prediction and impact of oil viscosity heterogeneity on the production characteristics of tar sand and heavy oil reservoirs," *J. Canadian Petroleum Technology,* 47(1), pp. 52-61.

36. N. A. Owen, O. R. Inderwildi and D. A. King, 2010, "The status of conventional world oil reserves-Hype or cause for concern?," *Energy Policy,* 38(8), pp. 4743-4749.

37. Aurélie Méjean and Chris Hope, 2008, "Modelling the costs of non-conventional oil: A case study of Canadian bitumen," *Energy Policy,* 36, pp. 4205–4216.

38. K. P. Timoney and P. Lee, 2009, "Does the Alberta Tar Sands Industry Pollute? The Scientific Evidence," *The Open Conservation Biology Journal,* 3, pp. 65-81.

39. E. N. Kellya, J. W. Shortb, D. W. Schindlera, P. V. Hodsonc, M. Maa, A. K. Kwana and B. L. Fortin, 2009, "Oil sands development contributes polycyclic aromatic compounds to the Athabasca River and its tributaries," *PNAS,* 106(52), pp. 22346–22351.

40. W. Youngquist, "Alternative Energy Sources – Myths and Realities," K. R. Gupta, M. A. Jankowska and P. Maiti (Ed.), *Global environment: problems and policies,* Vol. 2, Atlantic Publisher, pp. 151-160, 2008.

41. M. Balla and M. Wietschelb, "The future of hydrogen – opportunities and

challenges," *Int. J. Hydrogen Energy,* Vol. 34, pp. 615-627, 2009.

42. EIA, 2011, *International Energy Outlook 2011,* http://www.eia.gov/forecasts/ aeo/。其中油價是以 2009 年時美元的購買力計算出來的。

43. IEA, 2010, *World Energy Outlook 2010,* http://www.iea.org/weo/2010.asp。 油價是以 2009 年時美元的購買力計算出來的。不過,《2010 年世界能源展 望》有個但書:如果要確實執行全球溫升不超過 2℃的共識,原油產能將在 2020 年之前達到每天 86 百萬桶的最高產能。

44. S. H. Mohr and G. M. Evans, 2010, "Long term prediction of unconventional oil production," *Energy Policy,* 38, pp. 265–276.

45. C. A. S. Hall, R. Powers and W. Schoenberg, 2008, "Peak Oil, EROI, Investments and the Economy in an Uncertain Future," in D. Pimentel (ed.), *Biofuels, Solar and Wind as Renewable Energy Systems,* Springer Science+Business Media B.V., pp. 109-132.

46. 根據美國能源部(U.S. Department of Energy,簡稱 DOE)、國際能源總 署 IEA 以及石油輸出國組織(OPEC)在 2009 年時的預測,假定全球在 2008 年到 2030 年之間 GDP 的平均成長率為 1.8%～ 2.5%,則 2030 年時 全球原油與液態燃料的總需求量約在 105.6 和 107.9 百萬桶之間。但是紐約 大學在全球 GDP 年平均成長率為 2.5%的假設下,估算出 134.2 百萬桶的總 需求量。以上詳見 J. M. Dargaya and D. Gately, 2010, "World oil demand's shift toward faster growing and less price-responsive products and regions, " *Energy Policy,* 38(10), pp. 6261-6277.

Unit
4

1. EIA, 2011, *International Energy Outlook 2011,* http://www.eia.gov/forecasts/aeo/。其中油價是以 2009 年時美元的購買力計算出來的。

2. Btu 是英制熱量單位 British thermal unit 的簡稱。

3. W. Youngquist, "Alternative Energy Sources – Myths and Realities," K. R. Gupta, M. A. Jankowska and P. Maiti (Ed.), *Global environment: problems and policies,* Vol. 2, Atlantic Publisher, pp. 151-160, 2008.

4. M. Fischer, M. Werber and P. V. Schwartz, "Batteries: Higher energy density than gasoline?," *Energy policy,* Vol. 37, pp. 2639-2641, 2009.

5. Elforsk, 2010, *State of the Art Report on Battery Chargers for Plug-in Hybrids 2010,* http://www.elforsk.se/rapporter/?rid=10_45_

6. Electrification Coalition, 2009, *Electrification Roadmap,* http://www.electrificationcoalition.org/sites/default/files/SAF_1213_EC-Roadmap_v12_Online.pdf

7. National Research Council, 2004, *The Hydrogen Economy: Opportunities, Costs, Barriers and R & D Needs.* National Academies Press.

8. R. L. Hirsch, R. Bezdek and R. Wendling, 2005, *Peaking of World Oil Production: Impacts, Mitigation, and Risk Management,* http://www.netl.doe.gov/energy-analyses/pubs/Oil_Peaking_NETL.pdf

9. U.S. Department of Energy, 2011, *2010 Fuel Cell Technologies Market Report,* http://www.nrel.gov/docs/fy11osti/51551.pdf

10. Argonne National Laboratory, "Combining gas and diesel engines could yield best of both worlds," http://www.anl.gov/Media_Center/News/2011/news110504_gas-diesel.html

11. S. C. Davis, S. W. Diegel and R. G. Boundy, 2011, *Transportation Energy*

Data Book, 30th Edition, Center for Transportation Analysis, http://cta.ornl. gov/data/download30.shtml

12. R. L. Hirsch, R. Bezdek and R. Wendling, 2005, *Peaking of World Oil Production: Impacts, Mitigation, and Risk Management,* http://www.netl.doe.gov/energy-analyses/pubs/Oil_Peaking_NETL.pdf

13. C. J. Cleveland, R. Costanza, C. A. S. Hall and R. Kaufmann,1984, "Energy and the U.S. economy: a biophysical perspective," *Science,* 225, pp. 890–897.

14. C. A. S. Hall, R. Powers and W. Schoenberg, 2008, "Peak Oil, EROI, Investments and the Economy in an Uncertain Future," in D. Pimentel (ed.), *Biofuels, Solar and Wind as Renewable Energy Systems,* pp. 109-132.

15. D. J. Murphy and C. A. S. Hall, 2010, "Year in review—EROI or energy return on (energy) invested," *Annals of the New York Academy of Sciences,* Volume 1185, *Ecological Economics Reviews,* pp. 102–118.

16. D. J. Murphy and C. A. S. Hall, 2011, *"Energy return on investment, peak oil, and the end of economic growth," Ann. N.Y. Acad. Sci.,* 1219, pp. 52–72.

17. M. Balat, H. Balat, 2009, "Recent trends in global production and utilization of bio-ethanol fuel," *Applied Energy,* 86, pp. 2273–2282.

18. U.S. Congress, Energy Independence and Security Act of 2007, Washington DC, 2007.

19. R. W. Gonzalez, T. Treasure, R. B. Phillips, H. Jameel and D. Saloni, 2011, "Economics of cellulosic ethanol production: Green liquor pretreatment for softwood and hardwood, greenfield and repurpose scenarios," *BioResources,* Vol 6, No 3, pp. 2551-2567.

20. ICIS news, 2011, "US proposes sharp cut in 2012 cellulosic ethanol use," http://www.icis.com/Articles/2011/06/21/9471571/us-proposes-sharp-cut-in-2012-cellulosic-ethanol-use.html

21. Philip T. Pienkos and Al Darzins, 2009, The promise and challenges of microalgal-derived biofuels, Biofuels, *Bioproducts and Biorefining,* 3, pp.

431–440.

22. P. M. Schenk, et al. , 2008, "Second Generation Biofuels: High-Efficiency Microalgae for Biodiesel Production," *Bioenerg. Res.* Vol. 1, pp. 20–43.

23. G. R. Timilsina, S. Mevel and A. Shrestha, 2011, *World Oil Price and Biofuels: A General Equilibrium Analysis,* The World Bank.

24. G. Fischer, "How do climate change and bioenergy alter the long-term outlook for food, agriculture and resource availability?" *Expert Meeting on How to Feed the World in 2050,* 24-26 June 2009.
ftp://ftp.fao.org/docrep/fao/012/ak972e/ak972e00.pdf

25. S. T. Chen, H. I. Kuo, C. C. Chen, 2010, "Modeling the relationship between the oil price and global food prices," *Applied Energy,* 87, pp. 2517–2525.

26. Philip T. Pienkos and Al Darzins, 2009, *The promise and challenges of microalgal-derived biofuels, Biofuels, Bioproducts and Biorefining,* 3, pp. 431–440.

27. R.. C. de Cerqueira Leite, M. R. L. VerdeLeal, L. A. B. Cortez, W. M. Griffin and M. I. G. Scandiffio, 2009, "Can Brazil replace 5% of the 2025 gasoline world demand with ethanol?," *Energy,* 34, pp. 655–661.

28. FAO, "FAO forum discusses how to feed the world in 2050,"
http://cap2020.ieep.eu/2009/11/3/fao-forum-discusses-how-to-feed-the-world-in-2050

29. D. Southgate, "Population Growth, Increases in Agricultural Production and Trends in Food Prices," *The Electronic Journal of Sustainable Development,* Vol. 1, No. 3, pp. 29-35, 2009.

30. H. C. J. Godfray,J. R. Beddington, I. R. Crute, L. Haddad, D. Lawrence, J. F. Muir, J. Pretty, S. Robinson, S. M. Thomas and C. Toulmin, 2010, "Food Security: The Challenge of Feeding 9 Billion People," *Science,* 327, pp. 812-818.

31. 美國農業部 2011 年 10 月份的估測，見 *World Agricultural Supply and Demand*

Estimates, http://usda01.library.cornell.edu/usda/waob/wasde//2010s/2011/wasde-10-12-2011.pdf

32. *The World Agricultural Supply and Demand Estimates* (WASDE) reports, http://www.usda.gov/oce/commodity/wasde/

33. 國際商情，2011/10/19，〈巴西甘蔗酒精逐漸喪失競爭優勢，甘蔗收割成本增加是主因〉，http://www.trademag.org.tw/News.asp?id=570026

34. 中国石化新闻网，〈巴西甘蔗乙醇发展强劲〉，http://www.sinopecnews.com.cn/shnews/content/2011-05/23/content_985082.shtml

35. 中央社，〈投資不足 巴西乙醇供需失調〉，http://n.yam.com/cnabc/fn/201105/20110524265327.html

36. P. C. Abbot, C. Hurt and W. E. Tyner, 2011, *What's Driving Food Prices in 2011?*, Farm Foundation.

Unit
5

1. Y. Wei, Y. Wang and D. Huang, 2010, "Forecasting crude oil market volatility: Further evidence using GARCH-class models." *Energy Economics,* 32(6), pp. 1477-1484.

2. J. H. Brown, W. R. Burnside, A. D. Davidsson, J. P. DeLong, W. C. Dunn, M. J. Hamilton, N. Mercado-Silva, J. C. Nekola, J. G. Okie, W. H. Woodruff and W. Zuo, 2010, "Energetic limits to economic growth," *Bioscience,* 61(1), pp. 19-26.

3. D. Fantazzini, M. Höök and A. Angelantoni, "Global oil risks in the early 21st Century, Energy Policy"（即將刊出）. http://papers.ssrn.com/sol3/papers.cfm?abstract_id=1935986

4. D. Fantazzini, M. Höök and A. Angelantoni, "Global oil risks in the early 21st Century, Energy Policy"（即將刊出）. http://papers.ssrn.com/sol3/papers.cfm?abstract_id=1935986

5. 原文 "What the bourgeoisie therefore produces, above all, are its own grave-diggers."

6. D. Ehrenfeld, 2005, "The environmental limits to globalization," *Conservation Biology,* 19(2), pp. 318–326.

7. J. H. Kunstler, 2005, *The Long Emergency.* Atlantic Monthly Press, New York, p. 185.

8. F. Curtis, 2009, "Peak globalization: Climate change, oil depletion and global trade," *Ecological Economics,* 69, pp. 427–434.

9. D. Hummels, 2007, "Transportation Costs and International Trade in the Second Era of Globalization," *The Journal of Economic Perspectives,* 21(3), pp. 131-154.

10. S. C. Davis, and S. W. Diegel, 2003, *Transportation Energy Data Book: Edition 23,* ORNL-6970.

11. R. Gilbert and A. Perl, 2008, *Transport Revolutions: Moving People and Freight Without Oil.* Earthscan, London.

12. F. Curtis, 2009, "Peak globalization: Climate change, oil depletion and global trade," *Ecological Economics,* 69, pp. 427–434.

13. J. C. Fransoo and C. Y. Lee, 2010, "Ocean Container Transport: An Underestimated and Critical Link in Global Supply Chain Performance," http://cms.ieis.tue.nl/Beta/Files/WorkingPapers/Beta_wp303.pdf

14. F. Curtis, 2009, "Peak globalization: Climate change, oil depletion and global trade," *Ecological Economics,* 69, pp. 427–434.

15. F. Curtis, 2009, "Peak globalization: Climate change, oil depletion and global trade," *Ecological Economics,* 69, pp. 427–434.

16. F. Curtis, 2009, "Peak globalization: Climate change, oil depletion and global trade," *Ecological Economics,* 69, pp. 427–434.

17. G. R. McPherson and J. F. Weltzin, 2008, "Implications of peak oil for industrialized societies," *Bulletin of Science Technology & Society,* 28, pp. 187.

18. A. Nakov and A. Pescatori, 2009, "Oil and the Great Moderation," *The Economic Journal,* 120, pp. 131–156.

19. R. L. Hirsch, 2007, "Mitigation of maximum world oil production: Shortage scenarios," *Energy Policy,* 36, pp. 881–889.

20. S. Lardica and V. Mignona, 2008, "Oil prices and economic activity: An asymmetric cointegration approach," *Energy Economics,* 30, pp. 847–855.

21. IMF, April 2011, World Economic Outlook 2011, http://www.imf.org/external/pubs/ft/weo/2011/01/

22. M. Höök, R. Hirsch and K. Aleklett, 2009, "Giant oil field decline rates and their influence on world oil production," *Energy Policy,* 37(6), pp.2262–2272.

23. D. J. Murphy and C. A. S. Hall, 2011, "Energy return on investment, peak oil, and the end of economic growth," *Ann. N.Y. Acad. Sci.,* 1219, pp. 52–72.

24. 假如原油從 2011 年起每年平均減產 4.0％，而油沙等非傳統原油以每桶平均 80 美元的價格每年增產 2.0％，2030 年時石油價格將會比 2011 年高 67％，平均每年漲 3.3％。

25. IMF, April 2011, *World Economic Outlook 2011,* pp. 101-108.

26. 這三個預測模型有共同的假設：基於 1990-2009 年的數據分析，需求的價格彈性（Price elasticity of oil demand）短期內是 0.02，而長期則是 0.08；供給的價格彈性（Price elasticity of oil supply）為 0.03；石油價格所占各種經濟活動的成本為 2％至 5％，依地區與產業別而定；原油開採的成本占營收的 40％，之後每年成長 2％～ 4％。其他細節見 IMF, April 2011, *World Economic Outlook 2011,* http://www.imf.org/external/pubs/ft/weo/2011/01/

27. U. Lehr, C. Lutz and K. Wiebe, 2011, *Medium Term Economic Effects of Peak Oil Today,* GWS mbH.

28. M. Kumhof, D. Laxton, D. Muir and S. Mursula, 2010, "The Global Integrated Monetary and Fiscal Model (GIMF)–Theoretical Structure," IMF Working Paper No. 10/34,
http://www.imf.org/external/pubs/ft/wp/2010/wp1034.pdf

29. C. Lutz and B. Meyer, 2009, "Economic impacts of higher oil and gas prices. The role of international trade for Germany." *Energy Economics,* 31, pp. 882-887.

30. C.Lutz, B. Meyer and M. I. Wolter, 2010, "The Global Multisector/ Multicountry 3-E Model GINFORS. A Description of the Model and a Baseline Forecast for Global Energy Demand and CO_2 Emissions." *Int. J. Global Environmental Issues,* 10(1-2), pp. 25-45.

31. I. Korhonen and S. Ledyaeva, 2010, "Trade linkages and macroeconomic effects of the price of oil," *Energy Economics,* 32, pp. 848–856.

32. FAO, "Countries by commodity", on-line data base FAOSTAT, http://faostat.fao.org/site/339/default.aspx

Unit

6

1. World coal association, 2011, "Top Ten Hard Coal Producers", http://www. worldcoal.org/coal/coal-mining/

2. BP, 2011, *BP Statistical Review of World Energy June 2011.*

3. U.S. Geological Survey, January 2011, *Mineral Commodity Summaries,* p.84, http://minerals.usgs.gov/minerals/pubs/mcs/2011/mcs2011.pdf

4. CIA, The World Factbook, https://www.cia.gov/library/publications/the-world-factbook/rankorder/2003rank.html

5. R. Masih, S. Peters and L. De Mello, 2011, "Oil price volatility and stock price fluctuations in an emerging market: Evidence from South Korea," *Energy Economics,* 33, pp. 975–986.

6. J. D. Hamilton, 1996, "This is what happened to the oil price-macroeconomy relationship," *Journal of Monetary Economics,* 38, pp. 215-220.

7. I. Korhonena and S. Ledyaeva, 2010, "Trade linkages and macroeconomic effects of the price of oil," *Energy Economics,* 32(4), pp. 848-856.

8. P. Segal, 2007, *Why Do Oil Price Shocks No Longer Shock?,* Oxford Institute for Energy Studies Working paper, No. 35.
http://www.oxfordenergy.org/wpcms/wp-content/uploads/2010/11/WPM35-WhyDoOilShocksNoLongerShock-PaulSegal-2007.pdf

9. J. D. Hamilton and A. M. Herrera, 2004, "Oil Shocks and Aggregate Macroeconomic Behavior: The Role of Monetary Policy," *Journal of Money, Credit, and Banking,* 36, pp. 265-286.

10. A. M. Herrera and E. Pesavento, 2009, "Oil Price Shocks, Systematic Monetary Policy, and the 'Great Moderation'," *Macroeconomic Dynamics,* 13, pp. 107-137.

11. R. B. Barsky and L. Kilian, 2004, "Oil and the Macroeconomy Since the 1970's," *Journal of Economic Perspectives,* 18, pp. 115-134.

12. O. J. Blanchard and J. Galì, 2010, "The Macroeconomic Effects of Oil Price Shocks: Why Are 2000's So Different from the 1970's?" In J. Galì and M. Gertler (eds.), *International Dimensions of Monetary Policy,* pp. 373-421. Chicago: University of Chicago Press.

13. A. Nakov and A. Pescatori, 2009, "Oil and the great moderation," *The Economic Journal,* 120 (3), pp. 131–156.

14. J. I. Miller and S. Ni, 2010, *Long-Term Oil Price Forecasts: A New Perspective on Oil and the Macroeconomy,* http://web.missouri.edu/~nix/OPMFore1.pdf

15. L. Dua, Y. Heb and C. Wei, 2010, "The relationship between oil price shocks and China's macro- economy: An empirical analysis," *Energy Policy,* 38, pp. 4142–4151.

16. H. T. Wong, 2010, "Terms of trade and economic growth in Japan and Korea: an empirical analysis," *Empirical Economy,* 38, pp. 139–158.

17. I. Korhonen and S. Ledyaeva, 2010, "Trade linkages and macroeconomic effects of the price of oil," *Energy Economics,* 32, pp. 848–85.

18. J. Cunadoa and F. Perez de Gracia, 2005, "Oil prices, economic activity and inflation: evidence for some Asian countries," *The Quarterly Review of Economics and Finance,* 45(1), pp. 65-83.

19. S. F. Schuberta and S. J. Turnovsky, 2011, "The impact of oil prices on an oil-importing developing economy," *Journal of Development Economics,* 94(1), pp. 18-29.

20. 日本石油自給率 0％，這是有些研究對日本評價偏悲觀的主要理由。但是日本經濟對於石油的倚賴程度是亞洲最低的，因此澳洲的研究較樂觀，跟 IMF 的評估相近。由於不同研究報告在評估兩個因素對日本的影響時，給予不同的比重，因此評估結果差距非常大。

21. N. Yahaba, 2010, *How Does A Decrease In Oil Production Affect The World Economy?*, The Australian National University, Asia Pacific Economic Paper No. 388.

22. S. S. Changa, J. A. C. Sterne, W. C. Huang, H. L. Chuang and D. Gunnell, 2010, Association of secular trends in unemployment with suicide in Taiwan, 1959–2007: A time-series analysis, *Public Health,* 124(1), pp. 49-54.

23. N. Jasani and A. Sen, 2008, *Asian Food and Rural Income,* Credit Suisse, p. 23. http://media.rgemonitor.com/papers/0/asia_072508

24. N. Jasani and A. Sen, 2008, Asian Food and Rural Income, Credit Suisse, p. 23. http://media.rgemonitor.com/papers/0/asia_072508

25. 朱淑娟，2011，〈糧食安全何去何從？（4-1）農委會宣布：2020 糧食自給率提高到 40％〉《環境報導》，http://shuchuan7.blogspot.com/2011/05/1202040.html

26. N. Jasani and A. Sen, 2008, *Asian Food and Rural Income,* Credit Suisse, p. 177. http://media.rgemonitor.com/papers/0/asia_072508

27. D. Cordella., J. O. Drangerta, S. White, 2009, "The story of phosphorus: Global food security and food for thought," *Global Environmental Change,* 9(2), pp. 292-305.

28. S. M. Jasinski, 2008, *Phosphate Rock, Mineral Commodity Summaries,* http://minerals.usgs.gov/minerals/pubs/commodity/phosphate_rock/

29. W. Stewart, L. Hammond and S. J. V. Kauwenbergh, 2005, *Phosphorus as a Natural Resource. Phosphorus: Agriculture and the Environment,* Agronomy Monograph No.46. Madison, American Society of Agronomy, Crop Science Society of America, Soil Science.

30. R. Wassmann, S. V. K. Jagadish, K. Sumfleth, H. Pathak, G. Howell, A. Ismail, R. Serraj, E. Redona, R. K. Singh and S. Heuer, 2009, "Regional vulnerability of climate change impacts on Asian rice production and scope for adaptation," *Advances in Agronomy,* 102, pp. 91-133.

31. A. Biewald, S. Rolisnki, H. Lotze-Campen and C. Schmitz, 2011, "Implementing bilateral trade in a global landuse model," *EAAE 2011 Congress,* August 30 to September 2, ETH Zurich, Zurich, Switzerland.

32. A. Biewald, H. Lotze-Campen, S. Rolinski and C. Schmitz, 2011, "The effect of oil price increases on agricultural trade: Simulations with a global land use model," http://ageconsearch.umn.edu/bitstream/114251/2/Biewald_Anne_424.pdf

33. A. Bauer and M. Thant (Ed.), 2010, *Poverty and Sustainable Development in Asia Impacts and Responses to the Global Economic Crisis,* Asian Development Bank.

34. 大紀元，〈陳添枝：高油價恐使台灣貿易成長減緩〉，2008 年 7 月 11 日，http://www.epochtimes.com/b5/8/7/11/n2188199.htm

35. A. H. Hallett and C. Richter, 2009, "Is the US no longer the economy of first resort? Changing economic relationships in the Asia-Pacific region," *Int Econ Econ Policy,* 6, pp. 207–234.

36. United Nations, 2011, World Economic Situation and Prospects 2011, http://www.un.org/en/development/desa/policy/wesp/wesp_current/2011wesp_prerelease1.pdf

37. W. Thorbecke, 2009, *Can East Asia be an Engine of Growth for the World Economy?,* RIETI Discussion Paper Series 09-E-006, http://www.rieti.go.jp/jp/publications/dp/09e006.pdf

Unit

7

1. CIA, 2011, "The world factbook," https://www.cia.gov/library/publications/the-world-factbook/rankorder/2001rank.html

2. IMF, 2011, World Economic Outlook Database, http://www.imf.org/external/pubs/ft/weo/2011/02/weodata/WEOSep2011all.xls

3. 內政部＆經濟建設委員會，2006，〈人口高齡化及少子化的衝擊與因應〉，http://theme.cepd.gov.tw/tesg/reports/950505 人口高齡化及少子化的衝擊與因應 .pdf

4. 行政院經濟建設委員會，2010，〈因應高齡化時代來臨的政策建議〉，http://www.cepd.gov.tw/m1.aspx?sNo=0012844

5. 陳信木，2009，《從調控勞動參與行為分析少子化下我國人口依賴關係及因應對策》，行政院經濟建設委員會。http://www.cepd.gov.tw/dn.aspx?uid=7345

6. 行政院環境保護署，2011，〈南非德班氣候會議對我政策走向的影響與啟示〉，http://ivy5.epa.gov.tw/enews/fact_Newsdetail.asp?InputTime=1001214163437

7. UNFCCC, 2012, "Introductory Guide to Documents," http://unfccc.int/documentation/introductory_guide_to_documents/items/2644.php

8. 《經濟日報》，2011，〈評德班氣候會議〉，http://udn.com/NEWS/OPINION/OPI1/6802972.shtml

9. 經濟部，2009，《87 年全國能源會議結論執行成效與檢討》。

10. 經濟部能源局，2012，〈節約能源推動現況及成效〉，http://www.moeaboe.gov.tw/About/webpage/book5/page3.htm

11. 經濟部能源局，2009，《94 年全國能源會議結論執行成效與檢討》。

12 經濟部能源局，2009，《98 年全國能源會議總結報告》。

13. 經濟部，2009，《87 年全國能源會議結論執行成效與檢討》。

14. 經濟部能源局，2009，《94 年全國能源會議結論執行成效與檢討》。

15. 經濟部能源局，2009，《98 年全國能源會議總結報告》。

16. 《商業周刊》，2010，〈誰偷了我的血汗錢〉，1158 期，
http://www.businessweekly.com.tw/webarticle.php?id=39147&p=1

17. N. Pavcnik, 2011, Globalization and within-country income inequality, in M. Bacchetta and M. Jansen (Ed.), *Making Globalization Socially Sustainable,* Int. Labour Organization and World Trade Organization, pp. 233-259.

18. M. Bacchetta and M. Jansen, 2011, *Making Globalization Socially Sustainable,* International Labour Organization and World Trade Organization, pp. 1-2.

19. J. Haltiwanger, 2011, Globalization and economic volatility, in M. Bacchetta and M. Jansen (Ed.), *Making Globalization Socially Sustainable,* International Labour Organization and World Trade Organization, pp. 119-145.

20. W. Milberg and D. Winkler, 2011, Actual and perceived effects of offshoring on economic insecurity: The role of labour market regimes, in M. Bacchetta and M. Jansen (Ed.), *Making Globalization Socially Sustainable,* Int. Labour Organization and World Trade Organization, pp. 147-197.

21. H. Görg, 2011, "Globalization, offshoring and jobs," in M. Bacchetta and M. Jansen (Ed.), *Making Globalization Socially Sustainable,* International Labour Organization and World Trade Organization, pp. 21-47.

22. L. Foster, J. Haltiwanger and C. J. Krizan, 2001, "Aggregate productivity growth: Lessons from microeconomic evidence", *in New developments in productivity analysis,* University of Chicago Press, pp. 303–372.

23. W. Milberg and D. Winkler, 2011, Actual and perceived effects of offshoring on economic insecurity: The role of labour market regimes, in M. Bacchetta and M. Jansen (Ed.), *Making Globalization Socially Sustainable,* Int. Labour Organization and World Trade Organization, pp. 147-197.

24. D. Mitra and P. Ranjan, 2011, Social protection in labour markets exposed to external shocks, in M. Bacchetta and M. Jansen (Ed.), *Making Globalization Socially Sustainable,* Int. Labour Organization and World Trade Organization, pp. 199-231.

25. C. Boix, 2011, Redistribution policies in a globalized world, in M. Bacchetta and M. Jansen (Ed.), *Making Globalization Socially Sustainable,* Int. Labour Organization and World Trade Organization, pp. 261-296.

26. M. Spence, 2011, The Impact of Globalization on Income and Employment, *Foreign Affairs,* 90(4), pp. 28-41.

27. K. Pauw, M. Oosthuizen and C. Van der westhuizen, 2008, "Graduate unemployment in the face of skills shortages: a labour market paradox," *South African Journal of Economics,* 76(1), pp. 45-57.

28. S. Buchholz, D. Hofacker, M. Mills, H.-P. Blossfeld, K. Kurz and H. Hofmeister, 2009, "Life Courses in the Globalization Process: The Development of Social Inequalities in Modern Societies," *European Sociological Review,* 25(1), pp. 53–71.

29. D. N.F. Bell and D. G. Blanchflower, 2010, "UK unemployment in the great recession," *National Institute Economic Review,* 214(1), pp. R3-R25.

30. L. Eisler, 2008, "Globalization, justice and the demonization of youth," *Int. J. Social Inquiry,* 1(1), pp. 167-187.

31. J. Hellier and N. Chusseau, 2010, "Globalization and the Inequality–Unemployment Tradeoff," *Review Int. Economics,* 18(5), pp. 1028–1043.

32. L. Woessmann, 2011, Education policies to make globalization more inclusive, in M. Bacchetta and M. Jansen (Ed.), *Making Globalization Socially Sustainable,* Int. Labour Organization and World Trade Organization, pp. 297-315.

33. J. Haltiwanger, 2011, Globalization and economic volatility, in M. Bacchetta and M. Jansen (Ed.), *Making Globalization Socially Sustainable,* Int. Labour

Organization and World Trade Organization, pp. 119-145.

34. 陳寬政，1995，《因應我國人口高齡化之對策》，行政院研究發展考核委員會報告。

35. 《台灣立報》，2000，〈因應少子化 日專家將來台授經驗〉，http://www.lihpao.com/?action-viewnews-itemid-50610

36. 王湘瀚，2004，〈台灣社會人口變遷對教育政策發展的影響〉，《社會科教育研究》，9 期，255 -280 頁。

37. 內政部＆經濟建設委員會，2006，〈人口高齡化及少子化的衝擊與因應〉，http://theme.cepd.gov.tw/tesg/reports/950505 人口高齡化及少子化的衝擊與因應 .pdf

38. 陳信木，2009，《從調控勞動參與行為分析少子化下我國人口依賴關係及因應對策》，http://www.cepd.gov.tw/dn.aspx?uid=7345

39. 羅惠丹，2011，〈我國與日本之高等教育人員性別分析〉，http://www.edu.tw/files/site_content/B0013/100japan_gender.pdf

40. 陳德華，2011，〈論大學退場機制〉，http://120.96.85.10/news053/2011050903.asp?c=0200

41. 陳信木，2009，《從調控勞動參與行為分析少子化下我國人口依賴關係及因應對策》，http://www.cepd.gov.tw/dn.aspx?uid=7345

Unit
8

1. 經濟部能源局，2011，《能源統計年報》。

2. 經濟部能源局，2011，《能源統計月報》，http://www.moeaboe.gov.tw/opengovinfo/Plan/all/energy_mthreport/main/8.htm

3. 經濟部能源局，2011，《九十九年年報》，39-40頁。

4. R. Perez, K. Zweibel and T. E. Hoff, 2011, "Solar power generation in the US: Too expensive, or a bargain?," *Energy Policy,* 39(11), pp. 7290-7297.

5. K. J. Holmes1 and L. Papay, 2011, "Prospects for electricity from renewable resources in the United States," *J. Renewable and Sustainable Energy,* 3(4), 042701.

6. America's Energy Future Panel on Electricity from Renewable Resources, 2010, *Electricity from Renewable Resources: Status, Prospects, and Impediments,* National Academies Press, pp. 190-192.

7. M. Peters, T. S. Schmidt, D. Wiederkehr and M. Schneider, 2011, "Shedding light on solar technologies-A techno-economic assessment and its policy implications," *Energy Policy,* 39, pp. 6422–6439.

8. K. J. Holmes1 and L. Papay, 2011, "Prospects for electricity from renewable resources in the United States," *J. Renewable and Sustainable Energy,* 3(4), 042701.

9. REN 21, 2010, *Renewables 2010 Global Status Report.*

10. European Wind Energy Association, 2008, Pure *Power: Wind Energy Scenarios up to 2030.*

11. K. J. Holmes1 and L. Papay, 2011, "Prospects for electricity from renewable resources in the United States," *J. Renewable and Sustainable Energy,* 3(4), 042701.

台灣的危機與挑戰

260

12. R. Schmalensee, 2010, "Renewable Electricity Generation in the United States," in B. Moselle, J. Padilla and R. Schmalensee (Ed), *Harnessing Renewable Energy in Electric Power Systems: Theory, Practice, Policy,* RFF Press-Earthscan, pp. 209-232.

13. R. Sioshansi and P. Denholm, 2010, "The Value of Concentrating Solar Power and Thermal Energy Storage," *IEEE Trans. Sustainable Energy,* 1(3), pp. 173-183.

14. B. Steffen and C. Weber, 2011, *Efficient Storage Capacity in Power Systems with thermal and renewable generation,* University of Duisburg Essen.

15. M.B. Blarke and H. Lund, 2008, "The effectiveness of storage and relocation options in renewable energy systems," *Renewable Energy,* 33, pp. 1499–1507.

16. H. Ibrahima, A. Ilincaa and J. Perron, 2008, *Energy storage systems—Characteristics and comparisons, Renewable and Sustainable Energy Reviews,* 12, pp. 1221–1250.

17. America's Energy Future Panel on Electricity from Renewable Resources, 2010, *Electricity from Renewable Resources: Status, Prospects, and Impediments,* National Academies Press, pp. 163-164.

18. V. Fthenakisa, J. E. Masonc and K. Zweibel, 2009, "The technical, geographical, and economic feasibility for solar energy to supply the energy needs of the US," *Energy Policy,* 37(2), pp. 387-399.

19. R. Perez, K. Zweibel and T. E. Hoff, 2011, "Solar power generation in the US: Too expensive, or a bargain?," *Energy Policy,* 39(11), pp. 7290-7297.

20. K.H. Solangib, M.R. Islamb, R. Saidura, N.A. Rahimb and H. Fayazb, 2011, "A review on global solar energy policy," *Renewable and Sustainable Energy Reviews,* 15, pp. 2149–2163.

21. 經濟部能源局，2010，《98-107年長期負載預測與電源開發規劃摘要報告》，31-32頁。

22. 藍偉庭，2007，《台灣風力發電發展現況》，http://www.taiwangreenenergy.

org.tw/files/Activity/200712914132.pdf

23. 呂威賢，2003，〈我國風力發電推廣現況與展望〉，《太陽能及新能源學刊》，第八卷、第一期，1-17 頁。

24. 余勝雄，2007，〈我國風力發電現況及展望〉，《永續產業發展雙月刊》，35 集，17-21 頁。

25. 歐文生、何明錦、陳瑞鈴、陳建富、羅時麒，2008，〈台灣太陽能設計用標準日射量之研究〉，《建築學報》，第 64 期，103-118 頁。

26. 呂錫民，2010，〈我國裝置太陽能潛力探討〉，《能源報導》，http://energymonthly.tier.org.tw/Report/201011/31.pdf

27. H. S. Burnett, 2011, *Solar Power Prospects,* Policy Report No. 334, National Center for Policy Analysis, U.S..

28. 行政院經建會，2012，〈規劃氣候變遷調適政策綱領及行動計畫〉，http://apf.cier.edu.tw/main.asp?ID=8&Tree=1&OPENID=4

29. 經濟部能源局，2010，《98-107 年長期負載預測與電源開發規劃摘要報告》，41 頁。

30. 經濟部能源局，2010，《98-107 年長期負載預測與電源開發規劃摘要報告》，34-37 頁。

31. J. W. Tester, B. J. Anderson, A. S. Batchelor, D. D. Blackwell, R. DiPippo, E. M. Drake, J. Garnish, B. Livesay, M. C. Moore, K. Nichols, S. Petty, M. N. Toksoz, R. W Veatch, R. Baria, C. Augustine, E. Murphy, P. Negraru and M. Richards, 2007, "Impact of enhanced geothermal systems on US energy supply in the twenty-first century," *Phil. Trans. R. Soc. A,* 365, pp. 1057-1094.

32. J. W. Tester, B. J. Anderson, A. S. Batchelor, D. D. Blackwell, R. DiPippo, E. M. Drake, J. Garnish, B. Livesay, M. C. Moore, K. Nichols, S. Petty, M. N. Toksoz, R. W Veatch, R. Baria, C. Augustine, E. Murphy, P. Negraru and M. Richards, 2007, "Impact of enhanced geothermal systems on US energy supply in the twenty-first century," *Phil. Trans. R. Soc. A,* 365, pp. 1057-

1094.

33. C. R. Chamorro, M. E. Mondéjar, R. Ramos, J. J. Segovia, M. C. Martín, M. A. Villamañán, 2012, "World geothermal power production status: Energy, environmental and economic study of high enthalpy technologies," *Energy* (in press).

34. 經濟部能源局，2010，《2010 年能源產業技術白皮書》，296 頁。

35. K. Koshiba, 2009, "Current Status and Future Prospects of Geothermal Energy Use in Japan," *Japan for Sustainability,* 88, http://www.japanfs.org/en/mailmagazine/newsletter/pages/029640.html.

36. 李珊，2011，〈來自地心的禮物——地熱發電〉，《台灣光華雜誌》，http://mag.udn.com/mag/newsstand/printpage.jsp?f_ART_ID=334628

37. 陳逸格，2011，〈陽碁動力　台灣地熱資源先鋒〉，《工商時報》，http://news.chinatimes.com/LifeContent/1100/20110711000235.html

38. J. W. Tester, B. J. Anderson, A. S. Batchelor, D. D. Blackwell, R. DiPippo, E. M. Drake, J. Garnish, B. Livesay, M. C. Moore, K. Nichols, S. Petty, M. N. Toksoz, R. W Veatch, R. Baria, C. Augustine, E. Murphy, P. Negraru and M. Richards, 2007, "Impact of enhanced geothermal systems on US energy supply in the twenty-first century," *Phil. Trans. R. Soc. A,* 365, pp. 1057-1094.

39. H. S. Burnett, 2011, *Solar Power Prospects,* Policy Report No. 334, National Center for Policy Analysis, U.S.

Unit
9

1. 行政院原子能委員會，2011，〈核能電廠安全管制〉，http://www.iner.gov.
   tw/siteiner/wSite/ct?xItem=5675&ctNode=395&mp=INER

2. 呂國禎，2011，〈台灣核一廠　該提前除役！〉，《商業周刊》，1218 期，
   http://www.businessweekly.com.tw/webarticle.php?id=42868

3. 呂國禎，2011，〈台灣核一廠　該提前除役！〉，《商業周刊》，1218 期，
   http://www.businessweekly.com.tw/webarticle.php?id=42868

4. D. Biello, 2011, "Japan's nuclear crisis renews debate over environment,
   health, and global energy use," *Health Affairs,* 30(5), pp.811-813.

5. B. B. F. Wittneben, 2012, The impact of the Fukushima nuclear accident on
   European energy policy, *Environmental Science and Policy,* 15(1), pp. 1-3.

6. Wikipedia, 2011, "Fukushima Daiichi nuclear disaster,"
   http://en.wikipedia.org/wiki/Fukushima_Daiichi_nuclear_disaster

7. J. Oehmen, 2011, Why I am not worried about Japan's nuclear reactors,
   http://www.freerepublic.com/focus/f-bloggers/2688108/posts

8. 新華網，2011 年 04 月 13 日，〈日本政府瞞信息激怒老百姓　七級核災難令世界譁
   然〉，http://big5.xinhuanet.com/gate/big5/news.xinhuanet.com/world/2011-04/13/
   c_121299949.htm

9. J. Buongiorno, R. Ballinger, M. Driscoll, B. Forget, C. Forsberg, M. Golay,
   M. Kazimi, N. Todreas, J. Yanch, 2011, *Technical Lessons Learned from the
   Fukushima-Daichii Accident and Possible Corrective Actions for the Nuclear
   Industry: An Initial Evaluation,* http://mitnse.files.wordpress.com/2011/08/
   fukushima-lessons-learned-mit-nsp-025_rev1.pdf

10. A. M. Hooker, 2011, "Radiation and risk: Is it time for a regulatory threshold
    dose?," *Australas Phys. Eng. Sci. Med.,* 34, pp. 299–301.

11. Dennis Normile, 2011, "Fukushima Revives The Low-Dose Debate," *Science*, 332, 908-910.

12. T. Ohnishi, 2012, "The Disaster at Japan's Fukushima-Daiichi Nuclear Power Plant after the March 11, 2011 Earthquake and Tsunami, and the Resulting Spread of Radioisotope Contamination," *Radiation Research,* 177, pp. 1–14.

13. N. Hamada*, H. Ogino, 2012, "Food safety regulations: what we learned from the Fukushima nuclear accident," *J. Environmental Radioactivity,* 印刷中。

14. K. Hirose, 2012, "2011 Fukushima Daiichi nuclear power plant accident: summary of regional radioactive deposition monitoring results," *Journal of Environmental Radioactivity,* in press.

15. M.V. Ramana, 2009, "Nuclear Power: Economic, Safety, Health, and Environmental Issues of Near-Term Technologies," *Annual Review of Environment and Resources,* 34, pp. 127-152.

16. Der Spiegel，2011，http://www.spiegel.de/images/image-191816-galleryV9-nhjp.gif ，轉引自〈日本311福島地震後，核災風向－幅射塵分布圖即時狀況〉，http://tw.myblog.yahoo.com/cups93/article?mid=1151&prev=-1&next=1148

17. M.V. Ramana, 2009, "Nuclear Power: Economic, Safety, Health, and Environmental Issues of Near-Term Technologies," *Annual Review of Environment and Resources,* 34, pp. 127-152.

18. A. Nakamura and M. Kikuchi, 2011, "What We Know, and What We Have Not Yet Learned: Triple Disasters and the Fukushima Nuclear Fiasco in Japan," *Public Administration Review,* 71(6), 893-899.

19. 《中國時報》，2000 年 6 月 29 日，〈總統大選前夕　核廠 2A 事故一度緊張〉，http://forums.chinatimes.com/report/nuclear4/htm/89062902.asp

20. 《中國時報》，2000 年 6 月 19 日，〈核電廠未老先衰　潛伏危機〉，http://forums.chinatimes.com/report/nuclear4/htm/89061901.asp

21. ChinaTimes，2000，〈國內相關電廠狀況〉，http://forums.chinatimes.com/report/nuclear4/powerstation.asp

22. 馬非白,〈台灣核能電廠意外事故與缺失檔案〉,http://taiwantt.org.tw/books/cryingtaiwan2/cc/20-3.htm

23. 林宗堯,《核四論》,http://www.aec.gov.tw/www/policy/plans/files/plans_01_6_meeting_100-3_tem.pdf

24. 原子能委員會,2011,〈台灣會不會發生類似車諾比事故?(原能會)〉,http://www.iner.gov.tw/siteiner/wSite/ct?xItem=5653&ctNode=395&mp=INER

25. 原子能委員會,2011,〈台灣會不會發生類似美國三哩島事故?(原能會)〉,http://www.iner.gov.tw/siteiner/wSite/ct?xItem=5654&ctNode=395&mp=INER

26. A. Martensson, 1992, "Inherently safe reactors," *Energy Policy,* 20, pp. 660–71.

27. 〈台灣核一核二廠若發生事故,台北市民會不會被拒入新竹市?〉,http://erictpe01.pixnet.net/blog/category/2515887

28. 經濟部能源局,2010,《98-107年長期負載預測與電源開發規劃摘要報告》。

29. 經濟部能源局,2009,《94年全國能源會議結論執行成效與檢討》。

30. 經濟部能源局,2009,《98年全國能源會議總結報告》。

31. 經濟部能源局,2012,〈節約能源推動現況及成效〉,http://www.moeaboe.gov.tw/About/webpage/book5/page3.htm

32. Y. H Huang and J. H. Wu, 2008, "A portfolio risk analysis on electricity supply planning," *Energy Policy,* 36, pp. 627–641.

33. Y. H. Huang and J. H. Wu, 2009, "Energy policy in Taiwan: Historical developments, current Status and potential improvements," *Energies,* 2, pp.623-645.

34. NETL, 2008, *Storing CO_2 with Enhanced Oil Recovery,* National Energy Technology Laboratory, DOE/NETL-402/1312/02-07-08.

35. World Nuclear Association, 2008, *The Economics of Nuclear Power,* http://www.world-nuclear.org/uploadedFiles/org/info/pdf/EconomicsNP.pdf

36. J. C. Palacios, G. Alonso, R. Ramírez, A. Gómez, J. Ortiz, L. C. Longoria, 2004, "Levelized costs for nuclear, gas and coal for Electricity, under the

Mexican scenario,"

http://www.osti.gov/energycitations/product.biblio.jsp?osti_id=840500

37. 中技社，2008，〈「因應油價飆漲及地球暖化之能源價格政策」座談會紀要〉，
http://www.ctci.org.tw/public/Attachment/91511417714.pdf

Unit
10

1. 《自由時報》，2011 年 3 月 25 日，〈蔡：推核四不商轉　2025 非核家園〉，http://www.libertytimes.com.tw/2011/new/mar/25/today-fo1-2.htm

2. 《工商時報》，2011 年 11 月 4 日，〈馬：2016 年 核四商轉〉，http://money.chinatimes.com/news/news-content.aspx?id=20111104000051&cid=1211

3. 《聯合報》，2011 年 3 月 28 日，〈蔡英文提非核 李登輝：要怎麼非？〉http://udn.com/NEWS/NATIONAL/NATS2/6238417.shtml

4. H. Lund, 2000, "Choice awareness: the development of technological and institutional choice in the public debate of Danish energy planning," *J. Environ. Planning Policy Manage.,* 2, pp. 249–59.

5. Trading Economics, 2012, "GDP growth (annual %) in Denmark," http://www.tradingeconomics.com/denmark/gdp-growth-annual-percent-wb-data.html

6. B. Vad Mathiesen, H. Lund, and K. Karlsson, 2011, "100% Renewable energy systems, climate mitigation and economic growth," *Applied Energy,* 88, pp. 488–501.

7. B. V. Mathiesen, H. Lund and P. Norgaard, 2008 "Integrated transport and renewable energy systems," *Utilities Policy,* 16(2), pp. 107–16.

8. H. Lund and B. V. Mathiesen, 2009, "Energy system analysis of 100% renewable energy systems – the case of Denmark in years 2030 and 2050," *Energy,* 34(5), pp. 524–31.

9. B. Vad Mathiesen, H. Lund, and K. Karlsson, 2011, "100% Renewable energy systems, climate mitigation and economic growth," *Applied Energy,* 88, pp. 488–501.

10. B. Vad Mathiesen, H. Lund, and K. Karlsson, 2011, "100% Renewable energy

systems, climate mitigation and economic growth," *Applied Energy,* 88, pp. 488–501.

11. ESB International, Future Energy Solutions and Energy Research Group (UCD), 2004, *Renewable energy resource: Ireland to 2010 and 2020,* http://www.sei.ie/uploadedfiles/FundedProgrammes/REResources20102020MainReport.pdf

12. P. Meibom, R. Barth, H. Brand, B. Hasche, H. Ravn and C. Weber, 2008, "All-island grid study: wind variability management studies," Dept. Communications, Energy and Natural Resources, Ireland. http://www.dcenr.gov.ie/Energy/Latest+News/All-Island+Grid+Study+Published.htm

13. D. Connolly, H. Lund, B. V. Mathiesen and M. Leahy, 2011, "The first step towards a 100% renewable energy-system for Ireland," *Applied Energy,* 88, pp. 502–507.

14. 交通部，2012，〈機動車輛登記數〉，http://www.motc.gov.tw/mocwebGIP/wSite/lp?ctNode=550&CtUnit=94&BaseDSD=16&mp=1

15. 千里步道籌畫中心，2011，〈致兩黨主席與五都候選人〉，http:// www.sysfeather.com/case/cuni/Upload/20113110454233.doc

16. 交通部，2011，〈第十三篇：都市交通〉，《99年度交通年鑑》，http://www.motc.gov.tw/motchypage/hypage.cgi?HYPAGE=yearbook.asp

17. J. L. Hu and C. H. Lin, 2008, "Disaggregated energy consumption and GDP in Taiwan: A threshold co-integration analysis," *Energy Economics,* 30, pp. 2342–2358.

18. F. Yaob, Y. Chenc, C. Wuc and W. Pand, 2010, "Causal Relationship of Taiwan GDP and Energy Consumption: The One-way Effect Approacha," *Kagawa University Economic Review,* 82(4), pp. 69-90.

19. 經濟部能源局，2011，《九十九年年報》，13-14頁。

20. 梁啟源，2007，〈我國永續發展之能源價格政策〉，《臺灣經濟預測與政策》，37(2)，1–35頁。

21. 梁啟源，2009，〈能源稅對臺灣能源需求及經濟之影響〉，《臺灣經濟預測與政策》，40(1)，45–78 頁。

22. 梁啟源，2009，〈能源價格波動對國內物價與經濟活動的影響〉，《中央銀行季刊》，31(1)，9-34 頁。

23. F. Yaob, Y. Chenc, C. Wuc and W. Pand, 2010, "Causal Relationship of Taiwan GDP and Energy Consumption: The One-way Effect Approacha," *Kagawa University Economic Review*, 82(4), pp. 69-90.

24. J. L. Hu and C. H. Lin, 2008, "Disaggregated energy consumption and GDP in Taiwan: A threshold co-integration analysis," *Energy Economics,* 30, pp. 2342–2358.

25. F. Yaob, Y. Chenc, C. Wuc and W. Pand, 2010, "Causal Relationship of Taiwan GDP and Energy Consumption: The One-way Effect Approacha," *Kagawa University Economic Review,* 82(4), pp. 69-90.

26. 梁啟源，2007，〈我國永續發展之能源價格政策〉，《臺灣經濟預測與政策》，37(2)，1–35 頁。

27. IEA, 2011, *Key World Energy Statistics 2011,* http://www.iea.org/textbase/ nppdf/free/2011/key_world_energy_stats.pdf

28. 經濟部能源局，2011，《我國燃料燃燒 CO_2 排放統計與分析》。

29. 梁啟源，2007，〈我國永續發展之能源價格政策〉，《臺灣經濟預測與政策》，37(2)，1–35 頁。

30. 中技社，2008，〈「因應油價飆漲及地球暖化之能源價格政策」座談會紀要〉，http://www.ctci.org.tw/public/Attachment/91511417714.pdf

31. 梁啟源，2009，〈能源價格波動對國內物價與經濟活動的影響〉，《中央銀行季刊》，31(1)，9-34 頁。

Unit

11

1. 杜震華，2011，〈台灣的產業政策該改弦易轍了〉，《台灣時報》，4 月 5 日社論。

    http://www.tcf.tw/index.php?option=com_content&view=article&id=2638:2609&catid=146&Itemid=742

2. 曾志超，2009，〈WiMAX 政策　孤注一擲〉，《蘋果日報》，http://tw.nextmedia.com/applenews/article/art_id/31319369/IssueID/20090115

3. 郭文興，2009，〈LTE 與 WiMAX 鹿死誰手？〉，http://www.zdnet.com.tw/enterprise/technology/0,2000085680,20139349-2,00.htm

4. 洪綾襄，2011，〈WiMAX 停滯、LTE 無法進場 4G 產業已高速啟動，台灣何去何從？〉，《遠見雜誌》，第 302 期，http://www.gvm.com.tw/Boardcontent_18584.html

5. 曾志超，2009，〈浮而不實的兆元產業〉，《蘋果日報》，http://tw.nextmedia.com/applenews/article/art_id/31574025/IssueID/20090424

6. 監察院，2011，〈100 財正 0023 號　產業政策糾正案文〉，http://www.cy.gov.tw/AP_HOME/Op_Upload/eDoc/ 糾正案 /100/100000097 產業政策糾正案文 .pdf

7. 監察院，2011，〈100 財正 0023 號　產業政策糾正案文〉，12-13 頁，http://www.cy.gov.tw/AP_HOME/Op_Upload/eDoc/ 糾正案 /100/100000097 產業政策糾正案文 .pdf

8. 蔡文達，2003，《員工分紅入股制度對高科技產業發展之影響》，碩士論文，雲林科技大學企業管理研究所。

9. 陳金鈴、林玟伶、高慈婷、葉蕙瑛，2003，《剖析員工分紅制度之黑暗面－以台積電、聯電、台塑為例》，雲林科技大學企業管理研究所專題報告，http://www.mba.yuntech.edu.tw/teachers/yuhy/casestudy/92/92 員工分紅黑暗面 /online.pdf

10. 蔡文達，2003，《員工分紅入股制度對高科技產業發展之影響》，碩士論文，雲林科技大學企業管理研究所。

11. 陳永霖，2010，《員工分紅費用化制度實施後高科技產業人力資源實務探討》，碩士論文，國立中山大學人力資源管理研究所碩士在職專班。

12. 監察院，2011，〈100 財正 0023 號　產業政策糾正案文〉，12 頁，http://www.cy.gov.tw/AP_HOME/Op_Upload/eDoc/ 糾正案 /100/100000097 產業政策糾正案文 .pdf

13. 《經濟日報》，2011，〈機械差點成兆元產業〉，http://www.uvmc.com.tw/columnpro/enewspage_add_v2.asp?id=8430

14. 曾志超，2009，〈由幾項數字看台灣科技產業的未來〉，《國家政策研究基金會》，http://www.npf.org.tw/post/2/10095

15. 監察院，2011，〈100 財正 0023 號　產業政策糾正案文〉，6 頁，http://www.cy.gov.tw/AP_HOME/Op_Upload/eDoc/ 糾 正 案 /100/100000097 產業政策糾正案文 .pdf

16. 朱柔若，2010，〈科學園區的經濟效益與環境負債：台灣個案探討〉，第二屆 STS 年會，國立高雄海洋科技大學，5 月 15-16 日，http://www.yaw.com.tw/sts/2010/data/content/a-5-B-2.pdf

17. 《商業周刊》，2010，〈三大科學園區負債　一百年還不完的報導〉，第 1191 期，http://mypaper.pchome.com.tw/taisun222/post/1321431210

18. 《商業周刊》，2010，〈三大科學園區負債　一百年還不完的報導〉，第 1191 期，http://mypaper.pchome.com.tw/taisun222/post/1321431210

19. 《工商時報》，2011，〈銀行界不能說的秘密　面板業大到不能倒〉，http://money.chinatimes.com/news/print.aspx?artid=20111114001386

20. 《中國時報》，2011，〈融資總額　至少六千五百億元　銀行擔心被拖垮〉，http://money.chinatimes.com/news/news-content.aspx?id=20111118000829&cid=1206

21. 《經濟日報》，2011，〈台灣產業發展須面對的真相〉，7 月 11 日社論。http://paper.udn.com/udnpaper/PID0004/197806/web/

22. 杜震華，2009，〈不可取的 DRAM 抒困決策模式〉，《台灣時報》，2月
    19 日社論。
    http://www.tcf.tw/index.php?option=com_content&view=article&id=311:286
    &catid=146&Itemid=742

23. 莊政益，2007，〈組裝型設備製造業在場地限制下之訂單排程研究──以
    LCD 設備製造業為例〉，碩士論文，東海大學工業工程與經營資訊研究所。

24. 曾志超，2009，〈推動新興產業政策應避免重蹈 DRAM 覆轍〉，《國家政
    策研究基金會》，http://www.npf.org.tw/post/1/5787

25. 金屬中心，2010，〈國內半導體設備產業競爭力分析〉，http://www.mii.itis.
    org.tw/book/P2_FreeRptDetail.aspx?rptidno=248647940

26. 大紀元，2008，〈經部：2012 年半導體設備自製率將大幅提升〉，http://
    www.epochtimes.com/b5/8/7/22/n2200519.htm

27. 主計處，國民所得統計摘要。http://www.dgbas.gov.tw/ct.asp?xItem=28862&
    ctNode=3099

28. 監察院，2011，〈100 財正 0023 號　產業政策糾正案文〉，6-7 頁，http://
    www.cy.gov.tw/AP_HOME/Op_Upload/eDoc/ 糾正案 /100/100000097 產業政
    策糾正案文 .pdf

29. 林宗弘、洪敬舒、李建鴻、王兆慶、張烽益，2011，《崩世代：財團化、貧
    窮化與少子女化的危機》，31-32 頁。

30. 賴幸媛，2006，〈台灣對外投資的癥結〉，《新台灣新聞週刊》，512 期，
    http://www.newtaiwan.com.tw/bulletinview.jsp?bulletinid=23495

31. 監察院，2011，〈100 財正 0023 號　產業政策糾正案文〉，7-8 頁，
    http://www.cy.gov.tw/AP_HOME/Op_Upload/eDoc/ 糾 正 案 /100/100000097
    產業政策糾正案文 .pdf

32. 經濟部投資業務處，2012，〈BERI：我國投資環境排名全球第三名〉，
    http://cdnet.stpi.org.tw/techroom/policy/2012/policy_12_001.htm

33. 林祖嘉，2011，〈台商在兩岸經貿發展的過去與未來〉，《國家政策研究基
    金會》，http://www.npf.org.tw/post/2/8948

34. 戴肇洋，2011，〈再使中小企業奔騰〉，《工商時報》，2011年8月5日A6版。
    http://www.tcf.tw/index.php?option=com_content&view=article&id=2886:20
    110805&catid=146&Itemid=742

35. M. McMillan and D. Rodrik, 2011, "Globalization, structural change
    and productivity growth," in M. Bacchetta and M. Jansen (Ed.), *Making
    Globalization Socially Sustainable*, International Labour Organization and
    World Trade Organization, pp. 49-83.

36. J. Haltiwanger, 2011, Globalization and economic volatility, in M. Bacchetta
    and M. Jansen (Ed.), *Making Globalization Socially Sustainable*, Int. Labour
    Organization and World Trade Organization, pp. 119-145.

Unit
12

1. P. Davidsson, L. Achtenhagen and L. Naldi, 2010, "Small firm growth," *Foundations and Trends in Entrepreneurship*, 6(2), pp. 69-166.

2. D. B. Audretsch, L. Klomp, E. Santarelli and A. R. Thurik, 2004, "Gibrat's law: are the services different?", *Review of Industrial organization*, 24(3), pp. 301-324.

3. A. Coad and R. Rao, 2008, "Innovation and firm growth in high-tech sectors: A quantile regression approach," *Research Policy*, 37(4), pp. 633–648.

4. G. Bottazzi, A. Coad, N. Jacoby and A. Secchi, 2011, "Corporate growth and industrial dynamics: Evidence from French manufacturing," *Applied Economics*, 43(1), pp. 103-116.

5. F. Lotti, E. Santarelli and M. Vivarelli, 2007, *Defending Gibrat's Law as a Long-Run Regularity*, Institute for the Study of Labor, IZA, Germany.

6. T. Beck and A. Demirguc-Kunt, 2006, "Small and medium-size enterprises: Access to finance as a growth constraint," *J. Banking & Finance*, 30(11), pp. 2931–2943.

7. X. Fu, 2004, "Limited linkages from growth engines and regional disparities in China," *Journal of Comparative Economics*, 32(1), pp. 148–164.

8. A. Fosfuri, M. Motta and T. Ronde, 2001, "Foreign direct investment and spillovers through workers' mobility," *Journal of International Economics*, 53(1), pp. 205–222.

9. A. G. Z. Hu and G. H. Jefferson, 2002, "FDI impact and spillover: Evidence from China's electronic and textile industries," *World Economy*, 38(4), pp. 1063–1076.

10. B. S. Javorcik, 2004, "Does foreign direct investment increase the

productivity of domestic firms? In search of spillovers through backward linkages," *American Economic Review,* 94(3), pp. 605–627.

11. C. Pietrobelli and F. Saliola, 2008, "Power relationships along the value chain: Multinational firms, global buyers, and local suppliers' performance," *Cambridge Journal of Economics,* 32(6), pp. 947–962.

12. E. Franco, S. Ray and P. Kanta Ray, 2011, "Patterns of Innovation Practices of Multinational- affiliates in Emerging Economies: Evidences from Brazil and India," *World Development,* 39(7), pp. 1249–1260.

13. Y. Zhou, 2006, *Features and impacts of the internationalisation of R&D by transnational corporations: China s case. In Globalisation of R&D and Developing Countries,* New York and Geneva: UNCTAD, United Nations.

14. S. Sasidharan and V. Kathuria, 2011, "Foreign Direct Investment and R&D: Substitutes or Complements-A Case of Indian Manufacturing after 1991 Reforms," *World Development,* 39(7), pp. 1226–1239.

15. D. Acemoglu, 2002, "Directed technical change," *Review of Economic Studies,* 69, pp. 781–810.

16. D. Acemoglu and F. Zilibotti, 1999, "Information accumulation in development," *Journal of Economic Growth,* 4(1), pp. 5–38.

17. S. Basu and D. N. Weil, 1998, "Appropriate technology and growth," *Quarterly Journal of Economics,* 113, pp. 1025–1054.

18. K. W. Willoughby, 1990, "Technology choice. A critique of the appropriate technology movement (Book)," *Futurist,* 24(4), pp. 45.

19. X. Fu and C. Pietrobelli, 2011, "The Role of Foreign Technology and Indigenous Innovation in the Emerging Economies: Technological Change and Catching-up," *World Development,* 39(7), pp. 1204–1212.

20. J. P. Ulhøi, 2012, "Modes and orders of market entry: revisiting innovation and imitation strategies, " *Technology Analysis & Strategic Management,* 24(1), pp. 37-50.

台灣的危機與挑戰

21. G. S.Carpenter and K. Nakamoto, 1989, "Consumer preference formation and pioneering advantage," *Journal of Marketing Research,* 26, pp. 285–98.

22. S. J. Hoch and J. Deighton, 1989, "Managing what consumers learn from experiences," *Journal of Marketing,* 53, pp. 1–21.

23. M. B. Lieberman and D. B. Montgomery, 1988, "First-mover advantages," *Strategic Management Journal,* 9, pp. 41–58.

24. M. B. Lieberman and D. B. Montgomery, 1988, "First-mover (dis)advantages: Retrospective and link with the resource based view," *Strategic Management Journal,* 19, pp. 11–25.

25. H. Lee, K. G. Smith, C. M. Grimm and A. Schomburg, 2000, "Timing, order and durability of new product advantages with imitation," *Strategic Management Journal,* 21, pp. 23–30.

26. H. Chesbrough and R. Rosenblom, 2002, "The role of the business model in capturing value from innovation: evidence from Xerox corporation's technology spinoff companies," *Industrial and Corporate Change,* 11, pp. 529–56.

27. R. E. Miles, G. Miles, C. C. Snow, K. Blomqvist and H. O. Rocha, 2009, "The I-form organization," *California Management Review,* 51(4), pp. 59–74.

28. X. Fu and C. Pietrobelli, 2011, "The Role of Foreign Technology and Indigenous Innovation in the Emerging Economies: Technological Change and Catching-up," *World Development,* 39(7), pp. 1204–1212.

29. P. Kesting and J. P. Ulhø, 2010, "Employee-driven innovation: Extending the license to foster innovation," *Management Decision,* 48, pp. 65–84.

30. R. R. Nelson and S. G. Winter, 1982, *An evolutionary theory of economic change.* Cambridge, MA: The Belknap Press of Harvard University Press.

31. M.-C. Hu and J. A. Mathews, 2008, "China's national innovative capacity," *Research Policy,* 37, pp. 1465–79.

32. D.Kale and S. Litle, 2007, "From imitation to innovation: The evolution

of R&D capabilities and learning processes in the Indian pharmaceutical industry," *Technology Analysis & Strategic Management,* 19, pp. 589–609.

33. L. Kim, 1997, "The dynamics of Samsung's technological learning in semiconductors," *California Management Review, 39(3),* pp. 86–100.

34. M.-C. Hu and J. A. Mathews, 2005, "National innovative capacity in East Asia," *Research Policy,* 34, pp. 1322–1349.

35. A. Ely and I. Scoones, 2011, "The Global Redistribution of Innovation: Lessons from China and India," http://final.dime-eu.org/files/Ely_B8.pdf

36. 中華民國商業總會，2011，〈日強震對我產業之影響〉，http://124.219.27.212/cgi-bin/big5/k/37a2?q1=dp1&time=17:19:39&q27=20110426114625&q35=&q65=2006003&q22=8

37. 郭奕伶，2011，〈大肚山下的苦行僧〉，《商業周刊》，1226 期，http://www.businessweekly.com.tw/webarticle.php?id=43405

38. D.Kale and S. Litle, 2007, "From imitation to innovation: The evolution of R&D capabilities and learning processes in the Indian pharmaceutical industry," *Technology Analysis & Strategic Management,* 19, pp. 589–609.

39. T.Minagawa, Jr, P. Trott and A. Hoecht, 2007, "Counterfeit, imitation, reverse engineering and learning: Reflections from Chinese manufacturing firms," *R&D Management,* 37, pp. 455–67.

40. K. Z. Zhou, 2006, "Innovation, imitation, and new product performance: The case of China," *Industrial Marketing Management,* 35, PP. 394–402.

41. M. Zeng and P. J. Williamson, 2007, *Dragons at your door: How Chinese cost innovation is disrupting global competition.* Boston, MA: Harvard Business School Press.

42. C. K. Prahalad, 2004, *The Fortune at the Bottom of the Pyramid: Eradicating Poverty through Profits,* N. J. : Wharton School Publishing.

43. J. P. Ulhøi, 2012, "Modes and orders of market entry: revisiting innovation and imitation strategies, " *Technology Analysis & Strategic Management,*

24(1), pp. 37-50.

44. 許以頻，2011，〈黃色小鴨　坐擁媽媽粉絲群〉，《天下雜誌》，http://m.cw.com.tw/article.jsp?id=5027320

45. 王力行，2003，〈劉金標 The Giant Way〉，《遠見雜誌》，第 204 期，http://www.gvm.com.tw/Boardcontent_8801.html

46. 《能力雜誌》，2008，〈專訪智融集團董事長暨首席顧問施振榮　品牌是台灣產業新核心能力〉，http://news.pchome.com.tw/magazine/report/sa/cpc/146/121786560035008043001.htm

47. 《台灣光華雜誌》，2010，〈宏達電 HTC 烙印台灣名牌〉，http://www.sino.gov.tw/show_issue.php?id=201019901110c.txt&table=0&cur_page=1&distype=text

48. Wikimedia, 2012, "List of countries by income equality," http://en.wikipedia.org/wiki/List_of_countries_by_income_equality

49. S. J. Chun, 2009, *Brokering Strategic Partnerships between Asian and Western Biopharmaceutical Companiesn the Global Biologics Market: Assessment of Capabilities of Asian Participants in the Biologics Contract Manufacturing Organization Marketplace*, Master Thesis, MIT Sloan School of Management and Harvard-MIT Division of Health Science and Technology.

50. 《中國時報》，2011，〈社論・縮小貧富差距　才能增加幸福感〉，http://money.chinatimes.com/news/news-content.aspx?id=20110718000666&cid=1206

1. 曾志超，2009，〈浮而不實的兆元產業〉，《蘋果日報》，http://tw.nextmedia. com/applenews/article/art_id/31574025/IssueID/20090424

2. Ross C. DeVol, Armen Bedroussian, and Benjamin Yeo, 2011, *The Global Biomedical Industry: Preserving U.S. Leadership,* Milken Institute, pp. 2.

3. S. J. Chun, 2009, *Brokering Strategic Partnerships between Asian and Western Biopharmaceutical Companiesn the Global Biologics Market: Assessment of Capabilities of Asian Participants in the Biologics Contract Manufacturing Organization Marketplace,* Master Thesis, MIT Sloan School of Management and Harvard-MIT Division of Health Science and Technology.

4. Ross C. DeVol, Armen Bedroussian, and Benjamin Yeo, 2011, *The Global Biomedical Industry: Preserving U.S. Leadership,* Milken Institute, pp. 3-5.

5. Ross C. DeVol, Armen Bedroussian, and Benjamin Yeo, 2011, *The Global Biomedical Industry: Preserving U.S. Leadership,* Milken Institute, pp. 1-3 and 7-10.

6. O. Gassmann, G. Reepmeyer and M. von Zedtwitz, 2008, *Leading pharmaceutical innovation: trends and drivers for growth in the pharmaceutical industry,* Springer, pp. 1-4.

7. 轉引自：O. Gassmann, G. Reepmeyer and M. von Zedtwitz, 2008, *Leading pharmaceutical innovation: trends and drivers for growth in the pharmaceutical industry,* Springer, pp. 1-4.

8. D. B. Audretsch, , 2001, "The Role of Small Firms in U.S. Biotechnology Clusters," *Small Business Economics,* 17(1-2), pp. 3–15.

9. L.Orsenigo, 2001, "The (Failed) Development of a Biotechnology Cluster: The Case of Lombardy," *Small Business Economics,* 17(1-2), pp. 77–92.

10. W. W. Powell, K. W. Koput, J. I. Bowie and L. Smith-Doerr, 2002 , "The Spatial Clustering of Science Capital: Accounting for Biotech Firm-venture Capital Relationships," *Regional Studies,* 36(3), pp. 291-305.

11. A. Waluszewski, 2004, "A Competing or Co-operating Cluster or Seven Decades of Combinatory Resources? What's Behind a Prospering Biotech Valley?," *Scandinavian Journal of Management,* 20(1), pp. 125-150.

12. E. L. Glaeser, 2005, "Reinventing Boston: 1630-2003," *Journal of Economic Geography, 5(2), pp. 119-153.*

13. *H.Bathelt and M.Taylor,* 2002, "Clusters, Power and Place: Inequality and Local Growth in Time- Space," *Geografiska Annaler, Series B (Human Geography)*, 84(2), pp. 93-109.

14. S.Casper and F. Murray, 2005, "Careers and Clusters: Analyzing the Career Network Dynamic of Biotechnology Clusters," *J. Engineering and Technology Management,* 22(1-2), pp. 51–74.

15. M. P. Feldman, 2003 , "The Locational Dynamics of the US Biotech Industry: Knowledge Externalities and the Anchor Hypothesis," *Industry and Innovation,* 10(3), pp. 311-328.

16. M. P. Feldman and J. L. Francis, 2003, "Fortune Favours the Prepared Region: The Case of Entrepreneurship and the Capital Region Biotechnology Cluster," *European Planning Studies,* 11(7), pp. 765-788.

17. T. B. Folta, A. C.Cooper and Y.-S. Baik, 2006, "Geographic Cluster Size and Firm Performance" *Journal of Business Venturing,* 21(2), pp. 217–242.

18. S.Jong, 2006, "How Organizational Structures in Science Shape Spin-Off Firms: The Biochemistry Departments of Berkeley, Stanford, and UCSF and the Birth of the Biotech Industry," *Industrial and Corporate Change,* 15(2), pp. 251-283.

19. L.Orsenigo, 2001, "The (Failed) Development of a Biotechnology Cluster: The Case of Lombardy," *Small Business Economics,* 17(1-2), pp. 77–92.

20. M. J. Linskey, 2006, "Transformative Technology and Institutional Transformation: Coevolution of Biotechnology Venture Firms and the Institutional Framework in Japan," *Research Policy,* 35(9), pp. 1389–1422.

21. A. L. J. Ter Waland R. A. Boschma, 2009, "Applying Social Network Analysis in Economic Geography: Framing Some Key Analytic Issues," *Annals of Regional Science,* 43(3), pp. 739-756.

22. A. Waxell and A. Malmberg, 2007, "What is Global and what is Local in Knowledge-generating Interaction? The Case of the Biotech Cluster in Uppsala, Sweden," *Entrepreneurship & Regional Development,* 19(2), pp. 137-159.

23. L. G. Zucker and M. R. Darby, 2007, "Virtuous Circles in Science and Commerce," *Regional Science,* 86(3), pp. 445-470.

24. A. Sen and A. MacPherson, 2009, "Outsourcing, external collaboration, and innovation among US firms in the biopharmaceutical industry," *The Industrial Geographer,* 6(1), pp. 20-36.

25. 財團法人國家實驗研究院科技政策研究與資訊中心，2005，〈生技製藥 CRO 所扮演之角色〉，http://cdnet.stpi.org.tw/techroom/market/bio/bio038.htm

26. 許秋惠，2006，《區域技術知識網絡與創新之研究》，國立政治大學地政學系碩士論文。尤其是〈第三章製藥產業現況分析〉，http://nccur.lib.nccu.edu.tw/bitstream/140.119/35895/7/700907.pdf

27. 林治華、李元鳳、王蓉君，生物相似性藥品 Biosimilars，RegMed，3, pp. 1-5. http://www1.cde.org.tw/2011/epaper/RegMed/V3/RMV3p1-5.PDF

28. S. J. Chun, 2009, *Brokering Strategic Partnerships between Asian and Western Biopharmaceutical Companiesn the Global Biologics Market: Assessment of Capabilities of Asian Participants in the Biologics Contract Manufacturing Organization Marketplace,* Master Thesis, MIT Sloan School of Management and Harvard-MIT Division of Health Science and Technology.

29. A. Aggarwal, 2007, 'Pharmaceutical Industry' in N. Kumar and K. J. Joseph

(eds.), *International Competitiveness and Knowledge-based Industries in India,* New Delhi: Oxford University Press, pp. 143–184.

30. J. P. Pradhan, 2007, 'Strengthening Intellectual Property Rights Globally: Impact on India's Pharmaceutical Exports' , *Singapore Economic Review,* 52, pp. 233–250.

31. J. P. Pradhan and P.P. Sahu, 2008, *Transnationalization of Indian Pharmaceutical SMEs,* New Delhi: Bookwell Publisher.

32. J. P. Pradhan, 2008, "Overcoming Innovation Limits through Outward FDI: The Overseas Acquisition Strategy of Indian Pharmaceutical Firms," SSRN: http://ssrn.com/abstract=1515587

33. 湯谷清，2011，〈印度 "biosimilars" 產業之發展現況〉，《醫藥產業智網》。

34. S. J. Chun, 2009, *Brokering Strategic Partnerships between Asian and Western Biopharmaceutical Companiesn the Global Biologics Market: Assessment of Capabilities of Asian Participants in the Biologics Contract Manufacturing Organization Marketplace,* Master Thesis, MIT Sloan School of Management and Harvard-MIT Division of Health Science and Technology.

35. H. Horikawa, M. Tsubouchi and K3 Kawakami, 2009, "Industry views of biosimilar development in Japan," *Health Policy,* 91 (2), pp. 189-194.

36. Datamonitor Report, 2008, "Emerging Markets Series: The pharmaceutical Market of South Korea," the Datamonitor Group.

37. S. J. Chun, 2009, *Brokering Strategic Partnerships between Asian and Western Biopharmaceutical Companiesn the Global Biologics Market: Assessment of Capabilities of Asian Participants in the Biologics Contract Manufacturing Organization Marketplace,* Master Thesis, MIT Sloan School of Management and Harvard-MIT Division of Health Science and Technology.

38. S. J. Chun, 2009, *Brokering Strategic Partnerships between Asian and Western Biopharmaceutical Companiesn the Global Biologics Market: Assessment of Capabilities of Asian Participants in the Biologics Contract Manufacturing*

Organization Marketplace, Master Thesis, MIT Sloan School of Management and Harvard-MIT Division of Health Science and Technology.

39. 行政院，2009，〈台灣生技起飛鑽石行動方案〉，http://investtaiwan.nat. gov.tw/doc/980326_1.pdf

40. 秦慶瑤，2011，2011 年第二季我國生技產業回顧與展望，ITIS 智網，http:// www2.itis.org.tw/netreport/NetReport_Detail.aspx?rpno=457749848

41. 中央社，2011，〈生技起飛　政府應領軍〉，http://n.yam.com/cna/ fn/201106/20110615160279.html

42. 《經濟日報》，2011，〈翁啟惠：生技　兩年內成長爆發〉，http:// greennews.taiwangreenenergy.org.tw/article/f-5/4318.shtml

43. A. Sen and A. MacPherson, 2009, "Outsourcing, external collaboration, and innovation among US firms in the biopharmaceutical industry," *The Industrial Geographer,* 6(1), pp. 20-36.

44. S. J. Chun, 2009, *Brokering Strategic Partnerships between Asian and Western Biopharmaceutical Companiesn the Global Biologics Market: Assessment of Capabilities of Asian Participants in the Biologics Contract Manufacturing Organization Marketplace,* Master Thesis, MIT Sloan School of Management and Harvard-MIT Division of Health Science and Technology.

45. 羅敏菁，2011，〈台灣原料藥公司闖出一片天〉，http://www.caizischool. com/blog/4795

46. 周綸音，2011，〈台灣生技產業發展契機〉，工研院產經中心簡報，http:// www.ibmi.org.tw/data/cht/20110322/20110322dl594k.pdf

47. 湯谷清，2011，〈印度 "biosimilars" 產業之發展現況〉，《醫藥產業智網》。

48. 台灣神隆，2012，〈官方網站首頁〉，http://www.scinopharm.com.tw/

49. 鉅亨網，2011，〈原料藥大廠台灣神隆 9/29 上市　躍居生技股市值龍頭〉，http://news.cnyes.com/content/20110909/KDZ5SBFRX0BFS.shtml

50. 科學園區決策支援平台，2011，〈園區政策動向〉，http://203.145.193.132/ nsc/Observe/Ob2.html

51. ETtoday，2011，〈變造文件　綠：抹去了 TMF 召集人張有德博士〉，
http://www.ettoday.net/news/20111216/13167.htm

52. NOWNews，2011，〈87 位科學家、23 位中研院士發表聲明　力挺蔡英文〉，
http://www.nownews.com/2012/01/10/301-2774724.htm#ixzz1mhNqGTre

53. NOWNews，2011，〈宇昌案　劉憶如將提 10 問　23 日先提 2 問〉，
http://www.nownews.com/2011/12/23/320-2769613.htm#ixzz1mhOx57BF

54. ETtoday，2011，〈變造文件　綠：抹去了 TMF 召集人張有德博士〉，
http://www.ettoday.net/news/20111216/13167.htm

55. 經濟部生醫推動小組，2011，〈2009-2010 年　台灣生物技術產業現況〉，
http://blog.biopharm.org.tw/bpipo/?p=1715

Unit
14

1. 劉志偉，2009，〈國際農糧體制與臺灣的糧食依賴：戰後臺灣養豬業的歷史考察〉，《臺灣史研究》，第十六卷第二期，105-160頁。

2. 內政部統計處，〈歷年台閩地區人口統計〉。

3. 劉志偉，〈食物的背後——從《糧食戰爭》看台灣的糧食依賴〉，台灣農村陣線，http://twtodei.ning.com/forum/topics/shi-wu-de-bei-hou-cong-liang

4. B. Vad Mathiesen, H. Lund, and K. Karlsson, 2011, "100% Renewable energy systems, climate mitigation and economic growth," *Applied Energy,* 88, pp. 488–501.

5. ESB International, Future Energy Solutions and Energy Research Group (UCD), 2004, *Renewable energy resource: Ireland to 2010 and 2020*, http://www.sei.ie/uploadedfiles/FundedProgrammes/REResources20102020MainReport.pdf

6. 陳信木，2009，《從調控勞動參與行為分析少子化下我國人口依賴關係及因應對策》，http://www.cepd.gov.tw/dn.aspx?uid=7345

7. R. Douthwaite, 2012, "Degrowth and the supply of money in an energy-scarce world," *Ecological Economics,* (in press).

8. T. Jackson, 2009, *Prosperity without growth? The transition to a sustainable economy,* Sustainable Development Commission, pp. 79-80.

9. G. Kallis, 2011, "In defence of degrowth," *Ecological Economics,* 70, pp. 873–880.

10. P. van Griethuysen, 2010, "Why are we growth-addicted? The hard way towards degrowth in the involutionary western development path," *Journal of Cleaner Production,* 18, pp. 590–595.

11. K. A. Klitgaard and L. Krall, 2012, "Ecological economics, degrowth, and

institutional change," *Ecological Economics,* (in press).

12. Dirk Loehr, 2012, "The euthanasia of the rentier-A way toward a steady-state economy?," *Ecological Economics,* (in press).

13. H. E. Daly, 2008, "A Steady-State Economy," Sustainable Development Commission, UK, http://steadystaterevolution.org/files/pdf/Daly_UK_Paper.pdf

14. D. W. O'Neill, 2012, "Measuring progress in the degrowth transition to a steady state economy," *Ecological Economics,* (in press).

15. A. Clark, P. Frijters and M. Shields, 2008, "Relative income, happiness and utility: An explanation for the Easterlin Paradox and other puzzles," *Journal of Economic Literature,* 46, pp. 95-144.

16. M. Eid and R. J. Larsen (eds), 2008, *The Science of Subjective Well-being,* New York: The Guilford Press.

17. F. Grouzet, T. Kasser, A. Ahuvia, J. M. Fernández, Y. Kim, S. Lau, R. Ryan, S. Saunders, P. Schmuck and K. Sheldon, 2005, "The structure of goal contents across 15 cultures," *Journal of Personality and Social Psychology,* 89, pp. 800-816.

18. D. Kahneman, A. B. Krueger, D. Schkade, N. Schwarz and A. A. Stone, 2006, "Would you be happier if you were richer? A focusing illusion," *Science,* 312, pp. 1908-1910.

19. M. Rojas, 2007, "Heterogeneity in the relationship between income and happiness: A conceptual- referent-theory explanation," *Journal of Economic Psychology,* 28, pp. 1-14.

20. L. Sagiv and S. Schwartz, 2000, "Value priorities and subjective well-being: direct relations and congruity effects," *European Journal of Social Psychology,* 30, pp. 177-198.

21. K. Sheldon, R. Ryan, E. Deci and T. Kasser, 2004, "The independent effects of goal contents and motives on wellbeing: It' both what you pursue and why

you pursue it," *Personality and Social Psychology Bulletin,* 30, pp. 475-486.

22. K. Vohs, N. Mead and M. Goode, 2006, "The psychological consequences of money," *Science,* 314, pp. 1154-1156.

23. A. Matthey, 2010, "Less is more: the influence of aspirations and priming on well-being," *Journal of Cleaner Production,* 18 , pp. 567–570.

24. P. Victor, 2010, "Questioning economic growth," *Nature,* 468, pp. 370-371.

25. G. Kallis, 2011, "In defence of degrowth," *Ecological Economics,* 70, pp. 873–880.

26. E. Bilancini and S. D'Alessandro, 2011, "Long-run Welfare under Externalities in Consumption, Leisure, and Production: A Case for Happy Degrowth vs. Unhappy Growth," Working paper, Recent Center for Economic Research.

27. G. Kallis, 2011, "In defence of degrowth," *Ecological Economics,* 70, pp. 873–880.

28. J. C. J. M. van den Bergh, 2011, "Environment versus growth-A criticism of "degrowth" and a plea for "a-growth"," *Ecological Economics,* 70, pp. 881–890.

29. J. H. Spangenberg, 2010. "The growth discourse, growth policy and sustainable development: two thought experiments," *Journal of Cleaner Production,* 18(6), pp. 561-566.

30. B. Alcott, 2012, "Should degrowth embrace the Job Guarantee?," *Journal of Cleaner Production,* (in press).

31. P. Lawn, 2010, "Facilitating the transition to a steady-state economy: Some macroeconomic fundamentals," *Ecological Economics,* 69, pp. 931–936.

32. H. E. Daly, 2008, "A Steady-State Economy," Sustainable Development Commission, UK, http://steadystaterevolution.org/files/pdf/Daly_UK_Paper. pdf

33. T. Jackson, 2009, *Prosperity without growth? The transition to a sustainable*

economy, Sustainable Development Commission, pp. 79-80.

34. T. Jackson, 2009, *Prosperity without growth? The transition to a sustainable economy,* Sustainable Development Commission, pp. 79-80.

35. F. Alkemade and M. Hekkert, 2010, "Coordinate green growth," *Nature,* 468, pp. 897-897.

36. D. W. O'Neill, 2010, "Economic growth: enough is enough," *Nature,* 468, pp. 897-897.

37. R. Douthwaite, 2012, "Degrowth and the supply of money in an energy-scarce world," *Ecological Economics,* (in press).

38. G. Kallis, 2011, "In defence of degrowth," *Ecological Economics,* 70, pp. 873–880.

39. A. H. Sorman and M. Giampietro, 2012, "The energetic metabolism of societies and the degrowth paradigm: Analyzing biophysical constraints and realities," *J. Cleaner Production,* (in press).

40. T. Fotopoulos, 2010, "The De-growth Utopia: The Incompatibility of De-growth within an Internationalised Market Economy," in Q. Huan (ed.), *Eco-socialism as Politics: Rebuilding the Basis of Our Modern Civilisation,* Springer Science+Business Media B.V., pp. 103-121.

41. J. C. J. M. van den Bergh, 2011, "Environment versus growth -A criticism of "degrowth" and a plea for "a-growth"," *Ecological Economics,* 70, pp. 881–890.

42. J. Martínez-Alier, U. Pascual, F.-D. Vivien and E. Zaccai, 2010, "Sustainable de-growth: Mapping the context, criticisms and future prospects of an emergent paradigm," *Ecological Economics,* 69, pp. 1741–1747.

43. C. Kerschner, 2010, "Economic de-growth vs. steady-state economy," *Journal of Cleaner Production,* 18, pp. 544–551.

44. 《財訊》，2010，〈產學龍頭許文龍、李遠哲兩極交鋒　許文龍：幾十萬人靠它吃飯 石化業不能廢〉，http://www.wealth.com.tw/index2.

aspx?f=301&id=1294&p=1

45. 《聯合晚報》，〈施顏祥：不蓋國光石化　產業將外移〉，http://www.coolloud.org.tw/node/55451

46. 曾貴海、陳永興、江自得，2010，〈醫界反對石化業開發連署聲明書〉，http://ecology.org.tw/news/view.php?id=16

47. 《聯合晚報》，2010，〈環境恐致癌　329 醫師連署反國光石化〉，http://udn.com/NEWS/NATIONAL/NAT2/5770081.shtml

48. 《聯合晚報》，2011，〈經濟部說：若外移　影響 40 萬人就業〉，http://www.haixiainfo.com.tw/142638.html

49. 中央廣播電台，2011，〈國光投資喊卡　經部啟動 6 大配套〉，http://news.rti.org.tw/index_newsContent.aspx?nid=292949&id=2&id2=1

50. NOWnews，2011，〈談國光？許文龍：灌香腸不一定要自己養豬，豬糞留給別人〉，http://www.nownews.com/2011/04/22/11490-2706810.htm#ixzz1pTMvIYeJ

51. Heritage Foundation, 2012, "Heritage Foundation Index of Ecomomic Freedom 2012," http://www.heritage.org/index/explore?view=by-variables

Unit
15

1. I. Borowy, 2012, "Degrowth and public health in Cuba: lessons from the past?," *Journal of Cleaner Production,* (in press).

2. M. A. Altieri, N. Companioni, K. Cañizares, C. Murphy, P. Rosset, M. Bourque and C. I. Nicholls, 1999, "The greening of the "barrios" : Urban agriculture for food security in Cuba," *Agriculture and Human Values,* 16, pp. 131–140.

3. 周妙妃，2012，〈有機農業可能取代現代農業嗎？小島國古巴度過能源危機的故事〉，http://www.lapislazuli.org/tradch/magazine/200808/20080804.html

4. I. Borowy, 2012, "Degrowth and public health in Cuba: lessons from the past?," *Journal of Cleaner Production,* (in press).

5. M. Meso-Lago, 2005, "Social and economic problems in Cuba during the crisis and subsequent recovery," *CEPAL Review,* 86, pp. 177-199.

6. M. Meso-Lago, 2005, "Social and economic problems in Cuba during the crisis and subsequent recovery," *CEPAL Review,* 86, pp. 177-199.

7. F. E. Sixto, 2001, "An evaluation of four decades of Cuban healthcare," *Cuba in Transition,* 12, 3 pp. 25-343.

8. H. Hansen and N. Groce, 2003, "Human immunodeficiency virus and quarantine in Cuba," *JAMA,* 290 (21), pp. 1275-1275.

9. M. Barry, 2000, "Effect of the U.S. embargo and economic decline on health in Cuba," *Annals of Internal Medicine,* 132 (2), pp. 151-154.

10. K. Nayeri and C. M. López-Pardo, 2005, "Economic crisis and access to care: Cuba's health care system since the collapse of the Soviet Union," *Int. Journal of Health Services,* 35 (4), pp. 797-816.

11. F. Funes, 2002, "The Organic Farming Movement in Cuba, " In: Funes, F., et al. (Eds.), *Sustainable Agricultures and Resistance,* Oakland: Food First Books, pp. 1-26.

12. J. Wright, 2009, *Sustainable Agriculture and Food Security in an Era of Oil Scarcity,* London: Earthscan.

13. M. Meso-Lago, 2005, "Social and economic problems in Cuba during the crisis and subsequent recovery," *CEPAL Review,* 86, pp. 177-199.

14. F. Funes, 2002, "The Organic Farming Movement in Cuba, " In: Funes, F., et al. (Eds.), *Sustainable Agricultures and Resistance,* Oakland: Food First Books, pp. 1-26.

15. B. McKibben, 2008, "The Cuba diet" In: McKibben, B. (Ed.), *The Bill McKibben Reader,* New York: Henry Holt & Company, pp. 107-124.

16. H. Sáez, 1997, "Resource degradation, agricultural policies, and conservation in Cuba," in J. Pérez-Lópe (Ed.), *Cuban Studies 27,* pp. 40-67.

17. F. Funes-Monzote, 2006, "Towards sustainable agriculture in Cuba," private email to Elisa Botella.

18. S. Koont, 2009, "The urban agriculture of Havana," *Monthly Review,* 60, pp. 44-63.

19. M. A. Altieri, N. Companioni, K. Cañizares, C. Murphy, P. Rosset, M. Bourque and C. I. Nicholls, 1999, "The greening of the "barrios" : Urban agriculture for food security in Cuba," *Agriculture and Human Values,* 16, pp. 131–140.

20. N. Companioni, Y. Ojeda and E. Páez, 2002, "The Growth of Urban Agriculture," In F. Funes, L. García, M. Bourque, N. Pérez, and P. Rosset (Ed), *Sustainable agriculture and resistance: Transforming food production in Cuba,* Oakland: Food First Books, pp. 220-236.

21. M. A. Altieri, N. Companioni, K. Cañizares, C. Murphy, P. Rosset, M. Bourque and C. I. Nicholls, 1999, "The greening of the "barrios" : Urban

agriculture for food security in Cuba," *Agriculture and Human Values*, 16, pp. 131–140.

22. T. Carter and A. Keeler, 2008, "Life-cycle cost-benefit analysis of extensive vegetated roof systems," *Journal of Environmental Management*, 87(3), pp. 350-363.

23. M. Sinclair and M. Thompson, 2001, *Cuba: Going Against the Grain*, Oxfam.

24. P. Woodhouse, 2010, "Beyond industrial agriculture? Some questions about farm size, productivity and sustainability," *Journal of Agrarian Change*, V10(3), pp. 437–453.

25. K. Gell, 2008, "Sufficient, Closed-loop Agricultural Production in a Degrowth Economy," *Proc. First Int. Conf. Economic De-growth for Ecological Sustainability and Social Equity*, Paris, April 18-19th 2008, pp. 295-307.

26. B. A. Keating, P. S. Carberry, P. S. Bindraban, S.Asseng, H. Meinke and J. Dixon, 2010, "Eco-efficient Agriculture: Concepts, Challenges, and Opportunities," *Crop Science*,. 50, p. S109–S119.

27. R. Lal, 2009, "Soils and Sustainable Agriculture: A Review," in E. Lichtfouse et al. (eds.), *Sustainable Agriculture*, pp. 15-23.

28. 農委會農田水利處，2012，〈農田水利事業〉，http://doie.coa.gov.tw/about/about-all.asp

29. 林淑英・林朝成，〈淺談「全國河川 NGOs 會議」的意義和價值〉，http://www.napcu.org.tw/river-network/375

30. 行政院農業委員會統計室，〈歷年農產品進出口貿易值〉，http://stat.coa.gov.tw/dba_as/As_root.htm

31. 張建生，〈花蓮地區大豆最適當種植時期〉，《花蓮區農業改良場農技報導》，第20期，1-3 頁，http://www.hdais.gov.tw/04/pamphlet/pam11-20/pam-20.pdf

32. 農委會畜產試驗所，〈飼料中價格高漲因應措施〉，http://www.tlri.gov.tw/CornReplacing.asp

33. 劉新裕，1986，〈甘藷新品系之生產能力及供作飼料之可行性研究〉，《中華農業研究》，35(1), 45-56 頁。

34. 林禮輝，劉慧瑛，1987，〈甘藷籐葉濃縮葉蛋白之研究〉，《中華農業研究》，36(2), 207-215 頁。

35. C. Devendral and R. A. Leng, 2011, "Feed Resources for Animals in Asia: Issues, Strategies for Use, Intensification and Integration for Increased Productivity," *Asian-Aust. J. Anim. Sci.*, 24(3), pp. 303-321.

36. Q. Meng, Q. Sun, X. Chen, Z. Cui, S. Yue, F. Zhang and V. Römheld, 2012, "Alternative cropping systems for sustainable water and nitrogen use in the North China Plain," *Agriculture, Ecosystems and Environment*, 146, pp. 93–102.

37. C. Devendra, 2002, "Crop-animal systems in Asia: future perspectives," *Agricultural Systems*, 71, pp. 179–186.

38. I. AWright, S. Tarawali, M. Blümmel, B. Gerard, N. Teufel and M. Herrero, 2011, "Integrating crops and livestock in subtropical agricultural systems," *Journal of the Science of Food and Agriculture*, 92(5), pp. 1010-1015.

39. H. M. J. Udo, H. A. Aklilu, L. T. Phong, R. H. Bosma, I. G. S. Budisatria, B. R. Patil, T. Samdup and B. O. Bebe, 2011, "Impact of intensification of different types of livestock production in smallholder crop-livestock systems," *Livestock Science*, 139, pp. 22–29.

40. D. K. Nhan, A. Milstein, M. C. J. Verdegem and J. A. V. Verreth, 2006, "Food inputs, water quality and nutrient accumulation in integrated pond systems: A multivariate approach," *Aquaculture*, 261, pp. 160–173.

41. M. Troell, 2008, "Integrated mariculture: its role in future aquaculture development," *FAO Fisheries Proceedings*, No. 11, pp. 323–325.

42. Dang K. Nhan, Le T. Phong, Marc J.C. Verdegem, Le T. Duong, Roel H. Bosma and David C. Little, 2007, "Integrated freshwater aquaculture, crop and livestock production in the Mekong delta, Vietnam: Determinants and the role of the pond," *Agricultural Systems*, 94 , pp. 445–458.

43. 崔砢，2010，〈堆肥技術與品質對土壤管理的影響〉，綠生農法網站，
http://greenlifefarming.blogspot.co.uk/2010/10/blog-post_06.html

44. P.C Kesavan and M.S Swaminathan, 2008, "Strategies and models for agricultural sustainability in developing Asian countries," *Phil. Trans. R. Soc., Series B,* 363, pp. 877-891.

45. G. Pan, P. Zhou, Z. Li a, P. Smith, L. Li, D. Qiu, X. Zhang, X. Xu, S. Shen and X. Chen, 2009, "Combined inorganic/organic fertilization enhances N efficiency and increases rice productivity through organic carbon accumulation in a rice paddy from the Tai Lake region, China," *Agriculture, Ecosystems and Environment,* 131, pp. 274–280.

Unit
16

1. 《世界民報》，2010，〈少子化衝擊　105年大學整併達高峰〉，
   http://www.worldpeoplenews.com/news/15/2010-12/10588?page=60

2. E. Garfield, 2005, "The Agony and the Ecstasy—The History and Meaning of the Journal Impact Factor," http://xa.yimg.com/kq/groups/13805779/2119048374/name/03_The+History+and+the+Meaning+of+the+Journal+Impact+Factor.pdf

3. H. F. Moed, 2009, "New developments in the use of citation analysis in research evaluation," *Arch. Immunol. Ther. Exp.,* 57, pp. 13–18.

4. B. Alberts, B. Hanson and K. L. Kelner, 2008, "Reviewing Peer Review," *Science,* 321(5885), pp. 15-15.

5. 黃慕萱，2011，〈2010世界大學科研論文質量評比〉，http://ranking.heeact.edu.tw/zh-tw/2010/TOP/100

6. 彭明輝，2011，〈悼中華民國學術之死〉，http://mhperng.blogspot.com/2011/06/blog-post_08.html

7. 教育部，2009，〈頂尖大學　一流教育——「頂大計畫」成果展登場〉，教育部電子報381期，http://epaper.edu.tw/print.aspx?print_type=topical&print_sn=383&print_num=381

8. 李嗣涔，2010，無題，http://host.cc.ntu.edu.tw/sec/ebook2/index.html

9. 清華大學秘書處，2010，〈2009年泰晤士報世界大學排行出爐　清華排名再度大幅躍進〉，http://www.nthu.edu.tw/newsphoto/98news/hotnews-981009.php

10. Times Higher Education, 2011, World university rankings 2010-2011, http://www.timeshighereducation.co.uk/world-university-rankings/2010-2011/top-200.html

11. 《中國時報》，2011，〈社論 ‧ 要打造頂尖大學　也要頂尖績效〉，
　　　http://forum.chinatimes.com/default.aspx?g=posts&t=72953

1. 彭明輝，2011，〈台、清、交大羞於告人的「卓越」秘密〉，http://mhperng. blogspot.com/2011/04/blog-post_27.html

2. 陳香蘭，2011，〈大學圈地運動調查報導系列 1——延宕 19 年的北科大萬里校區〉，新頭殼，http://newtalk.tw/blog_read.php?oid=3284

3. 陳香蘭，2011，〈大學圈地運動調查報導系列 2——南大七股校區師生沒人要去〉，新頭殼，http://newtalk.tw/blog_read.php?oid=3285

4. 陳香蘭，2011，〈大學圈地運動系列報導 3——扭曲的地方發展新模式〉，新頭殼，http://zh-tw.facebook.com/note.php?note_id=287333277961402

5. 陳香蘭，2011，〈大學圈地運動調查報導系列 4——錯誤的政策比貪污還可怕〉，新頭殼，http://newtalk.tw/blog_read.php?oid=3287

6. 彭明輝，2011，〈學術自由的本意與淪喪〉，http://mhperng.blogspot.com/2011/04/blog-post_8404.html

7. I. Bleiklie, 1998, "On justifying the different claims to academic freedom," *European Journal of Education,* 33(3), pp. 299-316.

8. U. Felt, 2002, "University autonomy," *In Europe: Changing Paradigms In Higher Education Policy* (Proceedings of the Seminar of the Magna Charta Observatory), Bologna: Bononia University Press.

9. R. M. O. Pritchard, 1988, "Academic freedom and autonomy in the United Kingdom and Germany," *Minerva,* 36, pp. 101-124.

10. J. Thorens, 2006, "Liberties, freedom and autonomy: a few reflections on academia's estate," *Higher Education Policy,* 19 (1), pp. 87–110.

11. T. Karran, 2009, "Academic freedom in Europe: Reviewing UNESCO's Recommendation," *British Journal of Educational Studies,* 57 (2), pp. 191–215.

1. Heritage Foundation, 2012, "Heritage Foundation Index of Ecomomic Freedom 2012," http://www.heritage.org/index/explore?view=by-variables

2. CIA, 2011, "The world factbook," https://www.cia.gov/library/publications/the-world-factbook/rankorder/2001rank.html

3. IMF, 2011, World Economic Outlook Database, http://www.imf.org/external/pubs/ft/weo/2011/02/weodata/WEOSep2011all.xls

4. Heritage Foundation, 2012,"Heritage Foundation Index of Ecomomic Freedom 2012,"http://www.heritage.org/index/explore?view=by-variables

5. Heritage Foundation, 2012, "Heritage Foundation Index of Ecomomic Freedom 2012," http://www.heritage.org/index/explore?view=by-variables

6. 保羅‧皮爾遜（Paul Pierson）著，舒紹福譯，2007，《拆散福利國家：雷根、柴契爾和緊縮政治學》（*Dismantling the Welfare State?: Reagan, Thatcher and the Politics of Retrenchment*），吉林人民出版社。

7. C. Trampusch, 2006, "Industrial relations and welfare states: the different dynamics of retrenchment in Germany and the Netherlands," *J. European Social Policy,* 16(2), pp. 121–133.

8. 黃全慶，2009，〈奧地利社會安全制度發展的理論分析〉，《歐洲國際評論》，第五期，39-73頁。

9. 林萬億，2007，〈全球化下台灣社會福利分工的變遷〉，《全球化時代的公民與國家暨台灣社會變遷基本調查第十次研討會》，http://www.ipsas.sinica.edu.tw/image/ipsas/1/523.pdf

10. 藍於琛，2006，〈德國與荷蘭的政治經濟改革：深度統合治理模型分析〉，《行政暨政策學報》，第四十二期，37-106頁。

11. Mara A. Yerkes, 2011, *Transforming the Dutch Welfare State: Social Risks*

and Corporatist Reform, Bristol: Policy Press.

12. Esping-Andersen, G, 1996, "Welfare states without work: The impasse of labour shedding and familialism in continental European social policy," In Gösta Esping-Andersen (ed.), *Welfare states in transition: National adaptations in global economies,* London: Sage, pp. 78-81.

13. 藍於琛，2006，〈德國與荷蘭的政治經濟改革：深度統合治理模型分析〉，《行政暨政策學報》，第四十二期，37-106 頁。

14. R. Van Der Veen and W. Trommel, 1999, "Managed Liberalization of the Dutch Welfare State: A Review and Analysis of the Reform of the Dutch Social Security System, 1985–1998," *Governance,* 12(3), pp. 289–310.

15. Mara A. Yerkes, 2011, *Transforming the Dutch Welfare State: Social Risks and Corporatist Reform,* Bristol: Policy Press.

16. J. Visser and A. Hemerijck, 1997, *A Dutch Miracle: Job growth, welfare reform and corporatism in the Netherlands,* Amsterdam University Press.

17. M. Haverland, 2001, "Another Dutch Miracle? Explaining Dutch and German Pension Trajectories," *J. European Social Policy,* 11(4), pp. 308-323.

18. W. van Oorschot and P. Abrahamson, 2003, "The Dutch and Danish Miracles Revisited: A Critical Discussion of Activation Policies in Two Small Welfare States," *Social Policy & Administration,* 37(3), pp. 288–304.

19. Mara A. Yerkes, 2011, *Transforming the Dutch Welfare State: Social Risks and Corporatist Reform,* Bristol: Policy Press.

20. Heritage Foundation, 2012,"Heritage Foundation Index of Ecomomic Freedom 2012," http://www.heritage.org/index/explore?view=by-variables

彭明輝作品集

2020台灣的危機與挑戰

2012年5月初版　　　　　　　　　　　　定價：新臺幣320元
2017年11月初版第八刷
有著作權‧翻印必究
Printed in Taiwan.

著　　　者	彭	明		輝
叢書主編	林	芳		瑜
特約編輯	倪	汝		枋
整體設計	劉	亭		麟
封面攝影	王	弼		正

出　版　者	聯經出版事業股份有限公司	總編輯	胡	金	倫
地　　　址	台北市基隆路一段180號4樓	總經理	陳	芝	宇
編輯部地址	台北市基隆路一段180號4樓	社　長	羅	國	俊
叢書主編電話	(02)87876242轉221	發行人	林	載	爵
台北聯經書房	台北市新生南路三段94號				
電　　　話	(02)23620308				
台中分公司	台中市北區崇德路一段198號				
暨門市電話	(04)22312023				
郵政劃撥帳戶	第0100559-3號				
郵撥電話	(02)23620308				
印　刷　者	文聯彩色製版印刷有限公司				
總　經　銷	聯合發行股份有限公司				
發　行　所	新北市新店區寶橋路235巷6弄6號2F				
電　　　話	(02)29178022				

行政院新聞局出版事業登記證局版臺業字第0130號

本書如有缺頁，破損，倒裝請寄回台北聯經書房更換。　ISBN　978-957-08-3991-3 (平裝)
聯經網址 http://www.linkingbooks.com.tw
電子信箱 e-mail:linking@udngroup.com

國家圖書館出版品預行編目資料

2020台灣的危機與挑戰/彭明輝著 .
初版 . 臺北市 . 聯經 . 2012年5月（民101年）
304面 . 15.5×22公分（彭明輝作品集）
ISBN　978-957-08-3991-3（平裝）
［2017年11月初版第八刷］

1.未來趨勢　2. 趨勢研究　3.台灣

541.49　　　　　　　　　　　101007875